北京大學圖書館特藏文獻叢刊

北京大學圖書館藏

老北大燕大畢業年刊

一

北大卷

陳建龍・主　編
張麗静・執行主編

北京大學出版社
PEKING UNIVERSITY PRESS

圖書在版編目（CIP）數據

北京大學圖書館藏老北大燕大畢業年刊.全十册 / 陳建龍主編. — 北京：北京大學出版社，2023.10
（北京大學圖書館特藏文獻叢刊）

ISBN 978-7-301-34133-9

Ⅰ.①北… Ⅱ.①陳… Ⅲ.①北京大學-校史-1903-1937-年刊 ②燕京大學-校史-1923-1950-年刊 Ⅳ.①G649.281-54

中國國家版本館CIP數據核字（2023）第109021號

書　　名	北京大學圖書館藏老北大燕大畢業年刊 BEIJING DAXUE TUSHUGUAN CANG LAOBEIDA YANDA BIYE NIANKAN
著作責任者	陳建龍　主編　張麗静　執行主編
策劃統籌	馬辛民
責任編輯	王　應
标準書號	ISBN 978-7-301-34133-9
出版發行	北京大學出版社
地　　址	北京市海淀區成府路 205 號　100871
網　　址	http://www.pup.cn　新浪微博:@北京大學出版社
電子郵箱	編輯部 dj@pup.cn　總編室 zpup@pup.cn
電　　話	郵購部 010-62752015　發行部 010-62750672 編輯部 010-62756694
印 刷 者	涿州市星河印刷有限公司
經 銷 者	新華書店 720 毫米×1020 毫米　16 開本　408.5 印張　1167 千字 2023 年 10 月第 1 版　2023 年 10 月第 1 次印刷
定　　價	1800.00 元(全十册)

北京大學圖書館特藏文獻叢刊

編輯委員會

主　編　陳建龍

執行主編　鄒新明

編　委　鄭清文　別立謙　張麗静　常雯嵐　吴　冕　欒偉平　饒益波

編纂者　陳建龍　鄭清文　別立謙　鄒新明　張麗静　常雯嵐　吴　冕
欒偉平　饒益波　徐清白　孫雅馨　程援探

北京大學圖書館藏老北大燕大畢業年刊

編輯委員會

主　編　陳建龍

執行主編　張麗静

編纂者　鄒新明　吴　冕　張寶生　吴政同

「北京大學圖書館特藏文獻叢刊」序

北京大學圖書館創建於1898年，初名京師大學堂藏書樓，是中國近現代第一座國立綜合性大學圖書館，專供學人「研究學問，增長智慧」，1912年改爲現名。

北京大學圖書館事業得到黨和國家領導人的親切關懷、學校的高度重視和社會各界的熱心支持，歷代圖書館員心繫國家、愛崗敬業、革故鼎新、追求卓越，爲學校整體發展、行業共同進步、國家文化繁榮做出了重要貢獻，在大學圖書館現代化進程中發揮了示範引領作用。

125年來，北京大學圖書館已經積累形成了包括古文獻、特藏文獻和普通文獻在内的近千萬册（件）紙質文獻，其中特藏文獻近百萬册（件），藴含着獨特的歷史底藴和文化魅力。北京大學圖書館特藏文獻不僅規模宏大，而且種類繁多、内容獨特，大致可歸爲以下四大類：

一是晚清民國文獻：晚清民國時期出版的中文圖書（不包括綫裝）、中文報刊、外文報紙（僅包括國内出版）。

二是北京大學有關特藏：北大人的著作、北大學位論文、北大名人贈書及手稿，北大校史和館史檔案資料等非書文獻，以及革命文獻。

三是西文特藏：西文善本、次善本，西文東方學，中德學會、中法大學舊藏，中法中心藏書，縮微大型特藏，歐盟文獻等。

四是其他特藏：非北大名人的贈書、藏書、手稿，零散珍貴特藏等。

不難發現，北京大學圖書館特藏文獻不僅是北京大學乃至中國近現代學術文化史的濃縮再現，也是北京大學在馬克思主義的中國早期傳播和中國共産黨建立過程中的傑出貢獻的歷史見證；既是本館百餘年特藏文獻容納百川的厚重積澱，也是近代以來中西文化交流的歷史記録。

北京大學圖書館向來十分重視特藏的採集和受贈、揭示和組織、整理和研究、保護和利用等工作，2005年設立特藏部，現已改名爲特藏資源服務中心（以下簡稱特藏中心），組建了由十幾名專業館員構成的隊伍。特藏中心在做好基礎工作的同時，積極開展特藏文獻的發掘與整理，已有不少成果問世，如《北京大學圖書館藏西文漢學珍本提要》《烟雨樓臺：北京大學圖書館藏西籍中的清代建築圖像》《胡適藏書目録》等。這些圖書對於揭示北京大學圖書館特藏資源，推動相關研究，起到了積極作用。

北京大學圖書館特藏文獻的整理研究和出版工作還大有可爲。有鑒於此，北京大學圖書館與北京大學出版社於 2017 年底簽署了「北京大學圖書館特藏文獻叢刊合作出版協議」，旨在推動北京大學圖書館特藏文獻的整理研究和出版工作，彰顯北京大學薪火相傳的學術傳統，揭示北京大學圖書館博大精深的人文底蘊。「北京大學圖書館特藏文獻叢刊」第一輯出版四種：

《北京大學圖書館藏學術名家手稿》

《北京大學圖書館藏革命文獻圖録》

《北京大學圖書館藏老北大燕大畢業年刊》

《北京大學圖書館藏胡適未刊來往書信》

「北京大學圖書館特藏文獻叢刊」的出版，離不開北京大學出版社的積極合作和鼎力支持，離不開典籍與文化事業部馬辛民主任和武芳、吴遠琴、王應、吴冰妮、沈瑩瑩等編輯的辛勤勞動，在此表示衷心感謝。

「北京大學圖書館特藏文獻叢刊」的出版任重道遠，我們將進一步加强與北京大學衆多院系和有關方面的交流合作，加大文獻整理研究和出版力度，努力將「特藏文獻叢刊」打造成在大學圖書館界和出版界都具有一定知名度的品牌，爲繁榮學術和發展文化做出積極貢獻。

今年 10 月 28 日，北京大學圖書館將迎來 125 周年館慶，「特藏文獻叢刊」的出版無疑也是一種很好的紀念！

北京大學圖書館館長　陳建龍

2023 年 9 月 26 日

前言

在晚清民國文獻中，畢業年刊（或稱畢業同學録）是研究近現代教育、思想文化既獨特又頗具價值的史料，也是研究者不易見到或容易忽略的文獻。

民國時期，北京（及後來改稱的北平）最著名的三所大學當屬北京大學、清華大學和燕京大學，它們在北京乃至全國的教育和思想文化界都占有重要的地位。北京大學圖書館不僅比較系統完整地收藏了北京大學晚清到民國時期的畢業年刊，且因 1952 年院系調整，又得以完整收藏燕京大學的畢業年刊，可以説在民國時期北京重要大學的畢業年刊收藏方面得天獨厚。

北京大學的畢業年刊一般稱爲「畢業同學録」，也有個别例外，在命名上不像燕大畢業年刊那樣整齊劃一。現存最早的是《國立北京大學民國九年畢業同學録》，即 1920 年的畢業年刊。本書收録的北京大學畢業年刊包括以下 12 種：

1920 年：《國立北京大學民國九年畢業同學録》

1923 年：《民國十二年國立北京大學畢業同學録》

1924 年：《國立北京大學十三年畢業同學録》

1925 年：《國立北京大學民國十四年畢業同學紀念册》

1926 年：《國立北京大學丙寅畢業同學録》

1930 年：《國立北京大學畢業同學録》

1931 年：《北大二十年級同學録》

1932 年：《國立北京大學民國二十一年畢業同學紀念册》

1933 年：《國立北京大學一九三三年畢業同學録》

1934 年：《北大一九三四畢業同學録》

1936 年：《國立北京大學民國廿五年畢業同學録》

1937 年：《民國廿六級國立北京大學畢業同學録》

除上述畢業年刊外，我們還收録了 6 册北京大學在校同學録，或在校同學及最近畢業同學録，包括：最早的北大在校同學録——《京師大學堂同學録》，民國成立後第一本在校同學及最近畢業同學録——1912 年的《北京大學校分科同學録》；1914 年的《北京大學民國三年同學録》，1917 年的《北京大學預科同學紀念録》，1924 年的《國立北京大學同學録》，1929 年的《國立北大學院同學録》。這些同學録也保存了不少跟北京大學有關的珍貴史料。

北京大學畢業年刊，除可以查找當年畢業的北大學生的姓名、籍貫、年齡、所在系等基本信息外，一般都配有照片，無論是研究者查找北大畢業某名人基本信息，還是畢業生後人查找其先世在北大基本情況，年刊都是非常重要的資料來源。北大畢業年刊的内容體例也有一個不斷豐富完善的過程，最早的《國立北京大學民國九年畢業同學録》，主要包括校長、教務長和各系主任等教職員及學生兩部分内容；1923 年增加了校旗和一二三院照片；1924 年增加了校史和各系教員；1925 年關於北大概況，除了「本校略史」外，還增加了「現行組織」「圖書館」「研究所國學門」等内容；1931 年—1937 年，雖然編排體例不完全相同，但内容基本固定，主要包括校長及主要職員、各學系主任、各學系教員、畢業同學、學術團體、校舍、學生生活、學生軍、校史等。從上述介紹可以知道，北大畢業年刊不僅收録當年畢業生的情況，還保留了當年北大主要教職員的情況，學校的機構設置和歷史沿革，老北大建築照片，學生社團和學生生活的記録等重要内容，對於北大校史和近現代教育、思想文化史，在文字和圖片上都頗多補足之處。此外，蔡元培、蔣夢麟、胡適等人的題詞和臨別贈言，也都頗顯珍貴。

本書收録燕京大學畢業年刊 16 種，時間跨度從 1923 年到 1950 年。在命名上，最初三册名爲「同級録」或「同班録」。自 1928 年開始，燕大畢業年刊改稱《燕大年刊》，直至 1950 年最後一册。1928 年的《燕大年刊》在吸收之前畢業年刊主要優點的基礎上，在體例上做了比較大的補充和調整，確立了《燕大年刊》的主要内容和編輯體例，此後的《燕大年刊》基本都是在此基礎上的細微調整。1928 年《燕大年刊》的主要内容爲：卷首語、序、校訓、校歌、校史、校圖、校景、本刊職員、學校組織（管理、教務）、畢業生、班級、學生組織、學校生活、體育、學校風景、廣告。1929 年《燕大年刊》則增加了本學年「大事輯要」和學生的文學作品，還有關於教職員和學生的統計圖表。此後的《燕大年刊》經常收録反映學生生活的文藝作品。與北大畢業年刊相比，《燕大年刊》内容更爲豐富，學生社團和學生生活方方面面的展示尤爲突出。因此，燕大畢業年刊的史料價值，除上述北大畢業年刊也有的幾點外，在反映當年燕京大學學生的讀書生活、校園日常、體育運動、精神追求等方面，極具參考意義。此外，因爲有廣告贊助，《燕大年刊》在裝幀和印製方面也比北大畢業年刊考究。

本書收録的 16 種燕大畢業年刊具體包括：

1923 年：《北京燕京大學一九二三級同級録》

1926年：《燕大一九二六班同班録》

1927年：《燕京大學一九二七班同班録》

1928—1932年，1936—1941年，1948年，1950年：《燕大年刊》

爲幫助讀者瞭解畢業年刊的主要内容和特點，我們爲每册畢業年刊做了提要式介紹，全部文字由北京大學圖書館特藏資源服務中心研究館員鄒新明撰寫。因時間倉促，如有錯漏，敬請指正。

北京大學圖書館特藏資源服務中心

2023年3月12日

北京大學圖書館藏老北大燕大畢業年刊　總目

第一册目録

京師大學堂同學録（一九〇三）

此册《京師大學堂同學録》是北京大學在京師大學堂時期僅有（或者説僅存）的同學録。京師大學堂是戊戌變法僅存的碩果，後因庚子事變停辦。1902年底重新開學。

此同學録的緣起，據本同學録谷鍾秀序，1903年，管學大臣張百熙於二百餘學生中選派三十餘人「出洋游學」，將要游學日本的師範館黄潤書與張鎔西等倡議編輯此同學録，並組織合影刊登於同學録之前。從本同學録的起因及内容可知，此同學録並非我們常見的畢業紀念册，也不同於在校同學録，而是1902年京師大學堂重新開辦到選派學生留學時的所有同學的彙録。此册同學録對於研究京師大學堂重新開辦後機構設置和教職員及學員的情況具有較高的史料參考價值。

本書的正文前刊登有京師大學堂教習合影、「北京大學堂學生合影」、「光緒癸卯京師大學暑假仕學館合景」、「光緒癸卯京師大學暑假仕學師範合景」，頗顯珍貴。

本同學録分别請王儀通和谷鍾秀作序。

王儀通（1864—1931），又名王式通，字書衡，原籍浙江紹興。光緒二十四年（1898）進士，歷任刑部主事、大理寺少卿。民國時期曾任北洋政府司法次長、國務院秘書長、全國水利局副總裁。據本同學録，王儀通時任京師大學堂上海譯書分局總辦前文案提調。

王氏此序對於瞭解京師大學堂歷史有一定參考價值，如大學堂初期「考試復用八股文」；大學堂重新開學的日期是「壬寅十一月十八日」，即 1902 年 12 月 17 日（民國時期北京大學校慶日定爲 12 月 17 日，應源於此）。序中指出科舉考試與新式學堂的衝突：「次年三月爲癸卯會試，先期乞假者十之一二。至四月間鄉試漸近，乞假去者蓋十之八九焉。暑假後人數寥落如晨星。迨九月中，各省次第放榜，獲雋者利速化，視講舍如蘧廬；失意者則氣甚餒，多無志於學。……」

谷鍾秀（1874—1949），字九鋒，直隸定州人。清光緒年優貢生，1898 年考入京師大學堂，1901 年赴日本早稻田大學攻讀政治經濟學，1908 年畢業。回國後曾任教於直隸師範學堂，後任直隸總督署秘書、浙江巡撫署憲政籌備處科長。辛亥革命後積極參與政黨活動，反對袁世凱獨裁。曾與章士釗、陳獨秀在東京創辦《甲寅》雜誌。谷鍾秀此敘主要就同學之誼闡發「群」的思想。文中稱「人者，萬物中之號爲能群者也。西哲之言曰：『惟人知有群，故於世界占最優之位置。』荀子曰：『人之所以異於禽獸者，以其能群也。』」谷氏認爲，「惟歐羅巴之高加索種爲能群」，中國因不知群而成爲列强俎肉。敘中又説，「所謂群者，以精神而不以形式」，因此「形式之群離合適然而已，惟精神之群當與諸同學共勉之」。

從「例言」，我們可以瞭解本同學録的收録範圍，同學以外，主要包括管學大臣、中東西各教習、各執事，教習和執事相當於我們現在説的教職員。同學方面，僅收録仕學、師範兩館，「譯醫兩館，居處較遠，調查匪易」，暫不收入。這裏收録的同學，除了 1902 年冬重新開學時考取者，及當時直隸、奉天、山西、山東、浙江五省咨送者，還包括次年春夏間其他各省咨送者，以及次年九月譯學館轉入者。所列同學除了在校者外，還包括考取而未入堂肄業者、因事離校者、請假歸去者、派遣出洋者、已故者。

當時京師大學堂管學大臣是張百熙，已爲人所熟知，而從本同學録可知，還有會同管學大臣榮慶，大致相當於後來的副校長。

從本同學録的「教習題名」中，可知當時教員情況：

總教習　吴汝綸（已故）

副總教習　張鶴齡（已離職）

副總教習　蔣式瑆

總教習下設教習和分科教習，其中正副教習四人，均爲日本學者，包括漢學家服部宇之吉，爲正教習，從中大致可見當時學習日本的趨向。

分科教習分爲漢文、算學、體操、圖畫、英文、法文、俄文、德文、東文（日文）等，其中史學家屠寄爲漢文分教習，俄國漢學家伊鳳閣爲俄文分教習，而東文分教習陸宗輿、范源濂、章宗祥，後來都在民國初年北京政府任過要職。

在「執事題名」裏，可以發現梅光羲爲京師大學堂藏書樓提調，嚴復爲譯書局總辦兼考校處，林紓爲譯書局筆述，經常與林紓合作翻譯的魏易爲譯書局分譯。

「同學題名」部分，共收録京師大學堂同學273人。這裏略作翻檢介紹：

王桐齡（1878—1953），京師大學堂師範館肄業，赴日留學，1912年畢業於東京帝國大學文學部史學科，回國後任北京高等師範學校教授，兼任中國大學、女子師範大學、清華大學、燕京大學課程。著有《中國史》《東洋史》等。

俞同奎（1876—1962），中國化學教育的開拓者。京師大學堂師範館肄業，後被派赴英國利物浦大學留學，獲碩士學位。1910年任京師大學堂理科教授兼化學門研究所主任。1919年任北京大學化學系首任主任。1920年改任北京工業專門學校校長。1922年與陳世璋發起成立中華化學工業會。

何育傑（1882—1939），物理學家。京師大學堂師範館肄業，被派赴英國留學，1907年獲曼徹斯特大學學士學位，回國後任京師大學堂格致科教習。後任北京大學物理學教授、物理系主任，東北大學物理系主任。

馮祖荀（1880—1940），中國現代數學教育的開拓者之一。京師大學堂師範館肄業，被派赴日本留學，後入京都帝國大學研讀數學。曾任北京大學數學教授、數學系主任，東北大學數學系主任。

胡仁源（1883—1942），京師大學堂師範館肄業，先後留學日本、英國。回國後曾任京師大學堂文科學長、江南製造總局副總理、北京大學預科學長及工科學長。1914年任北京大學校長。後曾任北京政府教育總長、浙江大學工學院教授。

葉恭綽（1881—1968），京師大學堂仕學館肄業。清末任職於郵傳部、鐵路總局。民國初任北洋政府交通部路政司長、郵政總局局長、交通部次長。後曾任北洋政府交通總長、國學館館長等職。

倫明（1875—1944），學者，藏書家。京師大學堂師範館肄業。曾任兩廣高等師範學堂教員、兩廣方言學堂教務長。民國初任廣東省視學官。1918年任北京大學法預科教授。1937年任廣東省立圖書館副館長兼嶺南大學教授。

張耀曾（1885—1938），京師大學堂師範館肄業，被派赴日留學。民國初年歷任衆議院議員、雲南都督府參議、北京大學法科教授。1916年任段祺瑞政府司法總長。後曾任中國公學法律系主任、教授。

京師大學堂同學錄

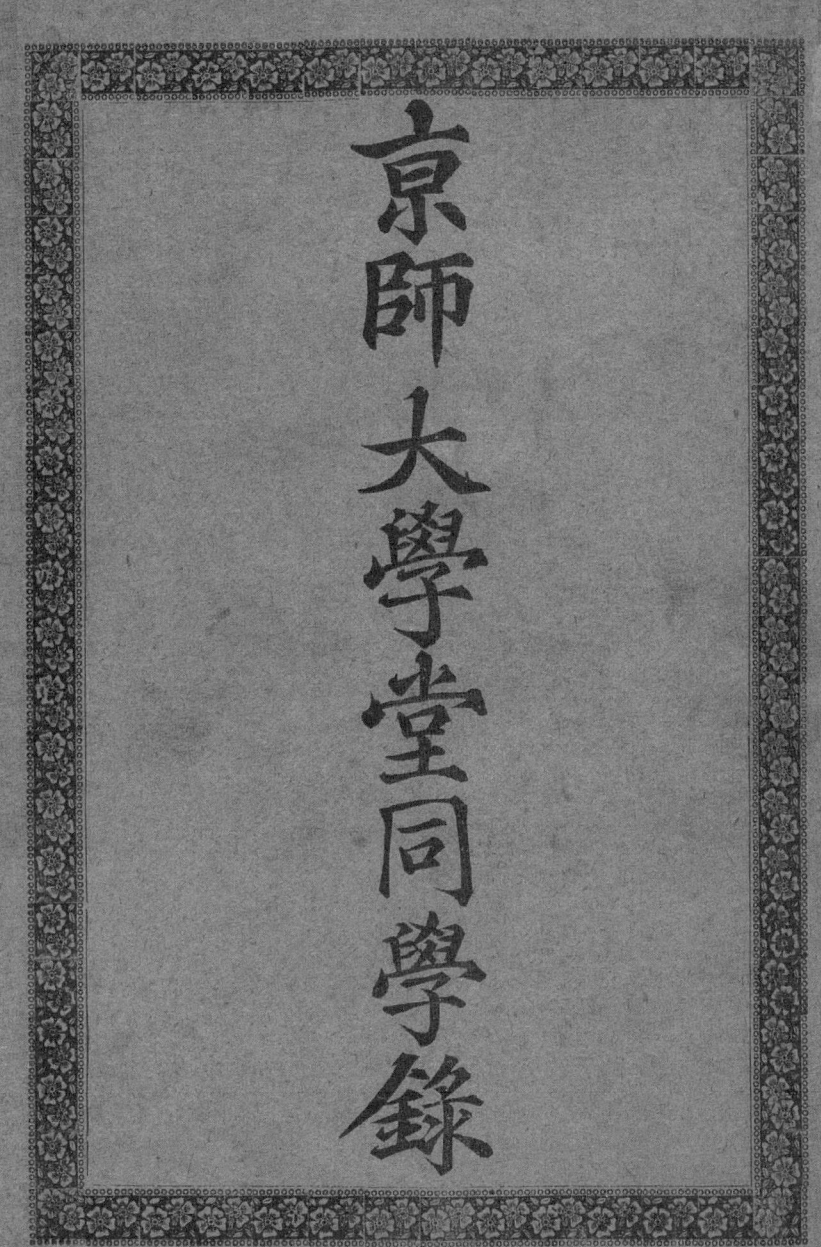

北京大學堂學生合影

光緒癸卯京師大學暑假仕學館合影

光緒癸卯京師大學暑假仕學師範合景

京師之有大學堂始於臨桂王給諫（鵬運）一疏戊戌八月一切新政皆停罷巋然獨存者僅有此耳李柳溪太史爲余言是時考試復用八股文士之肄業學堂者手制藝與唔相應教授者心知其非姑藉此以息人言而已辛丑十一月二十八日

兩宮西巡

返蹕

中興之治首在興學十二月初一日

詔長沙尚書爲管學大臣尚書博采古今中外學制手訂章程以蒙小中各學尙無基址難驟建大學迺議先設速成科分仕學師範兩館黌宇既啓髦俊畢輳中外教習皆極一時之選於壬寅十一月十八日開學生徒濟濟稱盛次年三月爲癸卯會試先期乞假者十之一二至四月間鄉試漸近乞假去者蓋十之八九焉暑假後人數寥落如晨星迨九月中各省次第放榜獲雋者利速化視講舍如蘧廬其失意者則氣甚餒多無志於學膠膠擾擾者先後殆九十閲月而一星終矣竭管學大臣中外教習管理諸員之心思才力一歲之春秋兩試墮之於無形顧謂學堂與科舉能兩存耶三代後儒術之

切實無弊者無過程朱明道以徒務記誦爲玩物喪志以館閣文字爲名實未正伊川以增學額爲利誘以能文章登高科爲不幸朱子則曰興學校須歇科舉二十年又曰謀恢復當罷科舉三十年嗚呼何其與今日之時勢相合也外患日迫士氣囂然興學要恉端在激發忠愛開濬知識研究實業置此不講驅天下於舍本逐末之一途人人可應科舉即人人可號稱爲士居之不疑悍然無忌而一二跅弛之材幸其無科學之艱苦無學堂之範圍瀸潰誕辭猖狂恣肆近十年來科舉流失甚章灼矣夫愼獨知恥窮理盡性何者可舍已徇人獨至一應考試則握管行文甘居揣摩而不諱名父嚴師以此示教奚怪中無所宰見異思遷今之躬冒不韙妄騰口說者何一非曾應科舉者哉放言高論積非成是後生小子靡然從之若火之始然泉之始達不可抹遏流毒所及勢將中於根柢未固之學堂而不揣其本者轉有所藉口謂學生不易施教學堂實多流弊積疑成恐積恐成敵陰抑陽攻幾使學堂永不見信於人教育萬無普及之望將中國四百兆人民終古無愚明柔強之一日豈不大可哀哉意見之偏何所底止受其病者終在國家斯固賈生所痛哭流涕者也師範館黃君潤書張君鎔西將游學日

二

本以所輯同學錄一册屬志緣起因書此爲別光緒二十九年癸卯十一月十二日沔陽王儀通序

三

叙

摶摶大地華離而居標之主之不相越夷者人羣之國土也衍一至萬勢逼而爭龍戰虎跳寫奕古今者人羣之歷史也蓋自元黃剖判萬物孳芽柔體蠕動漸生脊骨由猿化人最後最靈襲佗群而勝之僕僕焉戢戢焉於是結成人羣獨立之世界人者萬物中之號爲能群者也西哲之言曰惟人知有群故於世界占最優之位置荀子曰人之所以異於禽獸者以其能群也然而同一人也種別而羣分惟歐羅巴之高加索種爲能羣非洲之內革羅種美洲之印甸安種南洋諸島之巫來由種率以不能群漸就澌滅以底於亡即我黃種最大羣之中國亦幾成俎肉列强睒睗厲牙而欲飽其腹而舉國之人其不知羣也如故工不知群而器窳敗農不知羣而田蕪萊商不知群而棄信義競詐力雖儼然自命爲士者以愛力相傳說以名譽相高尚要皆圖度小羣而忽忘大羣夫天演之理非爭存不足以自立非合群不足以爭存蜂蟻之羣雖微而物莫之敢侮兕象虎豹非不巍然大也以其不能群而卒爲人禽嗚呼群之時義大矣哉孔子之立教也特揪朋友之倫以爲羣之樞要魯論云君子群而不黨又云四海之內皆兄

弟也乃群之實義也群之不能有聚而無散一合而弗離也往往臨別纏綿悲惻之情發之於詩詞樂章誠重之也且夫所謂群者以精神而不以形式其志同其道合雖一處北海一處南海闃焉若毫毛不相屬及其趨於公利公益也則影之隨形響之應聲乘時而共濟比之胡越同舟遇風尤無間然而社會之所以發達亦罔不由此所謂精神之羣也形式之羣祇知共起居均勞逸濡沫相噓而已然至情所感其勢不能自已則猶之可也若夫居平以酒食相徵逐稍有利害即反顏若不相識或擠之井而又下石焉如韓退之所云者所在多有此則吾同學之所深耻而引以爲大戒者也北京大學開學之二季同學二百有餘人管學大臣張選派出洋游學者三十餘人於其別也率有離羣索居之感張君鎔西黃君潤書等咸曰此羣不可一日解因建議刊一同學錄並撮合影一弁之卷首各手一冊以誌不忘錄既成屬序於予予曰形式之羣離合適然而已惟精神之羣當與諸同學共勉之時

光緒二十九年十月短至日也定州谷鍾秀序

管學大臣吏部尚書政務處大臣張百熙埜秋湖南長沙府長沙縣甲戌進士

會同管學大臣戶部尚書軍機大臣榮慶華卿蒙古正黃旗癸未進士

例言

一管學大臣乃全堂之師表謹錄姓名爵里冠諸簡首以申景仰

一中東西各教習爲同人受學之師總辦暨各執事等爲支配學務之員均謹載諸篇首以誌弗諼

一教習題名執事題名悉依其職掌之輕重以次臚列

一是册所錄僅仕學師範同學其譯醫兩館居處較遠調查匪易彙錄成篇請俟異日

一同學題名表名次之秩序係分省彙纂後據　皇朝直省輿地全圖分省之次序排列之此舉實欲使一覽知某省人數之多寡非故嚴省界也

一初擬將進學日期各爲注明嗣因付印忽促未暇調查頗爲遺憾茲特揭入學先後之概例於下㈠凡下注考取者俱壬寅冬入學㈡凡下注咨送者除直隸奉天山西山東浙江五省係壬寅冬入學外餘俱癸卯春夏間入學㈢凡下注譯學館撥入者俱癸卯九月入學　其有不屬此例者只少數耳

一名上注○號表考取而未入堂肄業也●號表因事已他就也▲號表假歸也◎號

表已派遣出洋也■號表已故也

光緒癸卯十一月下浣　編者識

教習題名

癸卯十一日調查

總教習

■吳汝綸 摯甫 五品卿銜前冀州直隸州知州乙丑進士 安徽安慶府桐城縣

副總教習

●張鶴齡 筱圃 湖南補用道前翰林院庶吉士戶部主事壬辰進士 江蘇常州府陽湖縣

蔣式瑆 惺甫 廣東道監察御史前翰林院編修壬辰進士 直隸遵化州玉田縣

正教習

巖谷孫藏 日本法學博士

服部宇之吉 日本文學博士

副教習

杉榮三郎 日本法學士

太田達人 日本理學士

漢文分教習

● 楊道霖 仁山 戶部主事壬辰進士 江蘇常州府無錫縣

● 王舟瑤 枚伯 內閣中書銜候選知縣己丑舉人 浙江台州府黃巖縣

● 屠寄 敬山 工部主事前翰林院庶吉士壬辰進士 江蘇常州府武進縣

● 楊模 範甫 甲午舉人 江蘇常州府無錫縣

算學分教習

胡玉麟 叔蕃 刑部雲南司郎中 江蘇松江府青浦縣

體操分教習

● 劉光謙 伯襄 湖北自強學堂畢業生 江蘇通州

圖畫分教習

高橋勇 日本圖画學

英文分教習

Backhouse

巴考斯

法文分教習

柏艮材 Blanchet

伊鳳閣 俄文分教習 Neahoen

孔拉德 德文分教習 Suquet Conrady 德國法律博士

東文分教習

胡宗瀛 蓬壺 日本農學專門學校畢業生 安徽徽州府休甯縣

陸宗輿 潤生 日本早稻田大學生即選同知附貢 浙江杭州府海甯州

呂烈煇 愼哉 前湖北自强學堂助教 安徽甯國府涇縣

范源濂 靜生 日本高等師範學校畢業生 湖南長沙府湘陰縣

章宗祥 仲和 日本法科大學畢業生廩貢 浙江湖州府烏程縣

英文助教

李應泌 福蓀 江蘇松江府上海縣

●柏　銳　峻山　禮部主事　廣東駐防滿州鑲白旗

法文助教

莊恩祥　瑞階　廣東廣州府番禺縣

俄文助教

周寶臣　季咸　湖北自强學堂畢業生　江蘇海門廳

德文助教

汪昭晟　勳西　同知直隸州用候補知縣前武清縣楊村縣丞　山東泰安府

執事題名

總辦兼考校處

三品銜候補五品京堂政務處提調鴻臚寺少卿前翰林院庶吉士庚辰進士

于式枚 晦若 廣西平樂府賀縣

副總辦兼考校處

翰林院編修甲午進士

李家駒 柳溪 廣州駐防漢軍正黃旗

幇總辦

直隸候補道戊子舉人

姚錫光 石泉 江蘇鎮江府丹徒縣

上海譯書分局總辦前文案提調

內閣中書丁酉舉人

沈兆祉 小沂 江西

刑部山東司主事戊戌進士

王儀通 書衡 山西汾州府汾陽縣祖籍浙江山陰縣

文案提調

湖北試用道辛卯副貢

魏允恭 蕃室 湖南寶慶府邵陽縣

文案襄辦

蔡寶善　師愚　特用知縣壬寅舉人　浙江湖州府德清縣

堂提調

袁勵準　玨生　記名遇缺題奏翰林院編修戊戌進士　順天府宛平縣　祖籍江蘇武進縣

曾廣鎔　履初　湖北候補道花翎即補郎中刑部福建司員外郎　湖南長沙府湘鄉縣

三　多　六橋　浙江候補同知　杭州蒙古駐防

襄辦講堂事務

唐繼淙　崑山　四品銜補用直隸州知州候選知縣　江蘇蘇州府元和縣

支應提調

紹　英　越千　商部右丞　滿州鑲黃旗

支應襄辦

楊宗稷　詩伯　貢生　湖南長沙府

藏書樓提調

梅光羲　擷雲　花翎湖北候補道丁酉舉人　江西南昌府南昌縣

十四

博物院提調

●榮勛 竹農 候補四五品京堂 滿州

雜務提調

汪鳳池 藥階 山東道監察御史乙亥舉人 江蘇蘇州府元和縣

●李經楚 祜三 奏補徐州道 安徽廬州府合肥縣

雜務襄辦

黃璠 仲魯 兵部職方司主事 江西建昌府南豐縣

醫學館提調

●王乃徵 聘三 陝西道監察御史庚寅進士 四川潼川府中江縣

●朱錫恩 湛清 湖廣道監察御史翰林院編修甲午進士 浙江海甯州

徐定超 班侯 戶部員外郎癸未進士 浙江溫州府永嘉縣

譯書局總辦兼考校處

嚴復 幾道 候選道 福建福州府侯官縣

譯書局分譯

常　彥　伯奇　候選同知　江蘇江甯府

曾宗鞏　幼固　北洋海軍守備　福建

胡文梯　步青　候選縣丞　浙江紹興府上虞縣

魏　易　聰叔　浙江杭州府仁和縣

譯書局筆述

林　紓　黔南　大挑教諭　福建福州府閩縣

陳希彭　湖北試用知州

編書局總纂兼考校處

李希聖　亦園　刑部主事壬辰進士　湖南長沙府湘鄉縣

編書局輿地總纂兼考校處

鄒代鈞　沅颿　分省補用知縣　湖南寶慶府新化縣

編書局分纂

●韓樸存 力畬 戶部主事戊子舉人 湖南長沙府湘潭縣

●孫寶瑄 仲瑜 工部主事 浙江杭州府錢塘縣

●羅惇曧 掞東 優貢知縣 廣東廣州府

●桂埴 東原 廩生 廣東廣州府南海縣

李稷勳 姚琴 翰林院編修戊戌進士 四川酉陽州秀山縣

編書局正校

馬濬年 叙五 內閣中書戊子舉人 四川

編書局襄校

陳毅 儀仲 刑部郎中壬寅舉人 湖南長沙府湘鄉縣

同學姓名報告

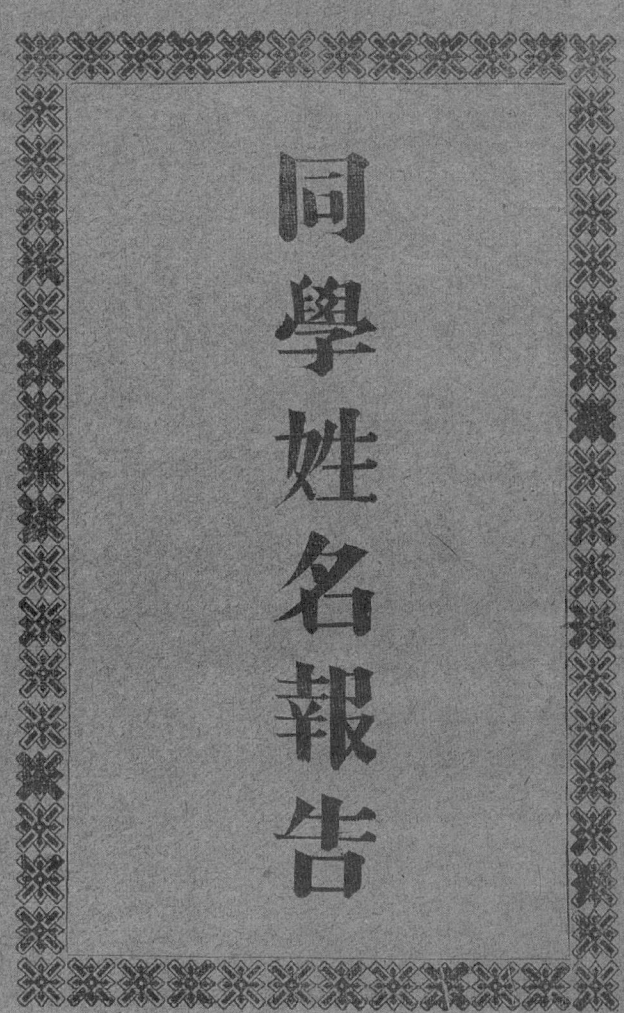

同學題名

姓名	年歲	籍貫	館別	入學識別
▲郭進修 嘯芩	三十四	直隸天津府天津縣	仕學	考取
●袁勵賢 壽君	十七	仝 順天府宛平縣 祖籍江蘇武進縣	仝	仝
李文權 道衡	二十四	仝 順天府大興縣	仝	仝
●魏震 梯雲	三十一	仝 天津府天津縣	仝	仝
▲宗慶鏞 葵生	二十九	仝 順天府密雲縣	仝	仝
傅琛 賓臣	三十六	仝 順天府順義縣	仝	仝
▲楊肇培 景喬	三十	仝 遵化州	仝	仝
安鳳森 鋭亭	三十一	仝 遵化州豐潤縣	仝	譯學館撥入
金恩科 小泉	二十一	仝 天津府天津縣	仝	仝
○陸惠熙 亮臣	二十五	仝 順天府宛平縣	師範	考取

●	張謹	仲蘇	二十一	直隸深州安平縣	仝	仝
●	張穀	伯英	二十五	仝深州安平縣	仝	仝
	劉式訓	聰彝	二十六	仝天津府天津縣	仝	仝
●	燕世奇	友三	二十六	仝定州	仝	仝
●	常作賓	燕廷	二十一	仝遵化州豐潤縣	仝	仝
	韓述祖	志勤	二十一	仝順天府宛平縣	仝	仝
●	張培	季欽	二十	仝深州安平縣	仝	仝
◎	周典	劭聞	二十五	仝順天府大興縣	仝	仝
◎	顧德鄰	仲康	二十一	仝順天府宛平縣	仝	仝
	谷鍾秀	九峰	二十五	仝定州	仝	仝
	梁兆璜	渭占	二十六	仝保定府安州	仝	仝
	蔣志乾	惕甫	三十一	仝遵化州玉田縣	仝	仝

顧德馨	子潛	二十二	直隸順天府宛平縣	仝	仝
◎朱深	博淵	二十三	仝 順天府永清縣	仝	仝
張灝	福先	二十二	仝 河間府獻縣	仝	仝
顧德保	伯文	二十三	仝 順天府宛平縣	仝	仝
●常作舟	濟若	二十	仝 遵化州豐潤縣	仝	仝
董鳳華	希同 原名叔芳	二十四	仝 河間府吳橋縣	仝	仝
王道元	畫初	二十四	仝 保定府安州	仝	仝
●李蔭蕃	滋園	三十	仝 遵化州	仝	仝
顧大徵	鼎秋	十八	仝 順天府宛平縣	仝	仝
高續頤	豫軒	二十九	仝 順天府大興縣	仝	仝
○劉崇本	務民	三十一	仝 保定府雄縣	仝	咨送
◉劉同文	雅軒	三十	仝 易州	仝	仝

封汝謨	士一	二十二	直隸河間府交河縣	仝	仝
◎王桐齡	嶧山	二十四	仝河間府任邱縣	仝	仝
丁作霖	曉川	二十八	仝遵化州	仝	仝
王廷珪	季瞻	二十	仝河間府吳橋縣	仝	譯學館撥入
張熙敬	止菴	二十二	仝順天府通州	仝	仝
楊錕鋙	劒峰	二十二	仝順天府大興縣	仝	仝
于鳳藻	採陳	二十二	仝天津府天津縣	仝	仝
李彩章	煥文	二十	仝深州	仝	仝
夏壽同	翼堂	二十一	仝天津府天津縣	仝	仝
穆奎齡	伯祺	二十二	仝天津府天津縣	仝	仝
李慶銘	新吾	二十	仝保定府祁州	仝	仝
達壽	稚甫	三十四	滿洲正紅旗	仕學	考取

吉文祥	嘉甫	二十三	正藍旗	仝	仝
文琦	佩卿	三十	仝正藍旗	仝	仝
△文柄	叔寅	二十八	仝鑲白旗	仝	仝
連捷	雨亭	三十一	仝鑲白旗	仝	譯學館撥入
春毓	秀生	二十三	仝鑲白旗奉天府承德縣	師範	譯學館撥入
煦增	仁普	二十一	廣東駐防正黃旗滿洲	仝	仝
○王慶珍	聘三		鑲白旗漢軍	仕學	考取
廣源	伯泉	二十五	鑲紅旗漢軍	師範	仝
●崔汝翊	筱園	五十	內務府正白旗漢軍	仕學	仝
吳景濂	蓮叔	三十一	內務府正黃旗漢軍	師範	仝
曾有翼	子敬	三十一	內務府正白旗	仝	奉天咨送
增普	益堂	二十八	蒙古正黃旗	仝	考取

炎舒	若農	二十四	鑲黃旗	仝	仝
◎成寯	子英	二十二	仝鑲黃旗	仝	仝
●成林	惠民	二十	仝正藍旗	仝	仝
松照	月波	二十三	直隸駐防鑲白旗	仝	譯學館撥入
○王桐		二十三	盛京駐防鑲黃旗	仕學	考取
▲閻毓秀	中實	三十	仝奉天府遼陽州	師範	咨送
鄒大鏞	東閣	二十九	仝奉天府遼陽州	仝	仝
李樹滋	鐵珊	二十	仝錦州府錦縣	仝	仝
貴恒	月嶠	二十七	駐防鑲黃旗	仝	仝
唐宗愈	慕湖	二十六	江蘇常州府無錫縣	仕學	考取
朱錫麟	慶石	二十八	仝太倉州嘉定縣	仝	仝
◎屠振鵬	寶慈	二十四	仝常州府武進縣	仝	仝

●	徐宏文	漁舟	二十五	江蘇常州府陽湖縣	仝	仝
	沈家彝	季讓	二十三	仝　江甯府江甯縣	仝	譯學館撥入
◎	唐演	易盦	二十七	仝　常州府陽湖縣	師範	考取
●	蔡日曦	南平	二十三	仝　太倉州崇明縣	仝	仝
◎	孫昌烜	宇晴	二十	仝　太倉州崇明縣	仝	仝
	孫鼎烜	君夔	二十二	仝　太倉州崇明縣	仝	仝
	鄒應蕙	樹文	十九	仝　蘇州府吳縣	仝	仝
	孫鴻烜	于逵	二十二	仝　太倉州崇明縣	仝	仝
○	劉毓雲		三十	仝　揚州府	仝	仝
▲	朱應奎	績臣	二十一	仝　常州府宜興縣	仝	仝
	施恩巘	熙臺	二十三	仝　太倉州崇明縣	仝	仝
◎	王舜成	契華	二十五	仝　太倉州	仝	仝

◎	潘承福	備菴	二十二	江蘇蘇州府吳縣	仝	仝
▲	阮志道	英士	二十	仝 松江府奉賢縣	仝	仝
◎	劉成志	同仁	二十二	仝 常州府武進縣	仝	仝
	姚麗堂	耐廬	三十一	仝 常州府靖江縣	仝	仝
◎	蔣宗魯	利貞 原名履曾	二十九	仝 常州府宜興縣	仝	仝
◎	黃藝錫	潤書	二十六	仝 松江府上海縣	仝	仝
◎	蘇振潼	樵仙	二十一	仝 江甯府上元縣	仝	仝
	李恩藻	鹿苹	二十四	仝 鎮江府丹徒縣	仝	咨 送
	賀同慶	善餘	三十	仝 鎮江府丹徒縣	仝	仝
	顧宗裘	冶仲	二十九	仝 蘇州府新陽縣	仝	仝
◎	華南圭	白三	二十六	仝 常州府金匱縣	仝	仝
◎	薛序鏞	笙伯	二十五	仝 蘇州府吳縣	仝	仝

八

	瞿士勳 冕垓	二十三	江蘇常州府靖江縣	仝	仝
▲	張葆元 蘊和	二十九	仝 松江府婁縣	仝	仝
	張東烈 子輝	三十三	仝 通州泰興縣	仝	譯學館撥入
◎	魏渤 叔虞	二十五	仝 海門廳	仝	仝
	鮑誠鏞 季笙	二十五	仝 揚州府東臺縣	仝	仝
◎	程經邦 濟之	十九	安徽安慶府潛山縣	仕學	考取
▲	董繩燾 筱浦	三十四	仝 甯國府宣城縣	仝	仝
○	方燕庚 希伯	三十二	仝 鳳陽府定遠縣	仝	仝
●	程霱 甘園	三十五	仝 徽州府休甯縣	仝	仝
	倪大來 仲平	二十九	仝 廬州府廬江縣	仝	譯學館撥入
	李榮巘 詠霓	二十六	仝 徽州府婺源縣	師範	考取
▲	徐德澂 秋舫	二十七	仝 安慶府太湖縣	仝	仝

九

●錢文選	士青	二十三	安徽廣德州	仝	咨送
黃甫衣	靜亭	二十六	仝 鳳陽府鳳臺縣	仝	仝
胡璧城	夔文	二十九	仝 甯國府涇陽縣	仝	仝
張伯欽	敬亭	二十五	仝 潁州府亳州	仝	譯學館撥入
呂志貞	吉堂 原名志利	二十一	仝 甯國府宣城縣	仝	仝
◎朱獻文	郁堂	三十	浙江金華府義烏縣	仕學	考取
徐象先	慕初	二十五	仝 溫州府永嘉縣	仝	仝
朱麟藻	石齋	二十六	仝 紹興府上虞縣	仝	仝
蔣棻	梅生	三十一	仝 杭州府錢塘縣	仝	仝
◎余棨昌	戟門	二十二	仝 紹興府會稽縣	仝	仝
邵萬龢	子香	三十	仝 金華府東陽縣	仝	仝
周忠緯	佩三	二十八	仝 杭州府錢塘縣	仝	仝

十

嚴啓豐	廸莊	二十八	浙江湖州府歸安縣	仝	譯學館撥入
◎俞同奎	星樞	二十八	仝　湖州府德清縣	師範	考取
◎杜福垣	徵卿	二十四	仝　紹興府山陰縣	仝	仝
◎吳宗栻	季青	二十六	仝　紹興府山陰縣	仝	仝
王松壽	元甫	二十	仝　紹興府山陰縣	仝	仝
▲柯鎮崧	定初	二十九	仝　台州府黃巖縣	仝	仝
丁嘉乃	頂塵	二十八	仝　紹興府山陰縣	仝	仝
杜福坤	藹怡	二十一	仝　紹興府山陰縣	仝	仝
◎何育杰	吟苢	二十二	仝　甯波府慈谿縣	仝	仝
◎馮祖荀	漢叔	二十四	仝　杭州府仁和縣	仝	仝
○陳敬輿		二十七	仝　台州府黃巖縣	仝	仝
▲任重	仲禹	二十八	仝　台州府黃巖縣	仝	仝

余敏時	仲嬀	二十四	浙江金華府義烏縣	仝	咨送
李思浩	贊侯		仝 甯波府慈谿縣	仝	仝
◎鍾賡言	子揚	二十二	仝 杭州府海甯縣	仝	仝
胡仁源	仲毅	二十一	仝 湖州州歸安縣	仝	仝
▲周鉅煒	俊人	二十二	仝 紹興府諸暨縣	仝	仝
●胡長泰	冠千	二十三	江西建昌府南豐縣	仕學	考取
雷鳳鼎	菊農	三十七	仝 撫州府臨川縣	仝	仝
○包發鶴	荃孫	二十四	仝 建昌府南豐縣	仝	仝
●李光選	書齋		仝	仝	仝
歐陽穎	毅之	三十五	仝 九江府彭澤縣	仝	仝
程臻	擷[illegible]	二十	仝 南昌府南昌縣	師範	仝
▲盧榮光	銘鼎	二十四	仝 瑞州府新昌縣	仝	咨送

▲鄧鈞	丹澄	二十三	江西南昌府南昌縣	仝	仝
▲周爾璧	繼白	三十一	仝　臨江府新淦縣	仝	仝
▲王盛春	惠如	二十六	仝　九江府德化縣	仝	仝
▲高巨瑗	璩夫	二十三	仝　九江府湖口縣	仝	仝
▲蔡峴	鐵嶢	二十	仝　南昌府南昌縣	仝	仝
▲王大亨	吉臣	三十	福建泉州府晉江縣	仕學	考取
●卓寶謀	勉孫	二十四	仝　福州府閩縣	師範	仝
○林尊保	幼梅	十八	仝　福州府閩縣	仝	仝
陳鑠	毅山	四十二	仝　福州府閩縣	仝	仝
▲陳祖蓍	筱彤	二十三	仝　福州府長樂縣	仝	咨送
▲陳鑑周	郁蒼	二十七	仝　福州府侯官縣	仝	仝
▲吳壽昌	鏡澄	三十	仝　福州府侯官縣	仝	仝

▲林仲幹	幼鈺	二十二	福建福州府閩清縣	仝	仝
▲陳壽鐈	鹿莊	二十九	仝福州府閩縣	仝	仝
▲鄭　篪	南孫	二十一	仝福州府侯官縣	仝	仝
▲吳賓駒	冕昂	二十九	仝福州府	仝	仝
◎范熙壬	任卿	二十六	湖北漢陽府黃陂縣	仕學	考取
●李慶藻	盱齋	三十五	仝漢陽府黃陂縣	仝	仝
●劉國柱	石青	二十七	仝黃州府黃岡縣	仝	仝
胡子明	省闇	三十六	仝安陸府天門縣	仝	仝
馮壽祺	澤承	三十六	仝漢陽府黃陂縣	仝	仝
●王葆楨	韻亭	二十五	仝武昌府通山縣	仝	仝
●蔣芳增	補堂	二十七	仝安陸府天門縣	仝	仝
●李楚珩	佩芝	二十一	仝襄陽府襄陽縣	仝	譯學館撥入

李毓蓀 壽萱	三十三	湖北襄陽府宜城縣	仝	仝
▲朱貴華 子雲	二十七	仝 黃州府黃岡縣	師範	咨送
朱廷佐 右扶	二十二	仝 黃州府	仝	仝
鄒鍾銓 和陔	十八	仝 安陸府京山縣	仝	仝
春澤 萬青	二十五	仝 荊州駐防滿州正黃旗	仝	仝
葉開寅 亮臣	二十六	仝 武昌府大冶縣	仝	仝
翁廉 銅士	三十六	湖南長沙府湘潭縣	仕學	考取
▲歐陽弁元 旭德	二十八	仝 衡州府衡陽縣	仝	仝
●李國瑜	二十七	仝 長沙府善化縣	仝	仝
▲洪汝冲 味丹	三十五	仝 長沙府甯鄉縣	仝	仝
▲陳毓崑 仲彝	三十一	仝 郴州桂陽縣	仝	仝
◎周宣 瑞伯	二十六	仝 長沙府湘陰縣	師範	考取

伍作楫	桂軒	二十六	湖南寶慶府新化縣	仝	仝
▲張繼顯	子揚	二十九	仝郴州	仝	仝
李鍾奇	靜存	二十九	仝寶慶府武岡州	仝	咨送
戴丹誠	崑亮	二十九	仝常德府武陵縣	仝	仝
▲向同鋆	葆森	二十一	仝沅州府黔陽縣	仝	仝
▲段廷珪	碧江	二十六	仝郴州興甯縣	仝	仝
◎劉冕執	開長	三十	仝長沙府湘潭縣	仝	仝
馬象雍	叔容	二十	仝長沙府善化縣	仝	譯學館撥入
陳繼鵾	道威	二十	仝長沙府長沙縣	仝	仝
陳繼鶱	恭度	二十	仝長沙府長沙縣	仝	仝
曾載幬	劭子	二十五	仝長沙府相鄉縣	仝	仝
劉湛霖	召勤	二十一	仝長沙府善化縣	仝	仝

十六

●靳志	仲雲	二十三	河南開封府祥符縣	仕學	考取
●吳慶萬	壽臣	二十二	仝許州府郾城縣	師範	咨送
▲王人傑	涵珊	二十二	仝河南府孟津縣	仝	仝
▲胡汝麟	石青	二十一	仝開封府通許縣	仝	仝
時經訓	志畬	二十四	仝開封府通許縣	仝	仝
●高永超	箸元	三十一	山東濟南府鄒平縣	仕學	考取
◎朱炳文	煥章	二十三	仝臨清州夏津縣	師範	咨送
蕭承弼	右卿	三十	仝濟南府長清縣	仝	仝
于洪起	範亭	二十六	仝登州府棲霞縣	仝	仝
陳嗣光	淑言	二十二	仝登州府蓬萊縣	仝	仝
念梅蔭	雪廬	二十七	仝東昌府堂邑縣	仝	仝
田士懿	悳宸	二十七	仝東昌府高唐州	仝	仝

	王世儔	秀臣	二十一	山東登州府海陽縣	仝	譯學館撥入
	李登選	明齋	十九	仝 登州府海陽縣	仝	仝
	任鍾澍	雲笙	二十八	山西汾州府汾陽縣	師範	咨送
●	常旭春	曉樓	三十	仝 太原府榆次縣	仝	仝
	劉盥訓	孚伯	二十五	仝 蒲州府猗氏縣	仝	仝
◎	景定成	梅九	二十二	仝 解州安邑縣	仝	仝
	王澤闓	懌亭	二十六	仝 霍州趙城縣	仝	仝
	史錫永	子年	三十五	四川夔州府萬縣	仕學	考取
◎	黃德章	滋諼	三十	仝 成都府新繁縣	仝	仝
	胡嶫	雪生	二十九	仝 成都府華陽縣	仝	仝
◎	史錫綽	莘畬	二十八	仝 夔州府萬縣	仝	仝
◎	曾儀進	叔度	二十六	仝 成都府華陽縣	仝	仝

杜翰煜 樵蒸	二十五	四川夔州府萬縣	仝	譯學館撥入
周王柄 斗卿	二十四	仝 成都府成都縣	仝	仝
邵從煾 明叔	二十二	仝 眉州靑神縣	師範	仝
張家樞	二十八	仝 保甯府閬中縣	仝	仝
張家駒 瀛翹	二十三	仝 保甯府閬中縣	仝	仝
張紹言 述先	二十四	仝 保甯府閬中縣	仝	仝
謝運麒 石生		仝 夔州府萬縣	仝	仝
卓陶時 月槎	二十	仝 成都府華陽縣	仝	仝
段以修 澹然	十九	仝 綿州德陽縣	仝	仝
黃尙穀 仲笙	二十二	仝 綿州綿竹縣	仝	仝
▲葉恭綽 譽虎	二十三	廣東廣州府番禺縣	仕學	考取
▲關賡麟 穎人	二十二	仝 廣州府南海縣	仝	譯學館撥入

雷祖根	蔭孫	二十七	廣東廣州府新甯縣	仝	仝
倫明	哲如	二十六	仝　廣州府東莞縣	師範	考取
◎陳發檀	海南	二十四	仝　瓊州府瓊山縣	仝	仝
●陳治安	公民	二十	仝　瓊州府瓊山縣	仝	仝
張達瑔	硯瑜	二十八	仝　肇慶府開平縣	仝	仝
姚梓芳	覺庵	二十九	仝　潮州府揭陽縣	仝	仝
何焱森	伯述	二十六	仝　廣州府三水縣	仝	仝
▲廖道傳	叔度	二十七	仝　嘉應州	仝	咨送
曹冕	競修	二十五	仝　廣州府番禺縣	仝	仝
朱兆燊	鼎馨	二十五	仝　廣州府花縣	仝	仝
盧崇恩	譽門		仝　廣州府東莞縣	仝	仝
程祖彝	吉孫	二十五	仝　廣州府南海縣	仝	仝

胡祥麟	子賢	二十七	廣東廣州府順德縣	仝	仝
黃蒿裴	藻甫		仝　廣州府新甯縣	仝	仝
●羅正階	頌侯	二十二	仝　廣州府南海縣	仝	仝
▲陳伯騶	禮犖	二十二	仝　廣州府新會縣	仝	仝
潘敬	臣止	十八	仝　廣州府南海縣	仝	仝
關慶麟	吉符		仝　廣州府南海縣	仝	仝
祁傑	幹南	二十二	仝　廣州府東莞縣	仝	譯學館撥入
關翰昭	光宇	二十	仝　肇慶府開平縣	仝	仝
吳燮梅	鶴川	二十	仝　肇慶府開平縣	仝	仝
倫鑑	淡如	十九	仝　廣州府東莞縣	仝	仝
吳鼎新	在民	二十	仝　肇慶府開平縣	仝	仝
○林炳華	均寰	二十九	廣西慶遠府宜山縣	仕學	考取

▲鄧承韡 浚民	二十八	廣西南甯府新甯州	仝	仝
●周清任 伯伊	二十六	仝 桂林府臨桂縣	仝	仝
●何化龍 劔泉	二十七	仝 桂林府永福縣	師範	考取
■歐陽華 宥如	二十二	仝 桂林府臨桂縣	仝	仝
◎張耀曾 鎔西	十八	雲南大理府太和縣	仝	仝
◎席聘臣 莘農	二十三	仝 雲南府昆明縣	仝	咨送
●李澤 少宗	三十	仝 雲南府昆明縣	仝	仝
●孫文達 彩丞	二十八	仝 雲南府昆明縣	仝	仝
由雲龍 夔舉	二十三	仝 楚雄府姚州	仝	譯學館撥入
徐承錦 尚之	二十九	貴州銅仁府	仕學	考取
●余鍾 嵩生	三十三	仝 貴陽府龍里縣	仝	仝
▲盧夔颸 厚甫	二十二	仝 遵義府遵義縣	仝	仝

張泰鏞	宗伯	二十九	貴州都匀府清平縣	仝	譯學館撥入
李琳	玉亭	三十	仝　鎮遠府黃平州	仝	仝
○劉廷瀚		二十六	仝　貴陽府龍里縣	師範	考取
◎何培琛	仲書	二十三	仝　貴陽府貴筑縣	仝	咨送
●李立成	洛者	二十五	仝　貴陽府開州	仝	仝
◎楊德懋	銘修	三十	仝　貴陽府	仝	仝
趙鶴清	松泉	三十八	雲南楚雄府姚州	仕學	聽講
沈膺蕃	琴孫		浙江杭州府錢塘縣	仝	仝
王珍	梓礎		河南開封府祥符縣	仝	仝
倫綽			廣東廣州府東莞縣	師範	譯學館撥入
倫敘			仝	仝	仝

二十三

光緒二十九年十一月調查
光緒二十九年十一月十六日刷印
光緒二十九年十二月初十日發行

非賣品

北京大學堂同學錄

編纂者 北京大學堂

校閱者 北京大學堂

北京大學堂審定濟

刷印所 錦合印字館
李鐵拐斜街路南陞官店內

北京大學校分科同學録（一九一二）

《北京大學校分科同學録》1912年12月由京師京華印書局印行。1912年民國成立後，京師大學堂改名北京大學校，因此本同學録跨越京師大學堂時期和北京大學時期，實屬珍貴。從内容看，也有新舊交替的情形，如「分科教員」部分包括經科、格致科方面的教職員。

所謂「分科」，應指清宣統元年（1909）仿照日本學制開始籌設的「分科大學」，相當於現在的本科學院。故本年的「分科同學録」，相當於本科同學録，當年所包括的學科有：文科、法政科、理工科、農科、商科。

本同學録爲綫裝，封面有簽名「禧文」，應即童德禧的字。童氏北京譯學館畢業，留學瑞士。曾任北京大學哲學系教授、主任。本同學録文科學生中有童氏，湖北蘄州人，時年三十一歲。

本同學録收録内容主要包括「分科職員」「分科教員」和同學録兩大部分。從收録同學看，本同學録收録在校同學及最近畢業同學，而非當年畢業同學録。

「分科職員」「分科教員」相當於後來的教職員。從中可以瞭解一些人員更替情況，如京師大學堂時期的總監督先後爲劉廷琛和勞乃宣，更名北京大學校後，嚴復任校長兼文科學長，後由馬良代理校長。結合學生情況，可以確定，1912年北京大學校時期的各科學長分别爲：文科學長嚴復，法政科學長王世澂、張祥麟，理工科學長夏元瑮，商科學長吴乃琛、金紹城，農科學長葉可樑。有的職務更替很快，故當年即有兩任。

王世澂（1874—1948），字峨孫，福建閩縣人。早年畢業於英國倫敦林肯法律專門學校。歷任北京大學法科學長、國務院法制局參事、參政院參政。

吴乃琛（1878—1953），字藎忱，一字藎臣，浙江桐鄉人。早年留美，獲博士學位，回國後授法科進士，清末任翰林院編修、幣制局會辦等職。民國後任中國銀行副總裁、財政部泉幣司司長、賦税司司長。

金紹城（1878—1926），字拱北，浙江吴興人。清末留學英國，曾任大理寺刑科推事。民國後任北京政府内務部僉事、衆議院議員、國務院秘書、蒙藏院參事等職。

葉可樑（1881—？），字肖鶴，福建閩侯人。早年任福州英華書院、上海芳濟書院、上海聖約翰大學教員。1905年入美國密西根大學學習農業。民國初年任外交部僉事，1919年任駐温哥華領事，1923年任駐三藩市總領事。後任外交部編纂處編纂。

教員中也不乏名人，如文科經學教員姚永樸出身桐城世家，法政科教員程樹德爲法律史學家，理工科採礦冶金教員温宗禹曾任北大工科學長，農科教員章鴻釗係中國近代地質科學創始人之一……

學生名録部分，主要包括字號、年齡、籍貫、之前學歷、通信處等内容，按文科、法政科、理工科、商科的順序，每科之下按年齡長幼排序，其中文科中最長者段洙已五十一歲。各科中文科學生最多，130人，法政科38人，理工科59人，農科63人，商科34人。

本年同學録中選擇幾位，略作介紹。

文科馮汝驤（1875—1947），山西臨縣人。1913年北京大學畢業後任山西省立一中教員。次年歸鄉任臨縣第一高等小學校長。1920年代任職於山西省公署政務廳。1937年任山西省鄉寧縣縣長，爲政清廉，深得民心。

文科劉復禮（1875—1952），字洙源，四川中江縣人。北京大學畢業後留校任教，後回成都，自辦離明書院。歷任四川高等師範學校、成都大學、四川大學教授。於經學、佛學均有造詣，曾創辦成都佛學社。

文科湯用彬（？—1950），湖北黄梅人，著名學者湯用彤長兄。早年畢業於譯學館，後畢業於北京大學。歷任陸軍部主事、湖北省參議會秘書長、湖南都督府秘書長、交通部參事、執政府機要秘書、國史館協修、國務院國史編纂處處長等職。曾任《群治日報》主筆。

法科裘毓麟，字匡廬，浙江慈溪人。早年畢業於譯學館。1913年赴美留學，在加利福尼亞大學學習政治經濟，1916年歸國。用二十餘年「精究程朱，旁參釋老」，著成《思辨廣録》，爲錢基博所讚賞。另著有《清代軼聞》。

理工科王烈（1887—1957），字霖之，浙江蕭山人，地質學家。畢業後赴德留學，回國後先後任教於北京高等師範學校、農商部地質研究所。1919年任北京大學地質系教授，曾兩度任地質系主任。

北京大學校分科同學錄

（一）

禧文

中華民國元年十二月

北京大學校分科同學錄

京師京華印書局印刷

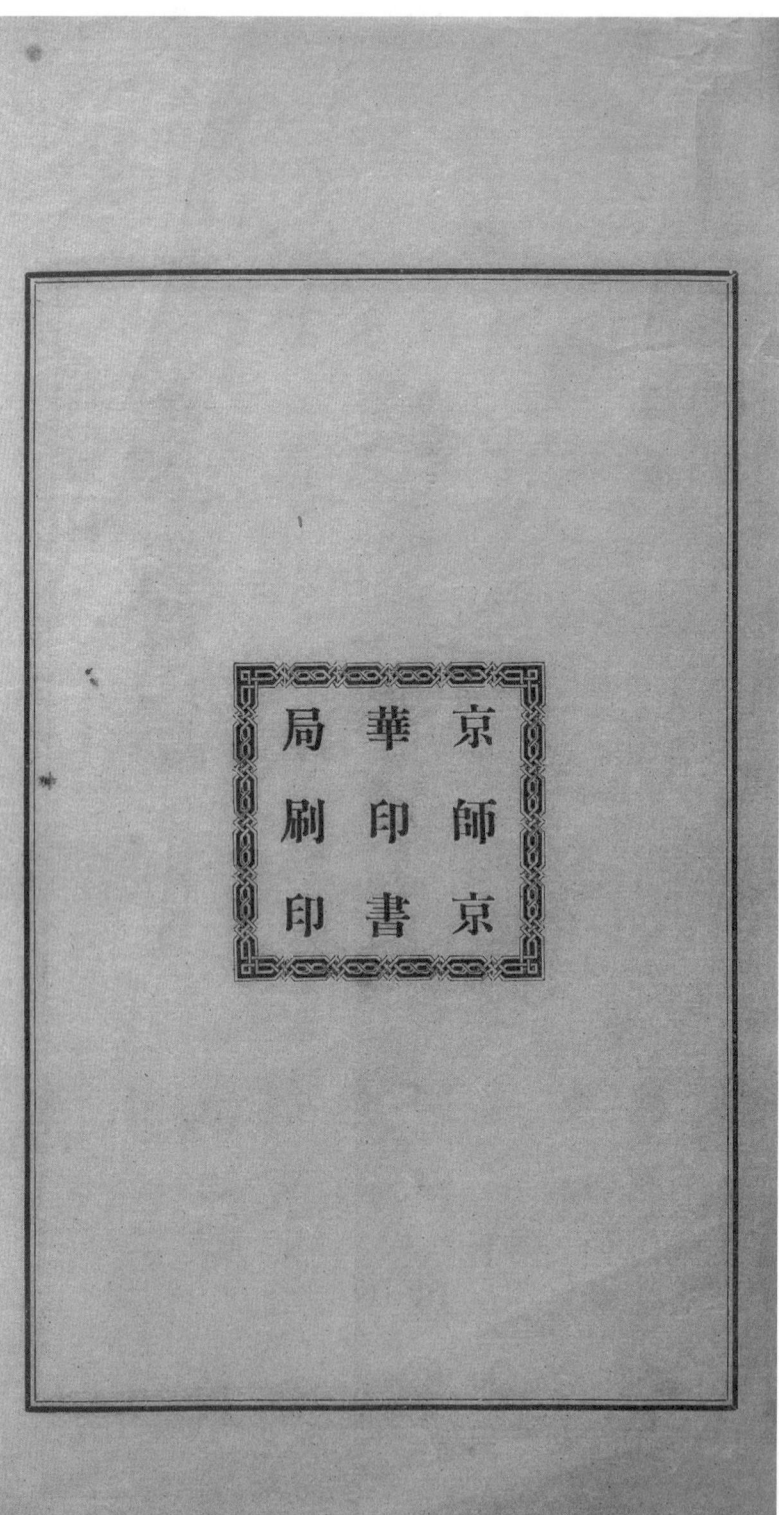

分科職員

職務	姓名	字	年歲	籍貫
總監督	劉廷琛	幼雲	年　歲	江西德化
總監督	勞乃宣	玉初	年　歲	浙江桐鄉
校長兼文科學長	嚴復	幾道	年六十歲	福建侯官
代理校長	馬良	湘伯	年七十三歲	江蘇丹徒
經科監督	柯劭忞	鳳孫	年六十歲	山東膠州
法政科監督	林棨	肖項	年三十三歲	福建侯官
文科監督	孫雄	師鄭	年四十七歲	江蘇昭文
格致科監督	汪鳳藻	芝房	年　歲	江蘇元和
農科監督	羅振玉	叔蘊	年四十六歲	浙江上虞

京師京華印書局刷印

何燏時	燮侯年三十六歲浙江諸暨	工科監督
權量	謹堂年三十七歲湖北江夏	商科監督
王世澂	峨孫年　歲福建	法政科學長
張祥麟	年三十四歲湖北沔陽	法政科學長
夏元瑮	浮筠年二十九歲浙江錢塘	理工科學長
葉可樑	肖鶴年三十二歲福建福州	農科學長
吳乃琛	藎臣年　歲浙江	商科學長
金紹城	鞏伯年三十五歲浙江吳興	商科學長
章梫	一山年　歲浙江甯海	經文科教務提調
譚紹裳	彛仲年　歲湖南善化	經文科教務提調

李盛衡	晴峯年三十一歲江西德化	法商科教務提調
王季點	琴希年三十三歲江蘇吳縣	格致科教務提調
范鴻泰	吉六年三十五歲湖北武昌	工科教務提調
范兆經	偉臣年四十歲廣東連平	農科場長
姚永概	叔節年四十七歲安徽桐城	文科教務長
梁賚奎	年　歲廣東	農科場長
劉經繹	伯紳年五十二歲江西信豐	庶務提調
程　延	鴻翥年四十歲江西德化	庶務長兼文案
盧兆蓉	扶常年三十九歲江西萬載	齋務提調
陳希彭	杰士年三十四歲福建閩侯	齋務長

京師京華印書局刷印

姓名	字	年歲	籍貫	職務
陳豐聲	鶴儕	年四十四歲	山東濰縣	監學
黃鎮	蓉閣	年四十二歲	江西清江	監學
王第祺	涵初	年四十二歲	湖南巴陵	監學
丁夢松	雨麐	年四十五歲	江西豐城	管課員
熊育錫	純如	年四十四歲	江西南昌	管課員
劉盥訓	孚若	年四十歲	山西猗氏	幫文案支應兼博物科長
那清森	子蔭	年五十八歲	河南祥符	收發文件兼稽查繕印處
何瑞章	次衡	年二十六歲	安徽南陵	英文文案兼法商科事
雷同章	仲平	年四十一歲	江西德化	支應兼雜務衛生員
劉繩祖	緝安	年五十二歲	山西陽城	雜務

夏傳瑜	秋亭年五十六歲江西德化	雜務
許奎垣	哲臣年六十歲江西德化	雜務帳籍
周良熙	庶咸年三十五歲江蘇江甯	支應
楊希漢	季卿年二十六歲浙江紹興	雜務
雷澤霖	禹門年三十七歲江西德化	雜務
蔣履曾	礪眞年四十歲江蘇宜興	中西衛生員
王誦熙	蕙亭年　歲浙江蕭山	圖書館經理
劉綿訓	翼若年三十三歲山西猗氏	圖書館經理
陳熙績	季咸年五十七歲福建閩縣	中籍掌書員
姚寶名	正甫年四十一歲安徽桐城	西籍掌書員兼理圖書館事務

京師京華印書局刷印

汪　杉	叔平年三十八歲江蘇陽湖	檢察
莊文梅	幹卿年四十歲江蘇武進	檢察
劉光峻	小榆年四十六歲湖北黃陂	檢察
彭述禮	報暉年二十六歲江西萍鄉	舍監
沈曾蔭	仰放年二十八歲安徽石埭	舍監

分科教員

夏震武　滌菴年六十歲浙江富陽　分科教員

安維峻　曉峯年五十七歲甘肅秦安　分科教員

馬貞榆　季立年六十歲廣東　分科教員

淳于鴻恩　稺鶴年四十八歲山東黃縣　經科教員

胡玉縉　綏之年五十三歲江蘇元和　經科教員

宋育仁　芸子年五十五歲四川富順　經科教員

饒橿齡　麓樵年四十四歲湖南龍山　經文科教員

高毓浵　潛子年三十六歲直隸靜海　經文科教員

宋發祥　致長年三十歲福建莆田　經文科教員

京師京華印書局刷印

郭立山	復初年四十二歲湖南湘陰	文科教員
蔣黼	伯斧年四十六歲江蘇吳縣	文科教員
黃爲基	遠庸年二十九歲江西德化	文科教員
林紓	琴南年六十一歲福建閩縣	文科文學教員
孫雄	師鄭年四十七歲江蘇昭文	文科史學教員
姚永樸	仲實年五十二歲安徽桐城	文科經學教員
陳衍	石遺年五十七歲福建侯官	文科經學教員
李景濂	右周年四十四歲直隸邯鄲	文科經學教員
方彥忱	伯闓年三十八歲安徽桐城	文科輿地教員
陳遵統	易園年三十五歲福建閩侯	文科法政教員

姓名	字・年歲・籍貫	職務
郭養剛	民原年二十六歲福建侯官	文科英文教員
震鈞	在廷年五十六歲鑲紅旗滿洲	法經文科教員
王寶田	飴山年　歲	法政科教員
李方	楠芳年三十五歲廣東嘉應	法政科教員
王基磐	虹俯年四十九歲湖北黃岡	法政科教員
程樹德	郁庭年三十五歲福建閩縣	法政科教員
陳籙	任先年　歲	法政科教員
徐思允		法政科教員
岡田	年　歲日本	法政科教員
白業棣	年　歲法國法律學士	法政科教員

京師京華印書局刷印

巴和	年　歲	法政科法律門教員
博德斯	年三十三歲法國法政大學畢業生	法政科法律門教員
畢善功		法政科政治門教員
芬來森	年三十二歲英國蘇格蘭亞伯拉德城畢業生	法商科教員
科拔	年三十五歲英國愛爾蘭英格蘭法國德國畢業生	法商科教員
陳祖良	味軒年三十歲浙江餘姚	格致科教員
顧澄	養吾年三十一歲江蘇無錫	格致工科教員
俞同奎	星樞年三十七歲浙江德清	理工科化學教員
溫宗禹	善甫年三十二歲廣東新甯	理工科採鑛冶金教員
馮祖荀	漢叔年二十四歲浙江杭縣	理工科算學教員

士瓦爾特	年　歲	格致科教員
梭爾格	年三十五歲德國普魯斯博士	理工科地質教員
巴台爾	年三十二歲德國理學博士	理工科化學教員
貝開爾	年　歲	理工科化學教員
何伯德	年　歲	工科教員
艾克敦	年四十歲德國美國法國化學冶金博士	理工科採鑛冶金教員
龍乃根	年三十五歲美國阿利根採鑛博士	理工科採鑛冶金教員
米　婁	年三十二歲德國柏林工學博士	理工科土木門教員
高白珩	年　歲	理工科土木門教員
章鴻釗		農科教員

京師京華印書局刷印

藤田豐八	年四十三歲日本德島文學士	農科教員
橘儀一	年二十九歲日本北海道農學士	農科教員
小野孝太郎	年三十五歲日本靜岡理學士	農科農學教員
三宅市郎	年三十二歲日本岐阜農學士	農科農學教員
船津常吉	年　歲日本	農科化學教員
楊德森	蔭孫年二十九歲江蘇吳縣	商科教員
陸夢熊	渭漁年三十三歲江蘇崇明	商科教員
王家駒	維伯年三十五歲江蘇丹徒	商科教員
殷祖恩	伯成年二十八歲江蘇常熟	商科教員
倫特	年三十五歲丹國人德國工業大學電器汽機工程學士	全校顧問機器師兼教員

文科學生

姓名	履歷	通信處
段洙	會川年五十一歲直隸灤州前肄業永平敬勝書院習左傳	在京本校 在籍灤州古冶
陳焯	伯陂年四十八歲浙江象山前肄業辨志精舍習周禮	在京小甜水井甯波館 在籍縣城勸學所
蘇繼武	牧宣年四十六歲四川彰明前肄業省城尊經書院習毛詩	在京粉坊琉璃街龍綿館 在籍青蓮場天順興記
王士讜	言人年四十六歲甘肅伏羌前肄業甘肅求古書院習左傳	在京教子胡同甘肅館 在籍伏羌東街正誼巷王
吳雲	淞亭年四十六歲安徽蕪湖習毛詩	在京蕪湖館 在籍蕪湖勸學所
李毓岱	東峰年四十五歲河南裕州習毛詩	在京本校 在籍南陽賒旗鎮檢園街
徐道政	平夫年四十四歲浙江諸暨習周禮	在京越中先賢祠 在籍諸暨勸學所
蕭瑞麟	石齋年四十四歲雲南恩安日本宏文師範畢業習左傳	在京繖子胡同 在籍昭通城內新興當
張友桐	曉琴年四十四歲山西代州前肄業本省令德書院習周禮	在京西河沿代郡會館 在籍代州城內永興隆

京師京華印書局刷印

黃澤莪	秋芳年四十三歲山東即墨習毛詩	在京新鮮胡同裕興堆房 在籍即墨城西門內仁和成藥舖
廖爲文	倬夫年四十三歲湖南清泉前肄業本省船山書院習左傳	在京丞相胡同衡州館 在籍老船山書院
莊厚澤	德符年四十二歲山東莒州習左傳	在京教場頭條山左館 在籍莒州大店鎮
陳長鏃	亭子年四十二歲湖南瀏陽前肄業嶽麓校經書院習左傳	在京牛截胡同瀏陽館 在籍瀏陽縣德盛號
趙良箴	竹咸年四十一歲江蘇海州前肄業本省南菁書院習毛詩	在京 在籍海州新安鎮
竇維藩	价人年四十一歲雲南南甯日本宏文師範畢業習左傳	在京 在籍曲靖府城內中議大夫第
林樉楠	建鴻年三十九歲貴州安化日本宏文師範畢業習周禮	在京本校 在籍思南府興祥街
常贊春	子襄年三十九歲山西楡次前肄業本省令德書院習毛詩	在京宣武外綿花下二條法部常 在籍楡次東陽鎮郵局轉車輞村 打磨廠鴻泰店萬大總局
馮汝驥	駿三年三十九歲山西臨縣北洋師範畢業習左傳	在京崇文外北官園介休館 在籍汾州府磧口鎮郵局轉馮家會
劉際熙	樾廷年三十九歲直隸玉田直隸師範畢業習左傳	在京本校 在籍玉田城內勸學所

黃式魚	樵仲年三十九歲廣東番禺前肄業菊坡精舍習周禮	在京 在籍省城和南保安大街黃寓
蔣麟振	宰棠年三十九歲浙江諸暨習左傳	在京越中先賢祠 在籍杭州浙江日報館
淺井周治	淡水年三十九歲日本愛媛縣松山市出淵町東京國學院大學卒業習毛詩	在京本校 在籍日本愛媛縣松山市出淵町
劉復禮	洙源年三十八歲四川中江前肄業四川尊經書院習周禮	在京北半截胡同潼川館 在籍縣城內熊正祥
黃雲冕	今僑年三十八歲江西南昌京師法律校畢業習周禮	在京長巷下頭條南昌館 在籍九江西門內大街復興號
何壽謙	培軒年三十八歲廣西籐縣梧州法政學校畢業習左傳	在京後青廠廣西三館 在籍梧州白馬河榮祿第
麥崇熺	耀生年三十八歲廣西蒼梧習左傳	在京本校 在籍梧州府城外學前街麥
蒙啓勳	賡棠年三十八歲廣西桂平習左傳	在京後青廠廣西三館 在籍桂平勸學所交耀園村
趙亦皋	舜臣年三十八歲奉天遼陽州前肄業本省高等學校習周禮	在京西珠市口奉天館 在籍遼陽城內東街慶合糧店
萬青選	葜唐年三十八歲甘肅靖遠本省速成師範畢業習毛詩	在京教子胡同甘肅館 在籍縣城內天成德號轉

陳祖英	儕聲年三十八歲湖北京山前肄業湖北武備學校習毛詩	在京 在籍縣城內
虞兆清	白史年三十八歲四川滎縣東川書院肄業習周禮	在京宣武大街川南館 在籍滎縣勸學所
任鍾澍	伯耘年三十七歲山西汾陽本校優級師範肄業習毛詩	在京王廣福斜街汾陽館 在籍汾州府城天錫成號
趙贊元	湘徵年三十七歲安徽鳳陽中學畢業習毛詩	在京西單後牛肉灣教育部趙 在籍鳳陽府中學校
顧震福	竹侯年三十七歲江蘇山陽前肄業蘇州學古校習傳左	在京沙灘顧寓 在籍淮安府城湟巷
王平仲	晏如年三十七歲山東嶧縣習左傳	在京西單闢才胡同 在籍嶧縣內南門義合長
陶士麟	瑞徵年三十六歲江西進賢習毛詩	在京宣武大街南昌館 在籍省城內南營坊進邑學界公宇
管祖貽	仲謀年三十六歲江蘇上元前肄業本省文正書院習毛詩	在京打磨廠德泰店 在籍南京城內新街口老米橋
韓友澤	習夫年三十六歲廣東博羅前肄業本省豐湖書院習史學	在京草廠七條惠州館 在籍博羅城內義記米店
張圖南	肖蓀年三十六歲福建侯官本省師範畢業習	在京 在籍福州祕書巷

張敘藩	介侯年三十六歲湖北枝江日本法政大學畢業習左傳	在京 在籍枝江城內
陳瀛	海峯年三十五歲直隸霸州前肄業直隸藩署儲才館習周禮	在京本校 在籍霸州廣興藥局
蘇德廣	運之年三十五歲河南泌陽習毛詩	在京本校 在籍泌陽城內恒盛瑞
陸大中	廓彬年三十五歲廣西桂平本學校師範科畢業習左傳	在京後青廠廣西三館 在籍潯州大黃江口圩成隆號
孫孝宗	憲廷年三十五歲奉天盖平習文學	在京奉天會館 在籍盖平勸學所
譚凌雲	衢九年三十五歲湖南甯遠本學校預科畢業習毛詩	在京賈家胡同永州館 在籍甯北城內譚篤慶堂
李桐音	譜琴年三十五歲直隸昌黎習周禮	在京本校 在籍昌黎城內巡警總局
楊敬錫	亮甫年三十四歲安徽桐城習左傳	在京 在籍皖城胭脂巷方宅
李堯勳	煥城年三十四歲四川資陽本校畢業習左傳	在京新開路 在籍資陽東鄉
陳鑑周	旭滄年三十四歲福建侯官日本明治師範畢業習左傳	在京本校 在籍福州北後街

京師京華印書局刷印

鄒鎮治	平階年三十四歲湖北京山前肄業兩湖高等學校習毛詩	在京騾馬市蘇線胡同鄖中館 在籍京山東鄉皂市源泉鎮
張儒瀾	芷江年三十三歲雲南石屏日本宏文師範畢業習左傳	在京本校 在籍石屏州西門大街
陳作霖	雨蒼年三十三歲直隸高陽京師法政畢業習毛詩	在京本校 在籍高陽物華樓
胡靖	默遠年三十三歲廣東順德前肄業本省學海校習史學	在京宣武門外海北寺街順德邑館 在籍廣東順德桂州外村南約
鄧鞏	伯堅年三十三歲江西臨川習文學	在京裘家街臨川會館 在籍撫州初級師範學校
艾作屏	柏庵年三十三歲江西高安京師法政學校畢業習文學	在京高安會館 在籍高安南鄉
劉哲	敬輿年三十二歲吉林吉林府習文學	在京干面胡同吉林新館 在籍省城北街寶升堂
張念祖	芍暉年三十二歲直隸昌黎京師法律學校修業習左傳	在京前門內半壁街 在籍昌黎東街張宅
周鉅煒	俊人年三十二歲浙江諸暨本學校師範畢業習周禮	在京越中先賢祠 在籍諸暨西鄉
宋雲濤	壽嵩年三十二歲湖南澧州習左傳	在京澧陽館 在籍澧州北關外

劉詠溱	濟余年三十二歲江西安福習文學	在京西草廠安福會館 在籍縣城內生和祥店
李焌	瑩復年三十一歲山東歷城習毛詩	在京爛縵胡同濟南館 在籍省城內府門前景福銀號
侯治平	正修年三十一歲奉天海城習文學	在京本校 在籍海城師範學校
朱奉閑	意防年三十歲直隸灤州保定師範畢業習左傳	在京本校 在籍榛子鎮郵局
梁鼎元	實彝年二十九歲廣東高安習文學	在京李鐵拐斜街肇慶西館 在籍肇慶城勸學所
胡晉林	楚枏年二十九歲安徽六安州習毛詩	在京米市胡同六安館 在籍霍邱胡全興
黃步瓊	更生年二十九歲福建閩縣前肄業京師法律學校習周禮	在京西城敎場口察院葉寓 在籍福州南鄉義嶼尙保區
王猷美	益生年二十九歲湖南瀏陽湘水校經學校習左傳	在京北半截胡同瀏陽館 在籍縣城宜春號
王俊臣	藎卿年二十七歲直隸樂亭天津銀行專科畢業習文學	在京本校 在籍樂亭湯家河郵局轉王灘
余謇	仲璋年二十七歲江西南昌江西法政學校畢業習文學	在京長巷下頭條南昌館 在籍南昌算子橋禁止溺女總會

京師京華印書局刷印

熊兆璜	叔瑜年二十六歲江西高安習左傳	在京宣武門外兵馬司前街翰林院熊宅 在籍縣南城石橋頭熊中翰第
韓彝章	文鼎年二十四歲河南泌陽前肄業法律學校習文學	在京本校 在籍泌陽城內
萬錫璋	榮九年四十二歲直隸昌黎直隸優級師範畢業習史學	在京東堂子胡同民政部張宅 在籍安山車站萬增棧
姚梓芳	君慤年四十歲廣東揭陽本校畢業習文學	在京延壽寺街七邑會館 在籍汕頭永和街松華興
張達璟	硯瑜年三十九歲廣東開平本校畢業習史學	在京李鐵拐斜街肇慶會館 在籍開平張橋
田艮顯	駿聲年三十八歲直隸懷柔直隸優級師範畢業習史學	在京東安門沙灘 在籍懷柔縣鄧各庄
繆承金	荔生年三十八歲江蘇六合本校畢業習文學	在京南半截胡同江甯會館 在籍江蘇泰州大東橋河西
田世謙	牖民年三十八歲直隸安州直隸優級師範畢業習史學	在京崇文門內乾麵胡同德泰公 在籍保定新安東關外萬聚公
李寶賢	瑞廷年三十七歲山東濰縣譯學館畢業習史學	在京楊梅竹斜街生明齋 在籍濰縣東關石家巷從德堂
李鍾英	卓然年三十六歲湖南武岡州本校畢業習文學	在京草廠五條寶慶會館 在籍武岡州城立中當轉交

姓名	字	年歲	籍貫	出身	學科	通信處
葛會澧	注東	年三十六歲	直隸樂亭	直隸優級師範畢業	習史學	在京虎坊橋東福記 在籍樂亭南街福順堂
李蓉舫	香波	年三十六歲	直隸高陽	直隸優級師範畢業	習文學	在京順治門外丞相胡同李宅 在籍任邱西關郵政局
殷珍	識之	年三十五歲	直隸南皮	直隸優級師範畢業	習史學	在京東單觀音寺三省學堂 在籍南皮泊頭鎮東裕泰酒店
王樹屏	雅衡	年三十五歲	直隸高陽	譯學館畢業	習文學	在京東皇城根大取燈胡同和宅 在籍高陽城內德和銀局
呂崇	君山	年三十五歲	直隸固安	譯學館畢業	習文學	在京丞相胡同北口萬裕銀號 在籍固安牛駝鎮呂宅
李濬瀛	仙洲	年三十五歲	直隸交河	直隸優級師範畢業	習史學	在京 在籍交河泊頭鎮天和號
楊士京	薦衫	年三十四歲	江西都昌	本校畢業	習史學	在京東珠市口南康會館 在籍湖口縣城內高鴻澤堂
菊川龜次郎		年三十四歲			習史學	在京霞公府同學會 在籍日本熊本縣玉名郡彌富村大字龜
章擷華	獻雲	年三十三歲	江蘇江陰	本校畢業	習文學	在京米市胡同江陰館 在籍江陰城內西大街
張同書	玉裁	年三十三歲	直隸雄縣	直隸優級師範畢業	習文學	在京本校齋舍 在籍保定雄縣道務村

京師京華印書局刷印

楊桂山	馨嵐年三十三歲直隸懷來直隸級優師範畢業習史學	在京崇文門外巾帽胡同誠意店 在籍懷來城內慶泰昌
曾載疇	劭先年三十三歲湖南湘鄉本校畢業習文學	在京嵩祝寺北鐘鼓寺胡同 在籍湘鄉縣一都龍坑
鄭恒慶	子久年三十三歲直隸玉田譯學館畢業習史學	在京花兒市三條 在籍寓洛沽天興永
方敦素	知白年三十二歲貴州普定本校畢業習文學	在京大蔣家胡同貴州東館 宣武门大街民國報 在籍安順城南門上
湯用彬	冠愚年三十二歲湖北黃梅譯學館畢業習史學	在京東安門內南池子緞庫胡同 在籍九江轉孔壠鎮
蔣乃曾	省三年三十二歲江蘇太倉江蘇高等學校畢業習史學	在京宣武外求志巷太倉會館 在籍太倉北門內大街
史鼐	承棻年三十二歲江蘇江陰本校畢業習史學	在京米市胡同江陰館 在籍無錫北門小三里橋長壽班船轉送長壽鎮李資生堂
倫叙	達如年三十二歲廣東東莞本校畢業習史學	在京爛縵胡同東莞館 在籍廣州仙湖街南倫書院
張煥文	蔚然年三十二歲直隸香河直隸優級師範畢業習史學	在京本校 在籍武清河西務晉陽店轉
高狆漢	卓然年三十二歲直隸阜城直隸優級師範畢業習文學	在京騾馬市大街天元號 在籍阜城城內高宅

姓名	字・年齡・籍貫・學歷	住址
何廣榮	煥廷年三十二歲奉天義州本校師範畢業習史學	在京西珠市口奉天館 在籍義州城內發記糧店
陳鴻藻	汾鎬年三十二歲直隸衡水直隸優級師範畢業習文學	在京大高殿祥順木廠 在籍本縣巨鹿鎮郵局轉陳家村
劉傳純	伊樵年三十二歲安徽渦陽本校師範畢業習文學	在京裘家街潁州館 在籍江蘇淮安城內紅板橋
向廷贊	均謨年三十一歲湖北沔陽山東客籍高等學校畢業習文學	在京十間房沔陽館 在籍沔陽仙桃鎮向家洲
童德禧	禧文年三十一歲湖北蘄州譯學館畢業習文學	在京箭杆胡同蘄州館 在籍蘄州城內童氏公屋
閔欽辰	[illegible]明年三十一歲直隸保安直隸優級師範畢業習史學	在京花市大街協和昌 在籍保安城內
劉鵾書	翼如年三十一歲直隸安肅直隸優級師範畢業習史學	在京長巷三條通和永綢緞莊 在籍安肅城內南街
郭步瀛	奐之年三十一歲直隸阜城直隸優級師範畢業習史學	在京本校 在籍本縣城內高等小學校
蔡璐	端如年三十一歲浙江桐鄉譯學館畢業習文學	在京 在籍
馬檝楨	幹臣年三十歲直隸東光直隸優級師範畢業習文學	在京煤市街車輦胡同內務部李 在籍東光城內西街恒升號

京師京華印書局刷印

向玉楷	立庭年三十歲湖南麻陽本校師範畢業習文學	在京前門外草廠八條辰沅館 在籍麻陽城內郵政轉
高鳳岐	瑞文年三十歲直隸懷柔直隸優級師範畢業習史學	在京東四牌樓北魏家胡同華利號 在籍懷柔縣大屯莊
閻孟麒	林軒年三十歲直隸樂亭直隸優級師範畢業習史學	在京本校 在籍樂亭閻鎮保生堂交世蔭堂
齊國榮	蔚華年三十歲直隸蠡縣直隸優級師範畢業習史學	在京前門外蘆草園豐盛和 在籍高陽南新橋鎮大德堂
劉爕駿	鶴卿年三十歲直隸吳橋直隸優級師範畢業習史學	在京西城千張胡同財政部劉 在籍吳橋城內太平街
韓路卿	子義年二十九歲直隸安州直隸優級師範畢業習史學	在京廣安市場西三合薦店 在籍安州同口鎮
郁振域	梅閣年二十九歲江蘇太倉本校師範畢業習文學	在京西磚胡同處州館 在籍太倉西門濟泰當
孫其湛	樂亭年二十九歲直隸吳橋直隸優級師範畢業習文學	在京 在籍吳橋城內湧源號
鄭滋蕃	偉民年二十八歲浙江慈谿本校師範畢業習文學	在京東安門外小甜水井甯波館 在籍慈谿南鄉芳江渡鄭村
李雲錦	倬章年二十八歲直隸獻縣直隸優級師範畢業習史學	在京前細瓦廠司法部王 在籍獻縣韓村鎮樹德堂藥局

姓名	字、年歲、籍貫、學歷	住址
馮肅恭	克莊 年二十七歲直隸安州譯學館畢業習史學	在京本校齋舍 在籍保定新安端村鎮
何鴻璟	若鄴 年二十七歲廣東順德譯學館畢業習史學	在京米市胡同關帝廟 在籍順德縣馬甯鄉
吳增緒	梅修 年二十七歲江蘇江陰江蘇高等學校畢業習文學	在京米市胡同江陰館 在籍江陰城內大毘巷
王家鶴	亦橋 年二十七歲直隸元氏直隸優級師範畢業習文學	在京東單牌樓觀音寺寶興隆 在籍元氏縣東街天福樓
袁其祓	戩侯 年二十六歲直隸雄縣直隸優級師範畢業習史學	在京本校齋舍 在籍雄縣協力成銀號
張彭賢	冶餘 年二十六歲順天甯河直隸優級師範畢業習史學	在京學治館劉子琦 在籍蘆台北街同慶堂
劉魯曾	蘊沂 年二十六歲江蘇靖江江蘇高等學校畢業習文學	在京宣武門外珠巢街 在籍靖江城內書院巷
賴機	覺生 年二十六歲四川華陽譯學館畢業習文學	在京 僑寓上海公益里
孫百英	樹珊 年二十三歲浙江錢塘譯學館畢業習文學	在京東安門內大街路南對子圈 在籍
唐宗郭	慕汾 年二十二歲江蘇金匱江蘇高等學校畢業習文學	在京青廠 在籍無錫縣城大婁巷

黃　濬

秋岳年二十二歲福建侯官譯學館畢業習文學

在京宣武門外椿樹二條胡同
在籍

法政科學生		通信處
高續頣	豫軒年三十七歲直隸大興本學校畢業習法律學	在京 在籍本縣青雲店鎮
黃文濬	喆甡年三十六歲直隸天津本學校畢業習政治學	在京 在籍天津東城二道街獅子胡同
高珵	佩之年三十三歲廣東南海本學校畢業習法律學	在京 在籍廣州城舊倉巷
何德成	子彥年三十三歲吉林雙城府本學校畢業習政治學	在京本學校 在籍雙城府城內東北隅
鄭彤雯	庸哉年三十二歲直隸天津縣本學校畢業習法律學	在京前門外小蔣家胡同玉泰厚 在籍大沽大南關會慶堂
蔣舉清	渭皋年三十一歲新疆昌吉本學校畢業習政治學	在京北池子五所胡同 在籍昌吉縣城內南大街
張紹軒	稚南年三十一歲四川閬中譯學館畢業習政治學	在京 在籍四川保甯府城內合璧井街
張振海	鏡寰年三十一歲直隸清苑北洋大學校畢業習政治學	在京煤市街 在籍直隸省城楊淑胡同
宋庚蔭	筱牧年三十一歲河南鄭州直隸州譯學館畢業習政治學	在京地安門內內宮監 在籍鄭州城內西街

京師京華印書局刷印

何璿先	桂礎年三十一歲福建閩縣本學校畢業習法律學	在京後門內 在籍福州城內麗文坊
區宗濂	敦孟年三十一歲廣東番禺縣本學校畢業習法律學	在京上斜街番禺館 在籍本縣鍾村鄉
沈文傑	龍生年三十歲江蘇吳江江蘇高等畢業習法律學	在京 在籍本縣盧墟鎮
劉秉鑑	鏡湖年三十歲直隸保定府安州直隸高等學校畢業習政治學	在京 在籍安州東鄉漾堤口村
張鍾麟	仲山年三十歲山東棲霞縣譯學館畢業習法律學	在京北新橋香餌胡同 在籍本縣蛇窩泊
趙策安	紫治年三十歲山東青州府壽光縣本學校畢業習法律學	在京校場頭條山左館 在籍壽光西門內福裕公
王超	懋之年二十九歲浙江蕭山本學校畢業習法律學	在京西河沿蕭山館 在籍蕭山臨浦鎮灰街
劉星楠	雲平年二十九歲山東清平本學校畢業習法律學	在京宣武門外永光寺中街路西 在籍本縣城西北松林鎮
馮士光	嘯瀾年二十九歲貴州平遠州本學校畢業習法律學	在京東城小雅寶胡同內內務部吳宅轉 在籍本州城內北門
浦武	君彥年二十八歲江蘇金匱江蘇高等學校畢業習法律學	在京 在籍蘇州閶門內福泰帽店

秦炳漢	吉丞年二十八歲浙江嘉善本學校畢業習法律學	在京	在籍本縣陶庄鎮
陳德愷	仲吾年二十八歲湖北黃陂譯學館畢業習法律學	在京潘家河沿黃陂館	在籍本邑西門外
王廷勷	弻臣年二十八歲直隸沙河直隸高等學校畢業習政治學	在京	在籍沙河縣城內南大街
王斌	聚之年二十七歲浙江蕭山本學校畢業習法律學	在京西河沿蕭山館	在籍蕭山縣臨浦鎮灰街
張承樞	幼春年二十七歲浙江甯波慈谿譯學館畢業習政治學	在京小甜水井慈谿試館	在籍河南遊梁祠西浙東張宅
劉鎮中	谷盦年二十六歲福建侯官本學校畢業習法律學	在京	在籍福州城內按司前
章烱	漱山年二十六歲江蘇江陰江蘇高等學校畢業習法律學	在京	在籍本縣南門外蕭崎
倫綽	綽如年二十六歲廣東東莞本學校畢業習政治學	在京爛縵胡同東莞會館	在籍省城仙湖街南倫書院
謝宗陶	菊農年二十六歲河南商邱直隸高等學校畢業習政治學	在京	在籍河南彰德府城內九府胡同
楊敞	季子年二十六歲湖南湘潭譯學館畢業習法律學	在京	在籍湘潭板石巷

京師京華印書局刷印

裘毓麟	匡廬年二十五歲浙江慈谿譯學館畢業習政治學	在京小甜水井 在籍慈谿縣北鄉裘鎮
彭望鄴	仰侯年二十五歲江蘇吳縣江蘇高等學校畢業習政治學	在京 在籍蘇州葑門棋竿里
錢雲鵬	雨耕年二十四歲浙江錢塘本學校畢業習政治學	在京 在籍杭州三聖橋
朱文黼	黻廷年二十四歲江蘇江陰江蘇高等學校畢業習法律學	在京 在籍江陰南所巷
陳恩普	志豪年二十二歲江蘇吳縣江蘇高等學校畢業習政治學	在京西城豐盛胡同 在籍閶門黃鸝坊街
黃康年	默陶年二十二歲湖南長沙譯學館畢業習法律學	在京宣武門外北半截胡同路西 在籍長沙稻穀倉
謝開棨	子偉年二十二歲湖南湘潭譯學館畢業習法律學	在京保安寺街湘潭會館 在籍湘潭城東柏蔭塘
王治燾	聰彝年二十歲湖北黃陂譯學館畢業習法律學	在京廠西門小椿樹胡同 在籍本縣長軒嶺
張輝曾	寬熙年十九歲雲南太和譯學館畢業習政治學	在京宣武門外米市胡同內揙担胡同 在籍

理工科學生		通信處
陳祥翰	季屏年三十三歲浙江鄞縣本學校畢業習地質學	在京東安門外小甜水井鄞縣館 在籍甯波東鄉金價橋
吳定邦	曉谷年二十七歲江西萍鄉縣本學校畢業習化學	在京粉房琉璃街萍鄉館 在籍萍鄉城致育會
孫祖昌	笙舞年二十七歲奉天遼陽本學校畢業習化學	在京西珠市口奉天會館 在籍遼陽城內東五道街
彭繩祖	佛公年二十六歲湖南長沙本學校畢業習化學	在京黃化門司理監胡同 在籍長沙朝宗門正街彭萬興
廖福同	能同年二十六歲福建侯官本學校畢業習化學	在京後門東夾道 在籍福州小鼓樓
常國綸	鳳森年二十六歲湖南衡陽本學校畢業習化學	在京丞相胡同衡州會館 在籍衡州江東岸常培厚堂
路晋繼	肖康年二十六歲河南祥符本學校畢業習地質學	在京南衡街祥符會館 在籍省城徐府街西頭道南
彭紹祖	子蓴年二十五歲湖南長沙本學校畢業習化學	在京本校 在籍長沙大西門外余太順鹽號
鍾啓賢	銘嶽年二十五歲湖南長沙本學校畢業習化學	在京草場十條長沙郡館 在籍長沙靖江市轉交鍾家灣

京師京華印書局刷印

王烈	霖之年二十三歲浙江蕭山本學校畢業習地質學	在京北半截胡同孫宅 在籍蕭山臨浦
鄔友能	介屏年二十三歲浙江奉化本學校畢業習地質學	在京東華門外甯波試館 在籍甯波南鄉西塢鎮
裘傑	偉人年二十三歲浙江慈谿本學校畢業習地質學	在京東華門外甯波試館 在籍裘市鎮
冼繼樸	子勤年三十歲廣東南海本學校畢業習採鑛冶金	在京本校 在籍廣東省城眼鏡街新昌
戴德馨	惟吾年三十歲直隸定州直隸高等學校畢業習採鑛冶金	在京本校 在籍寨西店恒德昌煤廠
袁承厚	穉雲年三十歲直隸安肅直隸高等學校畢業習採鑛冶金	在京宣武門外南横街 在籍
曹侃然	亦如年三十歲直隸昌黎直隸高等學校畢業習土木	在京東堂子胡同民政部張宅 在籍昌黎東街永合泉
蔣夢桃	壽庭年三十歲浙江餘姚本學校畢業習採鑛冶金	在京琉璃廠餘姚館 在籍餘姚北城後青門
方彥忱	仲槼年三十歲安徽桐城本學校畢業習採鑛冶金	在京本校 在籍桐城城內雙井
費蔭棠	化南年二十九歲直隸臨榆直隸高等學校畢業習採鑛冶金	在京本校 在籍山海關西關興順木局

李楓岑	翼亭年二十九歲山東費縣本學校畢業習採鑛冶金	在京本校 在籍費縣平邑集
萬承珪	玉珊年二十九歲湖北沔陽山東客籍高等畢業習土木	在京本校 在籍沔陽仙桃鎮轉張家場
向肅	虞臣年二十九歲湖北沔陽山東客籍高等畢業習採鑛冶金	在京十間房沔陽館 在籍沔陽向家洲
孟慶福	儀清年二十八歲直隸灤州直隸高等畢業習土木	在京 在籍
陳頌芬	懷清年二十八歲廣東三水本學校畢業習土木	在京本校 在籍廣州太平門外晚景街天泰來店
梁程	君培年二十八歲廣東新會本學校畢業習採鑛冶金	在京本縣會館 在籍廣州南關倉前西約廣昌
司徒穎	仲實年二十八歲廣東開平本學校畢業習採鑛冶金	在京 在籍
盧頌芳	熙仲年二十七歲廣東東莞本學校畢業習採鑛冶金	在京本校 在籍東莞城內鳳臺街
張樞	士熙年二十七歲廣東番禺本學校畢業習採鑛冶金	在京本校 在籍廣州城內德宣街三十五號
區宗洛	錫佘年二十七歲廣東番禺本學校畢業習採鑛冶金	在京本校 在籍本縣鍾村沙田街

京師京華印書局刷印

蔡洵	雲濤年二十七歲廣東南海本學校畢業習採鑛冶金	在京本校 在籍廣州城內廣府前石竹齋
王蔭農	式程年二十七歲直隸甯津直隸高等畢業習採鑛冶金	在京本校 在籍甯津城內官錢局
馬廷瑮	雪坡年二十七歲直隸清苑直隸高等畢業習採鑛冶金	在京能仁寺前 在籍保定城內椿樹胡同
麥棠	召芰年二十七歲廣東廣州香山本學校畢業習採鑛冶金	在京本校 在籍香山小欖鎮北邊巷六百一十三號門牌
方强	志豪年二十七歲安徽歙縣山東客籍高等畢業習土木	在京本校 在籍寄居濟南寬厚所街
蔣奎	雲蓀年二十七歲江蘇上海江蘇高等畢業習採鑛冶金	在京本校 在籍上海大南門內西王家弄
陳叔玉	西鍼年二十七歲直隸玉田本學校畢業習採鑛冶金	在京本校 在籍玉田縣郵局轉交
張祥基	荔塘年二十七歲直隸武清山東客籍高等畢業習土木	在京永光寺中街 在籍城內里仁街
劉澐	仲蘅年二十七歲安徽盧縣本學校畢業習土木	在京本校 在籍大通轉黃姑閘寄黃屯黃演冲
關定波	楚潭年二十六歲廣州南海本學校畢業採鑛冶金	在京本校 在籍廣州城內太平門外西榮巷德安堂

錢家瀚 浩如 年二十六歲 浙江杭縣 本學校畢業 習採鑛冶金 在京本校 在籍杭州城批驗所前

區國著 述齋 年二十六歲 廣東南海 本學校畢業 習土木 在京本校 在籍廣州十八鋪昭隆泰

吳　鵬 次風 年二十六歲 江蘇吳縣 山東客籍高等畢業 習土木 在京本校 在籍寄居山東濟南西新街二

陳長鎡 亦農 年二十六歲 福建侯官 山東客籍高等畢業 習土木 在京本校 在籍福州塔移影

陳季玉 勉齋 年二十六歲 直隸玉田 本學校畢業 習土木 在京本校 在籍玉田縣城內郵局轉交

李伯賢 經腴 年二十五歲 廣東番禺 本學校畢業 習採鑛冶金 在京本校 在籍廣州城內衛邊街七十八號

陳其瑗 潛夫 年二十五歲 廣東番禺 本學校畢業 習採鑛冶金 在京本校 在籍東門外文明里

司徒衍 侶篪 年二十五歲 廣東開平 本學校畢業 習採鑛冶金 在京李鐵拐斜街西頭 在籍開平沙洲

孫　淦 麗生 年二十五歲 江蘇無錫 直隸高等畢業 習採鑛冶金 在京本校 在籍寄居天津斜街

徐仁錦 雲甫 年二十五歲 江蘇宜興 山東客籍高等畢業 習土木 在京本校 在籍山東濟南小王府

京師京華印書局刷印

林建倫	理凡年二十五歲福建閩縣本學校畢業習土木	在京北池子 在籍
李文驥	仲扶年二十五歲廣東番禺本學校畢業習土木	在京本校 在籍番禺鍾村李
喻實幹	哲文年二十五歲浙江黃巖本學校畢業習土木	在京青廠黃巖館 在籍黃巖仙浦喻
孫信	虹廎年二十四歲浙江杭縣本學校畢業習採鑛冶金	在京本校 在籍杭州臨平鎮
王鑑清	銘甄年二十四歲江蘇武進江蘇高等畢業習採鑛冶金	在京本校 在籍常州雙桂坊
湯定國	西平年二十三歲浙江蕭山本學校畢業習採鑛冶金	在京天津 在籍蕭山西門外
夏昌熾	光禹年二十三歲江蘇青浦江蘇高等畢業習土木	在京本校 在籍青浦南門
顧麒昌	銘之年二十三歲江蘇吳江江蘇高等畢業習土木	在京本校 在籍蘇州同里
葉永保	愼脩年二十二歲江蘇吳縣江蘇高等畢業習土木	在京本校 在籍蘇州東洞庭後山
吳鑛	式金年二十歲福建閩縣山東客籍高等畢業習採鑛冶金	在京本校 在籍福州貢院前

農科學生

農科學生		通信處
張文楷	依孔年三十七歲直隸安平保定優級師範畢業習農藝化學	在京本學校 在籍安平縣城內萬義樓
郝書隆	湖晉年三十六歲直隸欒城直隸優級師範畢業習農藝化學	在京本學校 在籍本縣南關外榮聚煤店
譚崇光	崧嶽年三十六歲廣東東莞本學校畢業習農藝化學	在京本學校 在籍本邑中堂墟安良分局
白鳳岐	紫鳴年三十六歲直隸樂亭保定優級師範畢業習農學	在京本學校 在籍樂亭南關興盛和
孫鼎元	翰清年三十六歲奉天義州本學校畢業習農學	在京本學校 在籍義州城內高等小學堂
黃成章	龍文年三十五歲直隸正定直隸優級師範畢業習農藝化學	在京本學校 在籍正定府城內福隆茶店
楊緒昌	承三年三十五歲江西南昌本學校畢業習農學	在京前門外長巷頭條南昌館 在籍南昌高橋六眼井乾昌店
鄒學伊	莘任年三十五歲湖南新化本學校畢業習農學	在京本學校 在籍新化縣永興街晏幼還
陳臨之	峻岩年三十五歲直隸安州直隸優級師範畢業習農學	在京順治門內東城根路北張寓 在籍安州同口村畏壘堂

京師京華印書局刷印

徐國楨	聘儒年三十四歲江蘇長洲本學校畢業習農學	在京茶兒胡同李宅 在籍蘇州崑山縣後街
倫鑑	淡如年三十四歲廣東東莞本學校畢業習農學	在京上斜街東莞新館 在籍東莞縣望溪村
封汝諤	士一年三十四歲直隸交河本學校畢業習農學	在京崇文門外西月牆鎮東鐵廠 在籍直隸泊頭鎮西郝村郵局
徐鍾藩	紹卿年三十四歲貴州銅仁本學校畢業習農學	在京本學校 在籍常德轉銅仁中南門徐賓之
石山倜	渠周年三十四歲湖北黃梅本學校畢業習農藝化學	在京車子營黃梅會館 在籍九江轉黃梅縣正街阜華
邢騏	志千年三十四歲湖北黃梅本學校畢業習農學	在京車子營黃梅會館 在籍九江轉孔壠邢信記
毛鷟	文鳴年三十四歲江西上饒本學校畢業習農學	在京鐵門廣信館 在籍廣信府城外永南
張秀升	書珊年三十三歲山西臨汾本學校畢業習農藝化學	在京菜市口路南洪興紙店 在籍本府城內鼓樓北永順益
張鼎治	偉丞年三十三歲江蘇崇明本學校畢業習農學	在京丞相胡同法部陸寓 在籍崇明城內南街
朱培桂	君直年三十三歲直隸安州直隸優級師範畢業習農學	在京西單西中京畿道學部高 在籍新安城內晉恒當

王穆如	清甫年三十三歲直隸任邱直隸優級師範畢業習農藝化學	在京本校 在籍任邱勸學所
張景江	鏡海年三十三歲江西弋陽本學校畢業習農學	在京本校 在籍
呂稟墅	靜軒年三十二歲直隸大城直隸優級師範畢業習農學	在京本學校 在籍本縣城北薛王文村
陸海望	水範年三十二歲浙江餘姚本學校畢業習農藝化學	在京琉璃廠中間姚江會館 在籍本縣二塘頭陸源盛號
汪一飛	怡之年三十二歲江蘇元和兩江優級師範畢業習農學	在京本學校 在籍蘇州醋庫巷二十七號
謝廷昌	杞柏年三十二歲福建建安本學校畢業習農學	在京本學校 在籍
周清	又山年三十二歲浙江山陰本學校畢業習農學	在京延壽寺街京兆棨酒局 在籍東浦東周漊老雲集信記
張鴻楷	式菴年三十一歲山東章邱本學校畢業習農學	在京前門外瑞增祥 在籍章邱城北刁家莊鴻福號
孫鴻烜	于逵年三十一歲江蘇崇明本學校畢業習農學	在京北半截胡同 在籍崇明南門
劉善家	樵渠年三十一歲江西上饒本學校畢業習農學	在京鐵門廣信會館 在籍廣信府城外南門外水南

京師京華印書局刷印

任季芳	世芬年三十一歲直隸安平保定優級師範畢業習農學	在京本學校 在籍安平城內高等小學堂
崔學材	洞樵年三十一歲廣東南海本學校畢業習農藝化學	在京米市胡同南海會館 在籍廣州第七甫福安里
袁世霖	雨薌年三十歲湖北襄陽本學校畢業習農學	在京鐵老鸛廟襄陽館 在籍襄陽府城南街襄西袁
臧祜	福根年三十歲江蘇江都兩江優級師範畢業習農學	在京順治門西城根商部趙宅 在籍蕪湖磁渦街
畢培仁	綬珊年三十歲直隸深澤本學校畢業習農學	在京本學校 在籍本縣城南洗馬營村
胡光璧	韻珊年三十歲直隸昌黎本學校畢業習農藝化學	在京正陽商場永昌德 在籍昌黎縣赤崖
許維翰	墨緣年三十歲廣東開平本學校畢業習農藝化學	在京李鐵拐斜街肇慶西館 在籍開平單水口埠俱隆布店
吳天澈	澈人年三十歲貴州銅仁府本學校畢業習農學	在京本學校 在籍本府城北門官塘
劉澍三	宗尹年三十歲直隸樂亭優級師範畢業習農學	在京 在籍
周錫齡	快舟年二十九歲廣東潮陽本學校畢業習農藝化學	在京延壽寺街七邑館 在籍本縣峽山埠楊裕隆

張浩之	文瀚年二十九歲直隸武强保定優級師範畢業習農學	在京本學校 在籍本縣小範鎮福聚隆
王之棟	楠伯年二十九歲奉天綏中本學校畢業習農學	在京本學校 在籍綏中縣前衞福盛隆
王振岳	華峯年二十九歲直隸宛縣優級師範畢業習農學	在京 在籍
赫　嚴	肅軒年二十八歲直隸清河直隸優級師範畢業習農學	在京本學校 在籍威縣邵固鎮梁宅車舖
宋文耕	研田年二十八歲直隸甯津直隸優級師範畢業習農藝化學	在京本學校 在籍甯津縣勸學所
祝廷棻	少莘年二十八歲河南固始本學校畢業習農藝化學	在京香爐營頭條吏部祝 在籍本縣北門內僉憲第新宅
張厚璋	德孫年二十八歲直隸南皮本學校畢業習農藝化學	在京後門內北椅子胡同 在籍泊頭鎮郵局轉妙雙村
蕭秉元	長卿年二十八歲四川洪雅本學校畢業習農學	在京本學校 在籍本縣西門外陽山蕭宅
張鼎荃	襄丞年二十八歲江蘇崇明兩江優級師範畢業習農藝化學	在京大井胡同翰林院陸宅 在籍崇明城內南街
史樹璋	鳳儒年二十八歲直隸獻縣本學校畢業習農藝化學	在京宣武門外直隸會館 在籍獻縣崔爾庄郵交韓店村

京師京華印書局刷印

李書斌	博忠年二十八歲直隷故城直隷優級師範畢業習農學	在京本學校 在籍鄭口鎮湧泉居交五湖村
何師富	弼仁年二十八歲直隷滄州本學校畢業習農學	在京本學校 在籍直隷滄州城內馬廠街
葉浩章	夙浚年二十八歲廣東東莞本學校畢業習農學	在京爛縵胡同東莞會館 在籍東莞縣道滘鄉
馮啓豫	憲農年二十七歲廣東番禺本學校畢業習農藝化學	在京本學校 在籍太平門外十二甫東進士第
盛建勳	銘書年二十七歲江蘇南匯兩江優級師範畢業習農藝化學	在京本學校 在籍上海浦東大團鎮
賈其桓	季周年二十七歲江蘇丹徒兩江優級師範畢業習農學	在京本學校 在籍鎮江城內大爸爸巷
錢樹霖	雨生年二十七歲江蘇六合兩江優級師範畢業習農藝化學	在京江甯郡館 在籍六合縣前街
徐瑩石	季超年二十七歲江西德化兩江優級師範畢業習農學	在京西珠市口九江館 在籍九江城內八角市沈宅
國璋	席珍年二十六歲江甯駐防兩江優級師範畢業習農學	在京本學校 在籍南京皇城內大五馬橋口
長亮	希武年二十六歲京口駐防兩江優級師範畢業習農學	在京本學校 在籍鎮江旗營內水陸牛巷

高元溥 年二十六歲盛京鑲白漢軍本學校師範畢業習農學 在京 在籍

徐承禧 子萓年二十五歲江蘇南匯兩江優級師範畢業習農學 在京本學校 在籍南匯城內南門

殷璐 露聲年二十五歲江蘇江陰兩江優級師範畢業習農學 在京丞相胡同翰林吳宅 在籍南京中正街

季閎概 準平年二十四歲江蘇南通州兩江優級師範畢業習農藝化學 在京宣武門外南通州館 在籍南通州西北城根

商科學生

姓名	字、年歲、籍貫、履歷	通信處
楊振華	雲卿年三十七歲湖南湘陰本學校師範科畢業	在京順治門外兵馬司前街湘陰館 在籍湘陰北鄉長樂鎮劒灘
魏紹周	昇平年三十五歲奉天義州本學校師範科畢業	在京 在籍義州城北靠山邨
吳　簡	友梅年三十四歲江蘇武進本學校師範科畢業	在京青廠武進館 在籍常州青果巷
陳與椿	心莊年三十四歲福建閩縣本學校師範科畢業	在京 在籍省城內文儒坊
劉應嵩	峻卿年三十三歲江西永安本學校師範科畢業	在京本校 在籍永甯縣喬林村
王錫章	伯龍年三十三歲直隸河間保定高等學校畢業	在京本校 在籍河間府城內考棚街
茹　鼎	養沅年三十一歲浙江會稽北洋大學校豫科畢業	在京本校 在籍寄居保定唐家胡同
毛得信	實卿年三十一歲直隸行唐縣保定高等小學校畢業	在京本校 在籍行唐北賈素村
高茂榜	薌巖年三十一歲山東濰縣本學校畢業	在京本校 在籍濰縣城內西馬道

京師京華印書局刷印

李榮黻	詠霓年三十歲安徽婺源本學校師範科畢業	在京後孫公園 寄籍浙江衢州府常山縣
侯兆星	聚賢年三十歲直隸沙河保定高等學校畢業	在京 在籍沙河北沮村
錫康	襄侯年三十歲吉林雙城本學校師範科畢業	在京本校 在籍雙城府城內
董瑞熙	緝堂年二十九歲江蘇吳縣保定高等學校畢業	在京宣武門內南闈市口老萊街東口 在籍
何佩琛	獻廷年二十九歲直隸正定保定高等學校畢業	在京崇文門外義興成 在籍正定府永茂榮
張錦棠	鄂亭年二十九歲直隸故城直隸高等學校畢業	在京本校 在籍鄭家口立源號
邵錦林	秀亭年二十九歲直隸獻縣直隸高等學校畢業	在京本校 在籍獻縣韓村信局交邵東州
鄭祖康	勉勤年二十九歲安徽黟縣譯學館畢業	在京本校對面東老胡同 在籍黟縣天官里
武延賢	竺泉年二十八歲直隸樂亭保定高等學校畢業	在京本校 在籍樂亭新寨西街
趙煥章	黻唐年二十八歲直隸獲鹿保定高等學校畢業	在京本校 在籍獲鹿縣東關

孫培滋	潤芝年二十八歲直隸東光保定高等學校畢業	在京本校 在籍東光秦村轉交找王莊
趙榮幹	梅衫年二十八歲山東平原保定高等學校畢業	在京本校 在籍平原洪順茶店
沈昀	曉蒼年二十八歲浙江桐鄉江蘇高等學校畢業	在京 在籍桐鄉城外屠甸鎮
張鶴鳴	九皋年二十八歲直隸灤州直隸高等學校畢業	在京本校 在籍唐山西缸窰張各莊
宗俊琦	伯平年二十八歲直隸河間本學校師範科畢業	在京宣武門外教子胡同路東 在籍任邱城北宗家藁村
吳彥清	桂初年二十七歲江蘇太倉州直隸高等學校畢業	在京兵馬司後街夏宅 在籍西門外劉河
王敬禮	毅侯年二十六歲浙江黃巖譯學館畢業	在京青廠黃巖館 在籍黃巖城內小南門
辛際周	翔雲年二十六歲江西萬載本學校師範科畢業	在京 在籍縣城內梨花春巷裕生盛號
俞煛	侃如年二十六歲浙江蕭山本學校師範科畢業	在京西河沿蕭山館 在籍本縣臨浦鎮
王琎	叔晉年二十六歲浙江黃巖譯學館畢業	在京本校 在籍黃巖雙桂巷

京師京華印書局印刷

張景耀	香譜年二十六歲廣東開平本學校師範科畢業	在京本校 在籍廣東新昌埠恆豐米店
劉福珩	溫如年二十五歲直隸獻縣保定高等學校畢業	在京本校 在籍護持寺村
韓嘉樹	譽軒年二十五歲浙江山陰譯學館畢業	在京北火扇 在籍
邢榮華	質臣年二十四歲直隸廣宗保定高等學校畢業	在京 在籍廣宗縣楊家莊
張爲章	服五年二十二歲江蘇元和江蘇高等學校畢業	在京 在籍蘇州婁門北張家巷

北京大學民國三年同學録（一九一四）

《北京大學民國三年同學録》，主要包括教職員和學生名録。同學名録包括所有在校分科和預科同學，因此本年同學録仍不是畢業同學録。

教職員部分，分爲「分科職員」「分科教員」和「預科職員」「預科教員」四部分。學生則主要按本科和預科年級編排。

本同學録提供了1914年當年北京大學教職員情況，主要包括字號、籍貫、履歷、職務、到校年月、住址等基本信息，對於查找一些民國人物的傳記資料有一定幫助。根據本同學録，當年北京大學主要管理層職務爲：校長胡仁源、文科學長夏錫祺、理科學長夏元瑮、法科學長林行規、學監主任張孝曾。

胡仁源任北京大學校長的任期到1916年12月，蔡元培於1917年1月就任。因此本年同學録對於瞭解蔡元培就任北大校長前的教職員情況有一定幫助。

如到校時間方面，積極參加新文化運動、並成爲《新青年》編輯的社會學家陶孟和（此册作「孟龢」，名履恭，字孟和，以字行），1914年1月到校；中國現代心理學先驅之一陳大齊的到校時間爲1914年9月；章太炎弟子黃侃、馬裕藻的到校時間均爲1914年9月。

教員之中不乏當時或後來的著名學者，除上述到校時間裏提到的，蔡元培任校長後繼續任教的還有：清末舉人，先後任教於京師大學堂和北京大學的陳漢章；語言文字學家，新中國成立後曾任教育部長的馬敘倫；「拖着辮子，談着『尊王大義』」的辜鴻銘；近代今文經學的代表人物崔適；太炎弟子，曾任北京大學史學系主任多年的史學家朱希祖；曾任北京大學地質學系主任的地質學家何傑；北大「四朝元老」，曾任數學系主任的馮祖荀；京師大學堂時期即任教的化學教育家俞同奎；曾任北京大學物理系主任的物理學家何育杰；太炎弟子，任北京大學國文系教授多年的沈尹默；北京大學數學門最早的教授之一胡濬濟；後來曾任北京大學法文系主任的賀之才……

本年同學録收録「分科二年級學生」178人，「分科二年級休學生」24人，「分科一年級學生」244人，「分科一年級旁聽生」20人，「分科一年級休學生」9人；「預科三年級學生」9人，「預科二年級學生」240人，「預科一年級學生」269人，「預科旁聽生」15人。如果不算旁聽生，算上休學生，當時北京大學在校本科生455人，預科生518人，總計973人。民國初年的學制，預科三年，本科三到四年，從本同學録來看，本科應爲三年制，故没有「分科三年級學生」。其中「預科三年級學生」僅9人，其他兩年均兩百餘人，其原因也許有兩方面，一是完成兩年預科即有升入本科者，一是本級預科爲民國建立後北京大學招收的最早一批預科，人數較少。

在1914年北京大學近千人的學生中，後來卓有成就者不在少數。就編者所知，略舉幾例。

金毓紱（1887—1962），遼寧遼陽人，史學家。曾任中央大學教授兼歷史系主任、東北大學教授、北京大學文科研究所教授，著有《東北通史》等。

丁緒寶（1894—1991），安徽阜陽人，物理教育家。曾任東北大學、中央大學、浙江大學等校物理系教授。

梁敬錞（1893—1986），福建閩縣人。北京大學法科畢業後，留學英、美。歸國後曾任教於北京大學、朝陽大學。後歷任南京最高法院推事、寧夏高等法院院長等職。著有《辛亥革命》（英文）、《九一八事變史述》（中英文）等。

陳鍾凡（1888—1982），江蘇鹽城人，文學史家。曾任東南大學、金陵大學、南京大學教授。著有《中國文學批評史》。

范文瀾（1893—1969），浙江紹興人，歷史學家。先後任教於瀋陽高等師範學校、南開大學、北京大學、北京師範大學、中法大學、河南大學等校。1940年去延安。1950年任中國科學院中國近代史研究所所長。

張崧年（1895—1986），字申府，河北獻縣人。1917年北京大學畢業後留校任助教。參與創辦《每週評論》，發起北京共産主義小組。曾先後任教於暨南大學、中國大學、北京大學、北京師範大學、清華大學等校。新中國成立後，任北京圖書館研究館員。

毛以亨（1895—1968），浙江江山人。北京大學畢業後留法，獲博士學位。回國後任教於浙江法政專門學校。後曾任暨南大學、北京大學等校教授，大夏大學史地系主任。

傅斯年（1896—1950），山東聊城人，史學家。1916年入北京大學國文門，參與創辦《新潮》雜誌，1919年參加五四運動，後留學英、德。歸國後任中山大學教授，代理文學院院長。後創辦中央研究院歷史語言研究所，任所長23年。1949年任臺灣大學校長。著有《東北史綱》等。

袁同禮（1895—1965），河北徐水人，圖書館學家，目録學家。曾任清華學校圖書館主任、北京大學圖書館主任、國立北平圖書館副館長。1949年赴美。

周炳琳（1892—1963），浙江黄岩人。1919年參加五四運動，後出國留學。回國後歷任武漢商科大學、中山大學、清華大學教授，北京大學法學院院長。

北京大學民國三年同學錄

1914

北京大學民國三年同學錄

分科職員

姓名	別號	籍貫	資格	職務	到校年月	住址
胡仁源	次珊	浙江吳興	優貢舉人英國待爾摩大學工學碩士工科進士歷充京師大學堂教員上海江南船塢副總理北京工業專門學校主任教員北京大學預科學長工科學長	校長	宣統三年七月	東四隆福寺街孫家坑
夏錫祺	仲彝	浙江鎮海	日本京都帝國大學文科畢業曾充北京師範學校校長	文科學長	民國三年八月	本校
夏元瑮	浮筠	浙江杭縣	美德留學生	理科學長	民國元年五月	本校
林行規	斐成	浙江鄞縣	京師譯學館學生英倫敦大學法學士林肯總法院代言士上海律師大理院推事	法科學長	民國三年三月	西四受璧胡同
張孝曾	稼庭	浙江安吉	日本早稻田大學理化科畢業歷充浙江兩級師範學堂齋務長兩廣高等工業學堂教務長廣東提學使署審查委員浙江第三中學校長	學監主任	民國二年九月	東安門南池子緞庫後胡同
舒孝先（原名龍標）	肖軒	安徽黟縣	附貢生京師譯學館畢業舉人甘肅通判吏部七品小京官內閣敍官局僉事歷充吏部稽勳司管股文選司管股內閣敍官局第六科主稿京師皖學堂庶務長第二軍濟南兵站庶務員軍需員北京大學預科庶務長	庶務主任	民國三年一月	東安門南池子緞庫前胡同

徐盅 原名鴻賓	森玉	浙江吳興	舉人山西大學畢業雲南知縣歷充奉天將軍署文案奉天測繪局局長測繪格致高等工業等學校監督江蘇工業學校監督學部圖書局編譯員	圖書館主任	民國三年一月	兵部窪北頭花園十號
趙成林	卉民	京兆大興	京師大學堂師範館畢業舉人歷充東省鐵路俄文學堂願學堂內府小學堂理化博物數學等科教員願學堂教務長	一級學監	民國二年十二月	東城西石槽胡同
劉紹文	仲謨	湖南新化	新化資江書院學生歷充江蘇山陽縣署徵收淮揚海道署幫文案湖南臨湘分銷鹽局文案湖北輿地學會繪圖員學部奏派部員出洋考察分科大學制度書記員	教務課二等二級事務員	宣統元年正月	本校
吳繼哲	善之	河南開封		教務課二等三級事務員	宣統二年正月	本校
唐景和	春帆	福建閩侯	北京大學預教畢業歷充福州八旗中學堂英文數學科員清河陸軍豫備學校德文教員	教務課二等三級事務員	民國二年十一月	東四小豆腐巷佟宅
潘錫和	調侯	浙江諸暨	浙江師範學堂畢業曾充本校會計員	齋務課二等一級事務員	民國三年十月	本校
姚不允		浙江吳興	上海中華法律學校預科畢業	齋務課二等一級事務員	民國二年九月	本校
鄧元禧	稚裕	湖北黃梅	副貢生歷充陸軍部科員江漢學堂監學	文牘課二等二級事務員	民國三年六月	順治門外黃梅會館
楊希漢	季卿	浙江紹興	湖北文華書院畢業歷充京師法政學堂教務員學部編譯圖書局校對	庶務課一等一級事務員	民國元年四月	闢才胡同三條

吳文敬	純齋	京兆大興		庶務課二等三級事務員	光緒三十一年五月	前門外鞭子巷胡同
王朝銓	子衡	京兆大興	曾在中國銀行籌備處辦事	庶務課二等三級事務員	民國二年十二月	東安門北池子井兒胡同
王履臯	瑞聲	浙江吳興	日本大學專門部法律畢業日本明治大學預科畢業曾管理浙江湖州致用公學事務	會計課一等一級事務員	民國三年一月	馬神廟西老胡同
馮登瀛	楚臣	浙江紹興		會計課二等一級事務員	光緒三十四年四月	前門外草廠頭條
盛世鳴	善之	浙江吳興	師範學校學生曾充本校預科庶務員	會計課二等二級事務員	民國二年四月	本校
胡中	質庵	安徽黟縣	湖北方言學堂英文班北京交通傳習所郵電班畢業	圖書館二等二級事務員	民國二年四月	南半截胡同黟縣館
張承隆	子豐	京兆大興	清華學校學生	儀器室二等三級事務員	民國三年三月	前門內大四元井
常樸存	仲勤	江蘇江甯	北京五城學堂學生	儲藏室二等三級事務員	民國元年五月	石駙馬大街
沈王楨	修是	浙江海甯	日本千葉醫學專門學校全科畢業得醫學士學位清醫科進士翰林院檢討歷充江西醫學校教習江西軍醫院院長東三省防疫正醫官學部留學生考試襄校官陸軍部陸軍軍醫學校正教官北京醫學專門學校教員陸軍二等軍醫正	衛生課一等二級事務員	民國二年二月	順治門大街
楊霖	季玉	江蘇太倉	歷充醫學館總教習施醫總局頭等醫員陸軍部軍醫司一等科員順天府尹衙門奏設檢疫所頭等中醫顧問官	衛生課二等二級事務員		米市胡同南頭路西

分科教員

姓名	別號	籍貫	資格	科目及鐘點	到校年月	住址
陳漢章	伯弢	浙江象山	副貢舉人大學文科經學史學兼習法政學學士歷充本縣勸學所所長本省教育會會員	文科 說文 二 文字 六 爾雅 三 音韻 一	民國二年九月	北池子回子營
陳大齊	百年	浙江海鹽	日本東京帝國大學文學士歷充浙江高等學校校長北京法政專門學校專任教員	文科 論理 三 心理 三 哲學概論 四	民國三年九月	舊刑部街中間路北
黃侃	季剛	湖北蘄春	歷充上海中國公學復旦公學國文歷史教員	文科 詞章學 六	民國三年九月	
陳衍	石遺	福建閩侯	舉人學部主事歷充大學教員八年	文科 詞章學 六	民國二年十二月	頂銀胡同
陳黻宸	介石	浙江瑞安	進士歷充各書院山長各學校教習二十年兩廣專門方言學校監督兩廣優級師範監督旅京浙學堂總理浙江諮議局議長衆議院議員	文科 中國史 七	民國二年十二月	法源寺
阿得利		英國	達布林大學英國文學碩士稅務學校教員	文科 英文學 六	民國三年十一月	韶九胡同
姚永樸	仲實	安徽桐城	舉人歷充山東高等學堂安徽高等學堂京師法政專門學校中華大學教員	文科 文學研究法 四	宣統二年正月	順治門內西太平湖中華大學

馬敘倫	彝初	浙江杭縣	歷充浙江高等學堂兩廣師範簡易科兩廣方言學堂浙江優級師範學堂浙江醫學專門學校北京醫學專門學校教習	文科 中國哲學 宋學 倫理學	三 三 三	民國三年九月	西珠市口仁錢會館
胡玉縉	綏之	江蘇吳縣	辛卯優貢舉人經濟特科一等特旨發往湖北知縣歷任學部主事員外郎現總統府政治諮議政事堂禮制館第五類主任教育部歷史博物館館長	文科 羣經學	三	民國二年十二月	察院胡同
辜湯生	鴻銘			文科 文學概論	二	民國二年十二月	東城椿樹胡同
崔適	懷琴	浙江吳興	廩貢曾充上海南洋女子師範學校國文教員	文科 春秋公羊	四	民國三年九月	本校
周典	紹聞	京兆大興	英國滿切斯特大學商學士美國費城大學商學碩士歷充京師大學高等工業專門學校英文教員	文科 英文	四	民國三年九月	西單大醬坊胡同
胡以魯	仰曾	浙江	日本東京帝國大學文學士日本大學法學士歷充浙江高等學校教務長北京法政專門學校主任教員司法部秘書司法部參事民國大學預科學長北京高等師範學校兼任教員	文科 言語學	二	民國三年九月	舊刑部街中間路北
朱希祖	逿先	浙江海鹽	日本早稻田大學師範科畢業歷充浙江兩級師範第一第二中學校國文教員浙江教育司第三科科長	文科 中國文學史	四		東四三條胡同東口吉兆胡同

巴特爾		德國	德國柏林大學理科博士	理科 有機化學 四 定量 六 化學分析 二 定性 六	民國二年九月	東單蘇州胡同
馮祖荀	漢叔	浙江杭縣	日本第一高等及京都帝國大學理科數學科畢業曾充杭州優級師範數學教員	理科 高等微積 四 函數論 三 高等代數 三	民國元年十月	騎河樓廟兒胡同
俞同奎	星樞	浙江德清	京師大學堂學生留英利物浦大學畢業得學士碩士學位清格致科進士曾充學部圖書館編輯員	理科 物理化學 三 化學 三 高等無機 二 化學實習 三	宣統二年正月	報子街西口路北
何育杰	吟苢	浙江慈谿	英國孟哲斯德大學理科碩士	理科 理論物理 四 熱力學 五	民國三年九月	豐盛胡同
王仁輔	士樞	江蘇崑山	美國哈弗大學理科學士曾充江蘇高等學堂理科教員	理科 近世幾何 三 解析幾何 三 數學 二 數學問答 二	民國三年九月	東安門北池子嘉興張寓
芬來森		蘇格蘭愛白汀 英籍	愛白汀大學文學碩士倫敦大學經濟科優待生曾在栢林大學斯曲堡大學及巴黎大學研究經濟曾充倫敦大學助教	法科 政治史 四 經濟學 八	宣統二年正月	帥府園

巴和　法國　巴黎大學法學博士
法科　法蘭西法八　法國民訴法三　法國刑法二　宣統三年三月　棗廠胡同

畢善功　英國　英國甘橋及英屬澳洲美而蓬大學法學士及文學碩士倫敦及美而蓬法院代言士曾充山西大學副監院兼專任教習
法科　英吉利法七　英國民訴法三　英國刑法三　宣統三年閏六月　盔甲廠

嚴谷孫藏　日本國　德國法學博士曾充日本京都帝國大學法科大學教授
法科　德日民法七　德日刑法三　民國三年九月　順治門外䴉哩胡同

王建祖　長信　廣東番禺　翰林院檢討法政科進士美國加利福利大學學士曾辦理財政事務及往歐美調查財政
法科　經濟學四　財政學六　民國三年一月　史家胡同

張耀曾　榕西　雲南大理　日本東京帝國大學法學士
法科　民法四　憲法二　國家學二　民國三年十二月　順治門外前青廠

陶履恭　孟龢　直隸天津　東京高等師範學校畢業倫敦大學經濟學學士
法科　政治學八　社會學三　民國三年一月　東四六條月牙胡同

岡田朝太郎　日本國　日本法學博士
法科　刑法六　民國二年九月　饘子胡同

伍朝樞	梯雲	廣東新會	英國倫敦大學法律學士	法科 國際公法二 羅馬法四	民國三年四月	范子平胡同
陳介	蔗青	湖南湘鄉	日本東京第一高等學校畢業德國柏林大學法科畢業歷充法政專門學校明德大學中華大學法律教員工商部商務司司長農商部工商司司長	法科 民事訴訟三 德日民訴法三	民國二年九月	甘石橋路西
屠振鵬	寶慈	江蘇武進	日本京都帝國大學法科畢業	法科 德日民法助教七	民國二年九月	西四兵馬司
魏宗蓮	濂溪	山東德縣	日本東京帝國大學法科畢業歷充山東法政學堂教員農商部農政專門學校經濟學教員	法科 刑法助教六	民國二年九月	闢才胡同
余棨昌	戟門	浙江紹興	日本東京帝國大學法學士歷充法制局參事大理院民庭庭長	法科 民法三	民國二年二月	絨線胡同板橋
鍾賡言	子颺	浙江海寧	日本東京帝國大學法學士歷充北京法政專門學校教員法制局參事	法科 國法學三	民國二年二月	順治門內庫資胡同
吳乃琛	疊忱	浙江崇德	南洋公學畢業美國加厘福尼大學商科學士渭司康新大學經濟科碩士歷充本校商科統計教員商科學長法政專門學校教員	法科 統計學三	民國三年九月	西城松樹胡同西頭路南
王啓常		浙江鄞縣	英國倫敦大學財政學士習銀行幣制專科曾充北京法政專門學校教員	法科 經濟史三	民國三年九月	南池子表章庫夾道

姓名	字	籍貫	履歷	科目	到校年月	住址
徐維震	旭瀛	浙江桐鄉	附生美國法科大學學士法政科舉人歷充郵傳部法律參訂員海軍部司法官內閣法制院辦事員交通傳習所財政學堂國立法律學校大學校政治法律經濟學堂敎員大理院推事	法科 法理學三	民國三年九月	王府井大街三巷西口
唐演	易庵	江蘇武進	日本東京帝國大學法科大學畢業	法科 德日刑法助敎三	民國三年九月	大安南營
貢次		德國		工科 衛生工學三 鐵道二 橋梁二 圖畫六		東單三條胡同
福克斯		德國		工科 測量十二		東單三條胡同
溫宗禹	善甫	廣東新甯	美士麻省蘇術大學校鑛科學士治金科碩士哥林比亞大學校治金科博士	工科 定性分析七 治金學五	民國元年十月	東安門北河沿
孫瑞林	茂如	山東膠縣	英國亞姆士莊大學畢業	工科 應用力學三 水力三 圖畫三 石工四	民國三年四月	慈慧殿
何杰	孟綽	廣東番禺	美國加拉度專門鑛學校畢業得鑛工程師學位美國理海大學堂畢業得鑛科碩士學位曾在美國加拉度省立地質測量局處實習半年理海大學院研究選鑛新學理一年	工科 定量分析十 地質學三 測量六	民國三年九月	西四兵馬司小院胡同

林建倫	理凡	福建閩侯	大學工科學士歷充奉天高等實業學校營口高等商業學校主任教員漢宜鐵路測勘委員	工科	測量學十二 道路學三 圖畫六	民國三年一月	東安門內北池子井兒胡同
王季緒	覲廬	江蘇吳縣	英國圖橋大學學士歷充五城中學順天高等學堂教員	工科	圖畫六 機械學二	民國三年五月	二龍坑丁字街
沈崑三		福建閩侯	英國庚卜立大學工科學士	工科	應用力學三 圖法力學三	民國三年九月	前門外三眼井
王紹瀛	叔海	廣東南海	美國卡勞拉度專門鑛學校畢業得鑛工程師學位第一區鑛務監督署技正	工科	試金一 試金實習四	民國三年正月	西四小院胡同
方彥忱	仲棐	安徽桐城	舉人北京大學工科畢業	工科	鑛業實習三 定性分析七	民國三年正月	順治門外校場大六條
雷文銓	幼西	福建廈門	美國愛丁堡大學工學士	工科	圖畫六 機械學二		板章胡同同安會館
龍訥庚		美國	鑛科學士	理工科	鑛物實習三 鑛物學三 採鑛三 選鑛二 鑛脉學三	宣統三年三月	盔甲廠

王鎣 子敏 江蘇吳縣 格蘭斯哥大學理科學士
理工科 微積三 微積問答二 物理三 力學三
民國二年九月 青年會

衞國垣 心薇 江蘇青浦 法國高等學校畢業英國大學學士歷充審計處課長司法部僉事外交部主事
文法工科 法文六 圖畫六 機械學二
民國三年九月 東堂子胡同外交部官舍

馮慶桂 千里 廣東南海 美國康奈爾大學農學碩士哲學博士曾充美國農部植物司特聘科學專員
文法科 英文九
民國二年九月 東長安街北京飯店

王蔭泰 孟羣 浙江 日本德國留學畢業
文法理工科 德文六 德日法班德文三
東安門外北皇城根

預科職員

姓名	別號	籍貫	資格	職務	到校年月	住址
徐崇欽	敬侯	江蘇崑山	美國衛廉大學法政學士耶路大學法政碩士開雪法律專門學校習公法三年美國國家政治研究會會員歷充上海高等實業學堂法律史學教員兼教務長寰球中國學生會總經理英文報經理外務部機要股一等股員兼英股股員京師大學歷史法律經濟文學教員	學長	宣統三年七月	東安門外小草廠四號
陸灝	仲漁	浙江吳興	日本東京高等工業學校學生日本大學法科畢業生曾充教育部編纂審查會委員現兼分科日文教員	一級學監		東四隆福寺街孫家坑
張占鼇	海六	江西分宜	拔貢本省高等學堂學生禮部七品小京官	二級學監	民國元年五月	本校
梁展章	季平	福建莆田	北京匯文大學畢業	教務課一等三級事務員	宣統二年二月	本校
徐之傑（原名昭宣）	頌唐	浙江吳興	江蘇存古學堂學生歷充湖北火藥局委員南京保甲局幫文案大通督銷局收支廣東歸善縣署襄辦新政員番禺縣署收發員	教務課二等一級事務員	民國二年二月	本校
周榕	蔭清	京兆宛平	算學研究所畢業歷充大學師範館查課員大學分科講堂事務官兼查課員	齋務課二等一級事務員	光緒三十一年二月	本校

姓名	字	籍貫	履歷	職務	到職時間	住址
沈慕周	誠甫	浙江紹興	日本東京同文書院學生歷充直隸法政學校助教京師譯學館檢察員	齋務課一等三級事務員	民國二年一月	本校
沈曾蔭	仰放	安徽石埭	附生畿輔實業學堂礦科畢業歷充法部奏署京師地方審判廳典簿本府中學教授順直公立實業學校教授北洋官立第一高等小學教授	齋務課二等一級事務員	宣統三年十月	西單牌樓興隆大院
程揚芳	遇鴻	安徽黟縣	附生法官養成所學生歷充京師法政學校管課員資政院藏書樓辦事員參議院臨時事務所庶務員	庶務課一等二級事務員	民國二年一月	本校
包開善	尹輔	浙江吳興	南京鍾英學校畢業歷充陸軍餉械局修槍廠監工江甯鐵路售票江甯鐵路江口站長南京下關郵政局供事教育部第五區視學書記	庶務課二等二級事務員	民國三年二月	石老娘胡同錢宅
王淩	筱竹	安徽黟縣	上海中西書院預科畢業會充上海美國律師侯魯公處辦事員	庶務課二等四級事務員	民國三年十月	本校
楊嗣軒	伯謙	浙江吳興	京師法律學堂學生歷充湖州安吉官立學校教員上海中學教務長	會計課二等二級事務員	民國三年六月	北半截胡同湖州會館
董濟澮	仲昭	直隸獻縣	北京大學預科畢業	儀器室二等二級事務員	民國三年九月	花市大街

預科教員

姓名別號	籍貫	資格	科目及鐘點	到校年月	住址
克特來	英國	英國華少實業專門學校畢業高等師範畢業衛思明晚書院師範研究科畢業得特別一等師範文憑曾充山西大學教員五年	外國史二十一	宣統三年九月	東安門外菜廠胡同
紐倫	英國	高等師範學士畢保羅書院理化畢業倫敦大學化學研究科畢業倫頓國家化學研究會會員特授英教育部高等文學與理化文憑曾充倫頓林納理化專門學校教務長	物理化學廿一	宣統三年八月	東城羊尾巴胡同
白來士	法國	師範畢業巴黎實業學校畢業	法文廿四 法文文學	宣統二年三月	崇文門大街觀音寺福建營
伊文斯	英國	英國圜橋大學校畢業曾在英德美充教習北京天津上海路透訪員	英文二十	民國三年九月	北京路透電報公司
倫特	丹麥國	德國大學工學士	德文十二	宣統三年三月	馬正廠
衛而遜	美國	赫力特書院文學學士及教育學士經本國政府給與專門教授證書曾充高等學校教習一年赫力特書院教員二年	英文廿一 英文文學	民國三年九月	無量大人胡同
梅理慈	德國	巴黎大學哲學學士格致碩士文學碩士曾充青島特別專門教授三年烟台英國學校五年	德文二十一 拉丁文二	民國元年九月	崇文門內新開路

胡濬濟 允東 浙江慈谿 日本第一高等學校畢業歷充浙江兩級師範學堂浙江高等學堂教員 高等代數 十八 民國二年九月 小甜水井寗波館

韓述組 志勤 京兆宛平 京師大學堂師範科畢業舉人留學英國利物浦大學肄業文科畢業得M.A.學位歷充學部圖書局編纂員宛平學堂教務長順直學堂教員 心理學 八 論理學 八 民國二年九月 前門外打磨廠

沈尹默 浙江吳興 歷充浙江吳興中學吳興女學第一中學校高等學校兩級師範學校文史教員 中國文學 十二 民國二年一月 地安門內織染局

嚴恩槱 南璋 江蘇寶山 英國愛丁堡大學農學士曾充蘇州高等專門翠植學校校長 英文 十七 民國三年一月 青年會

張善揚 賚卿 浙江吳興 美國康南爾大學工科學士曾充天津高等工業學校物理英文教員 物理 英文 九 民國二年九月 本校

郭汝熙 懷康 福建惠安 英國農科大學畢業曾充直隸勸業道署農科技師 英文文學 十六 民國三年二月 東安門內孟公府

黃振聲 伯希 廣東高要 美國哥倫比亞大學校理財科碩士曾充明德大學校教員 英文 十七 民國二年九月 東安門內北河沿

張大椿 菊人 浙江嘉興 美國耶路大學工科學士工科舉人郵傳部主事歷充浙江高等學堂理科教員上海中國公學教務長理科教員 物理 十三 民國二年九月 東安門內北池子

嚴培南 君灈 福建閩侯 天津水師學堂畢業歷充北京通藝學堂五城學堂順天高等學堂優級師範學堂教員 解析幾何 三角 八 民國元年四月 東鐵匠胡同

李景忠 法生 福建閩侯 法國陸軍大學曾充山東高等學堂法文教員 外國史 法文 十三 光緒三十三年九月 崇文門內門牌一百三十號

韋以黻	作民	浙江吳興	美國康南爾大學學士歷充江南製造局兵工學堂機械主任天津高等工業學校物理專任教員	圖畫	十五	民國三年九月	本校
張星烺	亮丞	江蘇泗陽	美國哈弗大學畢業德國柏林大學畢業曾充湖南高等工業學校應用化科教員	化學	十七	民國三年九月	太僕寺街灰廠
楊敏曾	遜齋	浙江慈谿	舉人歷充甯波府中學校長上海澄衷學堂教務長京師譯學館歷史教習浙江高等學堂國文教習	中國文學	九		本校
周鉅煒	俊人	浙江諸暨	文科大學文學士曾充廣東學務公所普通課副長兼任本校教科一年	歷史	十二	民國二年九月	本校
桂邦傑	蔚丞	江蘇江都	舉人河南補用知縣歷充會典館謄錄官江蘇兩淮儀董中學堂地理教員北京順天高等學堂國民大學明德大學京師大學堂師範科預備科北京大學文科經科地理教員	地理	十四	光緒三十三年三月	本校
馬裕藻	幼漁	浙江鄞縣	日本早稻田大學師範科畢業東京帝國大學文科大學哲學科選科修業歷充浙江甯波府中學堂監督浙江省視學浙江第一中學校長北京高等師範學校國文教員北京法政專門學校倫理國文教員	中國文學	九	民國三年九月	地安門內東板橋
王治燾	聽彝	湖北黃陂	京師譯學館畢業舉人法科大學法學士歷充農工商部七品小京官京漢鐵路局編譯員農林部編纂旋改任僉事陸軍部考取陸軍學校法文教員	法文	十八	民國三年九月	琉璃廠西門小椿樹胡同

沈堅	歐士	浙江吳興	日本東京物理學校修業歷充浙江秀水學堂省立甲種工業學校兩級師範學校北京法政專門學校民國大學校國文小學歷史數學教員	文字學 文章學	六 三	民國三年九月	地安門內織染局
周思敬	仲久	江蘇寶山	上海聖約翰書院美國化約克高等學校畢業耶路大學堂修業歷充南洋亞東第一次運動會隊長浦信鐵路見習工程師	圖畫	十	民國三年九月	石駙馬大街扁担胡同孫宅
孫廣昭	儉齋	江蘇上元	德國及瑞士國大學畢業歷充北京明德大學及青年會教員	德文	十二	民國三年九月	石駙馬大街扁担胡同
李芳	楠方	廣東長樂	英國大學法學碩士前清欽賜進士歷充京師大學堂教員大理院推事特派歐洲考察監獄改良員	法律	八	民國三年九月	
丁義		美國	配色而否尼亞國立大學工科畢業實練機器工程司三年紐約開方廠工程司一年配色而否尼亞大學機械學教員一年	英文	八	民國三年九月	遂安伯胡同路北大門
沈步洲		江蘇武進	英國大學理科碩士英倫三島化學會員曾充北京大學預科學長	英文	七	民國二年四月	西城十八半截南太常寺北口
凌善安	子平	廣東寶安	上海約翰大學畢業曾充京師高等八旗高等英文教員	英文	七	民國三年九月	
鍾鍔	秉鋒	廣東蕉嶺	美國華斯康新大學電機工科碩士曾充交通部交通傳習所教員	高等代數	六		舊簾子胡同
賀之才	培之	湖北蒲圻	比國京城大學理算科畢業烈日省電科大學肄業三年曾充工商部僉事兼度量衡科科長	法文	六		迺茲府街

陳煥賚	慕周	廣東新會	美國華滿省立士官學校畢業歷充軍諮府參謀本部科員	體操	十	民國三年九月	東城毛家灣
薛錫成	晉三	京兆良鄉	德國法政畢業法科舉人商部主事大理院書記官	德文 心理論理	六 二二	民國二年三月	東安門內箭桿胡同
繆承金	荔笙	江蘇六合	文科大學文學士歷充黑龍江兩級師範學堂監督兼算學理化教員黑龍江全省中學堂算學教員廣東瓊崖中學堂算學地理圖書教員東莞師範學堂監督直隸法政學堂法制史政治地理教員北京師範學校國文教員化石橋法政學校論理倫理教員豫人立汲政學校論理教員新華商業專門學校法學通論論理教員兼教務主任	中國文學	六	民國二年四月	西四牌樓豐盛胡同崑山顧寓內
林損	攻瀆	浙江瑞安	兩廣優級師範畢業歷充浙江第十中學校倫理學教員溫州師範學校中國文學教員溫州公立法政學校別科心理學論理學教育學教員	中國文學	六	民國三年九月	西磚胡同內法源寺
周思恭	伯謙	江蘇寶山	英京特立區中學紐卡司耳亞姆司脫郎大學丹京電報工藝專門大學畢業歷充駐英使署隨員北京電報局洋文電報檢查員交通傳習所電信學教員電律教員英文教員電氣技術委員會職員巴拿馬賽會籌備會委員審訂電學名詞會編輯員	英文	六	民國三年九月	西城安福胡同東口回子營後坑胡同江浦張寓內

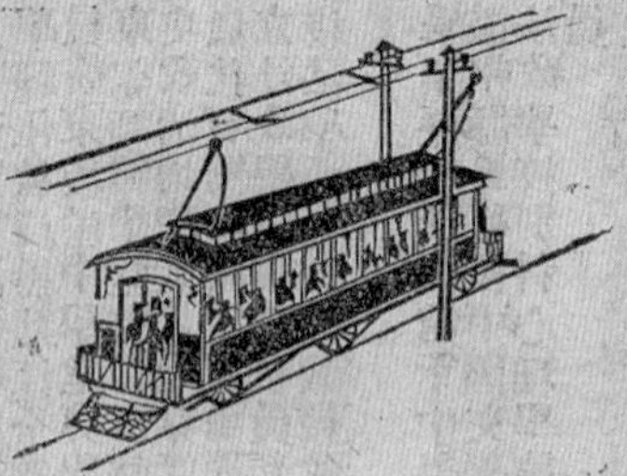

北京大學民國三年同學錄

分科二年級學生

姓名	別號	年歲	籍貫	經過學校	所學門類	通訊處
閻永輝	鏡軒	三十四	河南孟縣	前京師大學堂博物科畢業	文科中國文學門	河南懷慶城內勾樓街全盛仁又北京達智橋豫學校
孫初超	北海	三十一	山東文登	山東高等學校正科畢業	同	威海城內謙順德號轉孫家灘村又北京山左會館
曹繡	肅忱	二十八	直隸天津	順天高等學校畢業	同	天津太平街永樂巷又崇文門外勝家公司
楊晉源（原名崇山）	峻青	二十八	奉天瀋陽	北京高等師範學校修業	同	奉天城南南滿路線沙河驛
金毓紱	靜庵	二十七	奉天遼陽	北京高等師範學校肄業	同	遼陽城內德昌酒局轉城北後八家子
胡培元	卓亭	二十七	山東海陽	北京優級師範選科畢業	同	海陽東村仁術堂轉交胡家庄又北京西城錦什坊街華家寺天城號
馬獻夫	翼廷	二十七	山東館陶	山東高等學校畢業	同	山東館陶縣勸學所轉交
蔣鴻文	彬生	二十七	直隸博野	保定高等師範學校畢業	同	直隸博野縣東村
徐鏡藻	蓉坡	二十六	山東恩縣	山東高等學校肄業	同	山東恩縣舊城郵局轉交大屯

北京大學民國三年同學錄

王啇熊	霜筠	二十六	浙江寗波	本校預科肄業	同	寗波鎮海大碶頭王楨興又北京小甜水井鎮海館
聶澄澤（原名仁沛）	湘溪	二十六	山東聊城	北京優級師範選科畢業	同	山東聊城東關元寶心義興湧轉交又北京教場頭條山左會館
范春潭	印清	二十五	山東堂邑	山東高等學校畢業	同	山東堂邑辛集鎮同泰融轉交
趙鶴年	紹仙	二十五	直隸易縣	易縣中學畢業	同	易縣城內轆轤灣
紀恒源	洪濤	二十五	奉天東平	南京民國大學預科畢業	同	奉天西豐縣廣德東號又北京奉天會館
周緯星	蕙馨	二十四	浙江鄞縣	浙江安定學校畢業	同	寗波鄞縣鄞江橋和順號轉交又北京東華門外小甜水井鄞縣館
曹育瀞	靜軒	二十四	浙江寗波	浙江第四中學畢業上海復旦公學修業	同	寗波柴橋送曹乾亭二收又北京小甜水井鎮海館
袁丕鈞	百舉	二十四	雲南石屏	雲南優級師範選科畢業北京高等師範學校三年修業	同	雲南石屏城內賣米巷又北京宣武門外鐵門南頭
劉紹衣（原名仲聞）	仲聞	二十四	奉天遼陽	本校預科修業	同	遼陽劉二堡玉陞金轉馬家屯
青木晋		三十七	日本岡山	日本大阪梅清處塾肄業	同	日本岡山縣久世町青木國男方又北京東交民巷日本郵便局內岡田政五郎
陳鳳池	翰五	二十八	河南西平	河南高等學校畢業	理科物理數學門	河南西平縣城內金梁橋李席珍轉交永保陳莊
孫國封	獻廷	二十六	奉天昌圖	直隸工業專門學校修業	同	奉天省昌圖縣通江口大有益轉

商契衡	頤薌	二十四	浙江嵊縣	本校預科肄業	同	浙江嵊縣石璜鎮福一堂轉
葉志	靜遠	二十二	江蘇泰縣	金陵大學肄業	同	江蘇泰縣大浦
劉彭翊（原名宇民）	宇民	二十二	直隸甯河	直隸工業專門學校脩業	同	直隸甯河縣蘆台鎮南街又天津張公祠同順永升店又北京打磨廠鴻泰店東三省官銀號
鄭振壎	岳平	二十二	浙江溫嶺	浙江第一中學校畢業	同	浙江溫嶺潘郎天一齋轉交又北京後孫公園台州會館
丁緒寶	緒寶	二十	安徽阜陽	本校預科畢業	同	安慶警察廳西巷阜陽丁寓又北京剪子巷府學胡同丁寓裘子街潁州館
何永譽	號景生字鎮絕	二十八	浙江義烏	本校預科畢業	理科化學門	浙江義烏縣方新興代收轉交北鄉雅畈莊又北京東大市金華會館
陶懷琳	琅齋	二十七	河南汝南	河南高等學校畢業	同	河南汝南縣朝灣鎮交張議誠號轉交又北京順治門外中國報社袁誠軒轉交
李兆灝（原名果）	效梁	二十六	直隸通縣	本校預科	同	直隸通縣磁器胡同又北京西草廠胡同
王兆同	質園	二十五	浙江金華	本校預科	同	浙江金華縣後街
季順昌	少符	二十五	河南汜水	河南高等學校畢業	同	河南汜水城內春茂源轉交季家項又北京順治門外中國報社袁誠軒轉交
顧德珍	蔭千	二十三	浙江上虞	本校預科	同	浙江上虞縣西華村又北京前門外西河沿內汾州營
閻道元	復齋	二十三	陝西三原	陝西宏道高等畢業	同	陝西三原縣義豐永號又西安省華英大藥房又北京順直門外關中北館

朱文稚	號彝華 字學培	二十三	江蘇上海	江南高等畢業	同	上海西門潤德米行轉
張澤垚	湘生	二十二	江西鄱陽	本校預科	同	江西六眼井又北京潘家河沿
陳行澤（原名靜齋）	仁亭	二十二	浙江鄞縣	甯波效實學校畢業	同	（一）甯波江厦晉大糖行（二）甯波城內聚福廟跟
黃德溥	博泉	二十二	浙江金華	南京民國大學	同	浙江金華城西市黃昇隆號
張德㒸	華亭	三十四	山東掖縣	山東高等學校畢業	法科法律門	山東掖縣沙河鎮德聚祥號
王杰	子琛	三十二	廣東東莞	廣東高等學校畢業	同	廣東東莞厚街涌口鄉約所內轉交又北京宣武門外上斜街東莞新館
程榮祥	華浦	三十一	廣東東安	廣東高等學校畢業	同	廣東東安屬腰古墟聯興號又北京潘家河沿高州會館
甘均道	仲陶	三十一	江西奉新	本校預科畢業	同	奉新東門本宅又北京順治門外南昌郡館
陳錫周	璧珊	三十	廣東新甯	廣東優級師範專修科畢業	同	廣東新甯三合墟郵局又北京前孫公園廣州七邑館
戴景槐	枕淮	三十	浙江甯波	浙江高等學校畢業	同	甯波柴橋霞浦漲九如號又北京小甜水井鎮海館
許景邵	杏莊 又論莊	三十	廣東茂名	廣郡中學畢業	同	廣東茂名公館圩廣同源又北京潘家河沿高州會館
周蔚綬	曉凡	二十九	江西奉新		同	奉新桃花巷本宅又北京順治門外大街南昌郡館

嚴彭齡	象峰	二十九	浙江奉化	浙江高等學校畢業	同	浙江奉化城內西街
陳器範	樹恩	二十九	廣東順德	本校預科畢業	同	廣東順德林頭鄉又北京海北寺街順德邑館
劉士傑	曼亭	二十九	直隸宛平	直隸高等師範肄業	同	蘆台南街
馬宗薌	竟荃	二十九	奉天開原	奉天高等方言學堂肄業	同	奉天開原東街新太和轉尙陽堡廣德隆
陳鵬程	味辛	二十八	江蘇奉賢	江蘇高等學堂文科畢業	同	江蘇奉賢胡家橋鎭益太衣莊又北京大蔣家胡同松江館
周達仁	心孚	二十八	廣東開平	廣東肇慶中學畢業	同	廣東開平李村墟公益號轉交又北京李鐵拐斜街肇慶西館
陳樹森	鐵菴	二十八	廣東茂名	廣東高等學校畢業	同	廣東茂名白村墟怡昌號又北京潘家河沿高州會館
江鍾麟	孟祥	二十八	江蘇無錫	本校預科畢業	同	江蘇無錫城內打鐵橋北松茂祥又北京前孫公園無錫會館
吳烱昭	惺慧	二十八	廣東東莞	廣東高等學校畢業	同	廣東省城大塘街梅里家塾又北京宣武門外上斜街東莞新館
賈錦	雲符	二十八	山西陽曲	山西高等學校畢業	同	山西太原城內二府巷本宅又北京南柳巷寶豐公司
姜其師	運韜	二十八	奉天海城	奉天高等學校及法政專門預科畢業	同	奉天田莊台廣增號轉達印家店
朱卓	穉文	二十七	江蘇鹽城	江南高等學校肄業	同	江蘇鹽城縣沙溝鎭

張幼良		二十七	湖北武昌	本校預科畢業	同	漢口楊家河
駱鳴鑾	俠生	二十七	廣東徐聞	廣東方言學校畢業	同	廣東徐聞城內敬樂齋又北京裴家街雷陽會館
袁祖黃	守了	二十七	浙江奉化	浙江高等學校畢業	同	浙江奉化蕭王廟鎮孫永茂海味舖轉交又北京琉璃廠新學會社
杜靈俊	叔秀	二十七	山東冠縣	山東高等學校畢業	同	山東冠縣城北五十里小郭寨又北京教場胡同山左會館
田澤澍 原名澤沛	作霖	二十七	山東臨清	臨清省立中學畢業北京法政學校修業	同	山東臨清鈔關街中學校又北京宣武門外校場頭條山左會館
謝非	欣榮	二十七	廣東番禺	廣東法政專門修業	同	廣州河南鶴鳴五巷門牌二十四號又北京順治門外上斜街番禺會館
趙嘉任	日周	二十七	奉天開原	奉天高等學校及法政預科畢業	同	奉天省開原城內西街復源東又北京西河沿天華銀樓
趙鴻翥	翰九	二十七	奉天營口	奉天高等學校及法政本科修業	同	奉天田莊台金發合
任玉鑾 原名守中	彥餘	二十七	浙江山陰		同	上海新聞壽康里
羅子蘭	新吾	二十六	湖北松滋	荊南師範學校畢業	同	湖北松滋西齋又北京三里河東平樂園荊州館
姜景煦	春初	二十六	江西上饒	本校預科畢業	同	江西廣信府城內大井頭姜宅又北京楊梅竹斜街蘊和店
王為周	立先	二十六	廣東新甯	兩廣優級師範選科畢業	同	新甯都斛南村郵局又北京前孫公園廣州七邑館

葉國章	慧俊	二十六	廣東東莞	上海復旦學校肄業	同	廣東東莞到瀝錦綸店又北京宣武門外上斜街東莞新館
梁之梅	學高	二十六	廣東茂名	廣東高等學校畢業	同	廣東茂名梅菉市榮安寶號又北京潘家河沿高州會館
蕭穀	方儒	二十六	湖南邵陽	本校預科畢業	同	湖南寶慶府正街蕭貴華筆店又北京草廠五條寶慶館
關廣譽 原名光裕	駿聲	二十六	奉天海城	奉天高等修業	同	奉天牛莊城大昌德
宣杲	滌寰 又曦邨	二十六	直隸灤縣	本校預科畢業	同	灤縣城內後宅街
王雍	叔容	二十六	山東商河	山東高等學校畢業	同	山東商河縣李家集
林維亞	韶笙	二十五	廣東陽江	兩廣方言學校畢業	同	廣東陽江城三開福和店又北京粉坊琉璃街陽江會館
羅懷	藹如	二十五	廣東東莞	廣東方言學校畢業	同	廣東河南洗湳西約泰源號又東莞茶山正興街愛和堂交韓溪水友和號又北京爛縵胡同東莞會館
馮啓韶	夔石	二十五	廣東番禺	廣東高等法政畢業	同	廣東省城十一甫五號又北京無量大人胡同馮宅
楊羣亞	競西	二十五	江西南昌	江西農業林學專科畢業	同	江西南昌順外金盤街楊萬福香店又南昌城內翠花街癸元興金店又北京順治門外南昌郡館
陳寶騏	驥伯	二十五	廣東新會	兩廣方言學校畢業	同	廣州城西寶慶新街中約第十三號門牌又北京前青廠番禺館粉坊琉璃街新會館
王容川 原名仁涵	容川	二十五	浙江寧波	本校預科肄業	同	甯波鎮海大碶頭王楨興又北京小甜水井鎮海館

趙源逢	宗海	二十五	直隸昌黎	直隸高等師範畢業	同	直隸昌黎東街永和泉
于之昌	紹文	二十五	山東萊陽	山東高等學校畢業	同	山東萊陽縣城內天福堂又北京西安門內石板房三條胡同東牟王寓
曹鎏	道三	二十四	廣東番禺	廣東高等文科及公立師範畢業	同	廣東省城東橫街三十七號又北京前青廠番禺新館
許灼芳	博明	三十四	廣東開平	順天高等學堂肄業	同	廣東開平單水口勝街厚成號又北京李鐵拐斜街肇慶館
陳官煦 原名顯	穌甫	二十四	廣東東莞	京師高等實業學校修業	同	廣東東莞城東門內仁和二甲雲亭家塾又北京宣武門外上斜街東莞新館
伍宗衍	公礪	二十四	廣東順德	財政學堂修業	同	廣東順德大良北門又北京前門外草廠頭條廣州館
胡寶麟 原名學鈐	蕉園	二十四	廣東順德	財政學堂修業	同	廣東河南龍慶里胡宅又北京海北寺街順德邑館
阮志華	筱赤	二十四	安徽懷甯	高等學校畢業	同	安慶城內天台里
余錫恩	愷湛	二十三	廣東新甯	兩廣方言學校畢業	同	廣東新甯荻海墟長安街合益號又北京前孫公園廣州七邑館
梁敬錞	和卿 聿鴻	二十三	福建閩侯	順天高等學堂畢業	同	福建福州城內閩山巷又北京順治門外爛縵胡同林宅
姜景晅	晴初	二十三	江西上饒	本校預科畢業	同	江西廣信府城內大井頭姜宅又北京楊梅竹斜街蘊和店
馮瀚澄	佑卿	二十三	直隸灤縣	本校預科畢業	同	灤縣城西李各莊馮宅又北京西安門外新華醫院

楊肇熉	仲瑚	二十二	四川 鐘南	上海震旦學院畢業	同	四川鐘南雙江鎮乾泰恆號又北京舊刑部街西頭小沙鍋琉璃胡同長汀江寓
宋慶瑺	季眉	二十二	浙江 奉化	清華學校肄業	同	浙江甯孫奉化蕭王廟鎮波永茂海味鋪轉交又北京琉璃廠新學會社
譚澄	義洵 鏡予	二十二	江西 德化	本校預科肄業	同	九江城內蒼巷本宅又北京大蔴兒胡同德化館
龍沐棠	蔭桐	二十三	江西 萬載	本校預科畢業	同	江西袁州株潭鎮允源棧又北京板章胡同宜分萬館
薛汝銚		二十二	江蘇 無錫	南洋公學畢業	同	江蘇無錫禮社鎮
章瑗	伯遷	二十二	安徽 涇縣	法政專門肄業	同	安徽涇縣章村又北京南橫街涇縣新館
梁⿰火青	仲理	二十二	直隸 安新	直隸法律學校畢業	同	直隸高陽慶承號轉交北蔡家口村
朱寶銘 原名甫善	善甫	二十一	直隸 樂亭	本校預科肄業	同	樂亭縣湯家河鎮興順公
崔允恭	敬之	二十九	山東 萊陽	山東高等學校畢業	法科政治門	山東萊陽姜山集泰和號
胡富振	友芝	二十九	山東 益都	山東高等學校畢業	同	山東益都城內中所營街又北京東單牌樓新開路傳宅
吳景超	仲庸	二十八	廣東 開平	廣東方言高等學校畢業	同	香港文咸街永安隆開平樓岡墟廣村又北京李鐵拐斜街肇慶西館
范鎧	性之	二十八	江蘇 寶應	本校預科畢業	同	寶應南街又北京珠巢街揚州會館

尹克任	亮伊	二十七	四川榮縣	上海中國公學畢業	同	四川榮縣西街全德源
盛世煜	炎飛	二十七	江蘇南匯	江蘇高等學校肄業	同	江蘇南匯大團鎮又北京大蔣家胡同松江館
朱錫詒	狷若	二十六	廣東番禺	廣東高等學校畢業	同	香港中環德輔道公昌押
蕭秉良	耀廷	二十六	廣東東安	廣東高等學校畢業	同	廣東陽春城西山杉行會館
徐紆	綉珊	二十六	廣東東莞	本校預科肄業	同	廣東東莞城內市橋同棧店又北京上斜街莞東新館
錢應璵	雪濤	二十六	浙江慈谿	江蘇高等學校肄業	同	上海英租界浙江路錢存濟堂又北京小甜水井甯波試館
周光亭	占堯 之孚	二十六	奉天瀋陽	奉天法政專門肄業	同	奉天省城大北關同益店
趙之秋	酉山	二十六	直隸淶水	北洋大學預科修業	同	淶水縣南郭下村又北京西河沿悅來店
梁元芳	銘放	二十五	廣東南海	兩廣方言高等學校畢業	同	廣州城南關太平沙安昌押
盧起炤	卓然	二十五	廣東東安	廣東高等學校畢業	同	廣東東安城西街新泰
余國楨	爲之	二十四	安徽合肥	財政學校脩業	同	合肥城內大東門南馬道巷
吳景堯	俠夫	二十三	廣東開平	兩廣方言高等學校畢業	同	廣州城大塘街至德書院廣州開平縣樓岡墟廣材店又北京李鐵拐斜街肇慶西館

陶釁兆	伯芹	二十三	奉天撫順	直隸工業專門修業	同	奉天省城內女子師範學校轉
馮中盪	秉衡	二十二	浙江鄞縣	甯波效實學校畢業	同	甯波江北岸四明日報社馮友笙轉又北京小甜水井甯波試館
何鋭	劍坡	三十	廣東順德	廣東高等學校畢業	法科經濟門	廣州城打銅街恩隆紗綢店
凌英	藹安	二十九	廣東番禺	廣東高等學校畢業	同	廣州城漿欄街愛和堂
郝名儒		二十九	山西平定	本校預科畢業	同	平定縣西郊鎮又北京東四牌樓東康熙橋口內長盛染房
馬家驤	贊卿	二十八	山西安邑	財政學堂修業	同	河南衛輝府曹營街又北京西珠市口贛甯會館
劉秉麟（原名康）	南陔	二十八	湖南長沙	上海中國公學	同	上海愛而近路十一號
李克歧	伯壎	二十八	直隸天津	本校預科畢業	同	天津
安貞祥	幹辰	二十八	直隸甯河	本校預科畢業	同	蘆台南街
張受均	凱敷	二十七	浙江嘉善	浙江高等學校畢業	同	浙江嘉善東門內鹽井街上岸
李芳	亦卿 夢秋	二十六	江蘇南通	南京民國法政大學修業	同	江蘇南通縣西亭市又北京順治門大街南通縣館
朱方	伯鈞	二十六	湖南湘潭	財政學堂修業	同	湘潭城內觀湘門老育嬰街又北京爛縵胡同中間路西

李漁澧	芑蓀	二十六	直隸趙縣	直隸高等師範修業	同	趙縣城內
李本清（原名本源）	夏章	二十六	廣東電白	本校預科肄業	同	廣東電白縣潭阪墟會昌店轉交又北京前門外潘家河沿高州會館
李蔭民	撫岑	二十六	奉天鐵嶺	奉天高等學校及法政專門修業	同	奉天城小北門外萬發成轉交
王衍慶	季蕃	二十五	山東武城	山東高等學校畢業	同	山東武城縣西門內德豐厚轉交
薛冰	次功	二十四	山西解縣	清華學校高等科三年級肄業	同	山西解縣城內成興永轉交
李振寰	侃如	二十四	浙江吳興	南洋公學	同	浙江湖州善連鎮
蔣震龍	伯韜	二十四	浙江富陽	浙江第一中學校畢業	同	浙江富陽太源鎮新關里
關棠	子高	二十四	廣東南海	財政學堂修業	同	廣州大新街安和里關教義堂又北京米市胡同南海會館
楊櫂	伯鄉	二十四	江西豐城	江西中學畢業漢口商業專門肄業	同	江西豐城縣大街吉順舖轉交又北京米市胡同保安寺街豐城館
王競存（原名適君）		二十四	直隸豐潤	財政學堂修業	同	唐山西新軍屯慶德堂轉交又北京西四牌樓禮路胡同
王焜富	桓蓀	二十四	四川酉陽	湖北商業學堂畢業	同	四川酉陽縣龍覃
劉光頤	叔和	二十三	江隸南通	南洋公學修業	同	上海南市棉陽里第三街又北京大方家胡同

劉慶蕓	端楚	二十三	廣西臨桂	財政學堂修業	同	天津新站人和里九號
林本中	和甫	二十二	浙江鄞縣	本校預科畢業南洋公學修業	同	甯波南門內桂芳橋下
富維驥	伯平	二十二	奉天瀋陽	清華學校修業	同	奉天省城大西門裏源大祥轉交又北京安定門內香餌胡同新號內十一號門牌
嵇儲英（原名儲成）	子韶	二十二	江蘇無錫	財政學堂修業	同	天津河北新車站人和里
邵哲民	哲民	二十二	浙江杭縣	南洋公學修業	同	杭州城內文龍巷又北京上斜街
李熙春	樵琴	三十	浙江甯波	浙江高等學校畢業	工科土木門	甯波柴橋同春號又北京小甜水井鎮海館
周士毅	道遠	二十八	廣東新會	廣東高等學校畢業	同	廣東省城下九甫仁隆綢緞店轉交
衞梓松	筱赤	二十八	廣東新甯	同	同	廣東省城西關逢源西二巷十三號
朱桂勳	一民	二十八	山東歷城	山東客籍高等學校畢業	同	山東省城內督城隍廟街路南
陳湛恩	睽无	二十七	江蘇興化	上海工業專門學校修業	同	江蘇東台縣白駒鎮
趙家駒	禹臣	二十七	安徽霍山	本校預科畢業	同	安徽六安蘇埠轉外冲又北京米市胡同六安館
廖鴻猷	仲方	二十七	江蘇鹽城	同	同	江蘇鹽城湖塗鎮

北京大學民國三年同學錄

王瑞麟	筱初	二十七	江蘇吳縣	本校預科畢業	同	浙江溫州蘇行門內文書巷
莫潤薰	樹聲	二十七	浙江蕭山	本校預科畢業	同	浙江蕭山東門外莫家港
李學海	表東	二十七	廣東四會	廣東高等學校畢業	同	廣東四會高街天福堂轉交
楊倬聲	漢陳	二十七	山東蓬萊	山東高等學校畢業	同	廣東蓬萊縣城內紗帽街
陳蓁	實軒	二十六	山東菏澤	本校預科畢業	同	山東曹州城內玉皇廟街
王守政	書珊	二十六	山東文登	山東高等學校畢業	同	山東文登城東村又北京北闇市口恒興公號
陳樹棠	蔭軒	二十五	奉天遼陽	北京高等實業學校	同	奉天海城北街德興永轉交
安文瀾	晴波	二十五	直隸豐潤	天津工業專門學校畢業	同	直隸豐潤新軍屯福泉盛轉交
齊占一	捷三	二十四	奉天盤山	北京工業專門學校	同	奉天盤山縣高坪榮慶增號
程千雲	號長青字松生	二十四	浙江甯海	杭州育嬰書院畢業本校預科肄業	同	浙江甯海城內
呂慶銓	痕圃	二十四	直隸通縣	本校預科畢業	同	江蘇泰縣城內北阮家巷
嚴宏湝 原名絜	仲絜	二十四	安徽含山	安徽高等學校畢業	同	安徽含山縣東門

周大經	緯之	二十三	浙江嘉禾	上海工業專門學校修業	同	上海老閘北新唐家弄八十八號
程廷煦	叔彪	二十三	江蘇奉賢	江蘇高等學校修業	同	江蘇奉賢青村港又北京大蔣家胡同松江會館
李鉞	秉威	二十三	直隸邯鄲	本校預科畢業	同	直隸邯鄲城內南街
葛敬鈞	希平	二十三	浙江嘉禾	上海兵工學校肄業	同	浙江嘉禾柴場灣又北京西長安街九十六號
鍾英	伯英	二十二	京兆大興	江南上江中學本校預科肄業	同	開封機神廟街路東
顧鼎	仲平	二十二	浙江德清	浙江高等學校畢業	同	浙江德清南門
劉元瓚	硯齋	二十	浙江鄞縣	甯波工業學校肄業	同	浙江鄞縣鄞江橋二房門內劉頌房
龔文凱	漢章	三十一	浙江義烏	浙江高等學校畢業	工科採鑛冶金門	浙江義烏縣城內觀音橋呂永茂南貨號轉一都楊村
鄭鈞	勇知	二十八	浙江吳興	浙江高等學校畢業	同	浙江吳興下昂鎮
王家鼐	貴亭	二十八	奉天遼中	北京高等實業學校	同	奉天省茨榆坨鎮轉交偏岡堡
范治淮	仲奎	二十五	湖北鄂城	武昌文華大學	同	湖北孝感縣西門內范義盛軋花廠又北京順治門外騾馬市大街米市胡同南頭東夾道
陳國士	甲珊	二十五	奉天海城	本校預科肄業	同	奉天海城德興永號轉交又北京東城寬街小蘇州胡同

沈淵儒　符階　二十　浙江嘉禾　上海兵工專門修業　同　上海城內東唐家弄西口九十七號門牌

分科二年級休學生

姓名	別號	年歲	籍貫	經過學校	所學門類	通訊處
余德春	星伯	三十二	京兆大興	北京優級師範選科畢業	文科中國文學門	東四牌樓四條胡同
王桂照	月川	三十一	京兆宛平	北京優級師範選科畢業	同	南關房口
秦志奎	子尙	三十一	直隷承德	北洋大學肄業	同	熱河西街大榛子
熊敏	筱崗	二十五	湖北枝江	南京民國大學預科肄業	同	湖北宜都縣江北善溪鄉
曾懿	昭安	二十三	湖北宜昌	湖北高等學校肄業	同	湖北宜昌縣白衣巷
陳建風	孟扶	二十二	浙江慈谿	甯波效實學校畢業	同	慈谿西鄉二六市餘慶米號專官橋良七房
潘贊銓	穀吾	三十	廣東茂名	廣東高等學校畢業	法科法律門	茂名公館墟同泰號又北京潘家河沿高州會館
馮紹韓	次韓	三十	廣東順德	廣東高等學校畢業	同	順德龍山鎭旺村市西盛酒店轉交又北京丞相胡同大井胡同順邑新館
陳禹範	宇帆	三十	廣東高要	廣東高等學校畢業	同	廣東高要廣利墟泰生押又北京李鐵拐斜街肇慶西館
蘇霖	柏雨	三十	廣東順德	廣東高等學校畢業	同	廣東碧江鄉細橋坊元字二十號又北京宣武門外大井胡同順邑新館

沈祥龍	小西	二十六	廣東番禺	廣東高等學校畢業	同	廣東省城賢豪街七十號又北京前青廠番禺新館
謝端	蘊瑜	二十五	廣東海陽	廣東高等師範畢業	同	汕頭永安街廣大行又北京延壽寺街潮州館
許植芳	博明	三十四	廣東開平	廣東法政學校肄業	同	廣東開平單水口埠天源號又北京李鐵拐斜街肇慶西館
林正烇	柔仲	二十九	廣東茂名	廣東高等學校畢業	法科政治門	廣東省城惠愛七約和昌押茂名梅菉墟潭州街林承澤堂又北京潘家河沿高州會館
趙微	少微	二十七	山東蘭山	山東高等學校畢業	同	蘭山柞城鎮轉夏家庄
何惺常	惕若	三十一	廣東順德	廣東高等學校畢業	法科經濟門	廣州城小市街晉城首飾店
馮鼎新	芝蓀	二十九	廣東順德	兩廣方言高等學校畢業	同	廣州新基正中約茂豐油店又北京海北寺街順德邑館
錢昌穀	蕙詒	二十八	江蘇常熟	本校預科畢業	同	常熟鹿邑鎮
傅振烈	子東	二十四	四川江油	財政學堂肄業	同	四川中壩永聚公
丁貴堂	榮階	二十四	奉天海城	奉天高等學校畢業	同	奉天海城縣內
葉于絡	可繹	二十四	福建閩侯	福建高等學校畢業	工科土木門	福建福州城內高節里
饒鳴堉		二十六	福建閩侯	直隸高等工業學校修業	工科採冶門	

萬兆芷	沅甫	二十五	江西豐城	本校預校畢業	法科法律門	揚州李官人巷又北京宣武門外大街南昌郡館
鄒永至	履祥 叔和	二十九	湖南新化	譯字館畢業	法科經濟門	湖南寶慶府城臨津門宏興齋轉又北京草廠五條寶慶會館

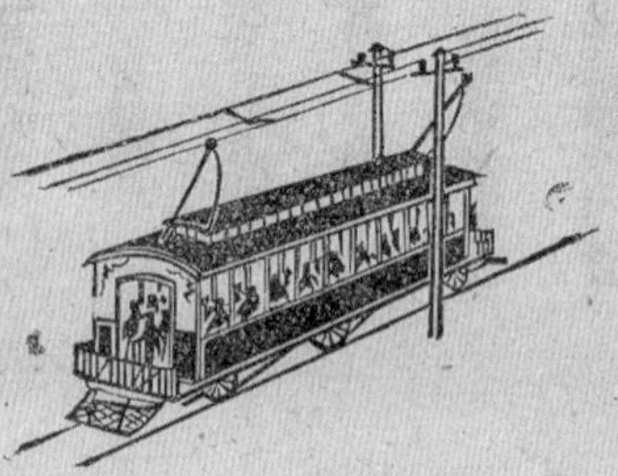

分科一年級學生

姓名	別號	年歲	籍貫	經過學校	所學門類	通訊處
萬應春	厚圃	二十七	江西南昌	高等農業學校修業	文科中國哲學門	南昌花港市裕豐祥米號收又北京長巷下頭條南昌會館
龔詠	詠之	二十四	湖南長沙	中學畢業	同	長沙南正街靖巷商錢局交又北京兵部窪中街
王義梓	志剛	二十四	直隸易縣	山東高等學校肄業	同	直隸易縣商會轉交
朱詩正	敬言	二十五	浙江慈谿	本校預科畢業	同	甯波中國銀行吳鐵篘轉又北京西城輦兒胡同西頭路南
李光宇	闌初	二十四	京兆宛平	本校預科肄業	同	北京宣武門外北柳巷路東
劉峻嶺	筱岡	二十七	山東臨清	山東高等學校修業	同	直隸清河縣油坊鎮大街路東永茂烟店轉
楊宏震	雨辰	二十一	安徽懷遠	南洋高等學堂修業	同	安徽懷遠縣又北京草帽胡同
趙會佑	仲啟	二十八	奉天開原	奉天方言高等學校	同	奉天開原縣城內西街復源棧
姜紹祖	梅塢	二十三	浙江象山	浙江高等學校肄業	同	甯波象山城中姜東大房
宋壽椿	子眉	二十九	山東臨清	山東高等學校畢業	同	山東臨清縣西關外跴鼓巷

黃建中	離明	二十二	湖北隨縣	明德大學法律修業	同	湖北隨縣南關黃萬生
楊其蘇	雨時	二十四	浙江永嘉	法政預科	同	温州府前元陞客棧轉
盧鎧	貞一又字菊栽	二十五	浙江東陽	北京工業專門修業	同	東陽縣東門外盧宅又北京金華會館
張祖模	楷膺	二十三	湖北黃岡	北洋大學校肄業	同	黃岡縣倉子埠榨房街培元堂又北京打磨廠鑾慶胡同吳宅
胡鳴盛	文玉	二十五	湖北應城	湖北中華大學修業	同	應城縣嚴家巷
趙勃	頌清	二十七	山西解縣	河東中學校畢業	同	解縣高等小學校
魏寶鑑	鏡如	二十二	奉天營口	奉天商業中學畢業	同	營口縣田莊台福興棧
陳鐘凡	覺圓	二十七	江蘇鹽城	兩江師範公共科畢業	同	鹽城縣上岡市又北京西城西斜街
梁國棟	咸中	三十	山東濰縣	山東高等學校	同	膠東道濰縣東關協聚泰號
陸煥	匡文又字曾陶	二十二	廣東信宜	香港皇仁書院	同	廣東信宜鎮隆市恒孚店又北京潘家河沿高州會館
鄔榮錡	雲旗	二十二	浙江寗海	浙江兩級高等師範肄業	同	寗海城內祥泰號轉又北京後孫公園台州館
袁祚庠	序盦	二十八	貴州修文	本校預科畢業	同	貴州省城後新街又北京東華門內沙灘後身本宅

姓名	字	年齡	籍貫	出身	學門	通訊處
野滿四郎			日本		同	
伍思博	宏夫	二十一	湖南新化	湖南中華大學修業	文科中國文學門	湖南新化縣伍氏宗祠交油溪又北京前門外草廠五條寶慶館
范文瀾	芸臺	二十二	浙江紹興	本校預科修業	同	河南衛輝河北道署
張寔	正甫	二十二	浙江江山	本校預科修業	同	浙江江山縣清湖
屠允濤（原名新霖）	一莘	二十五	浙江甯海	浙江第一中學畢業	同	浙江甯海北鄉橋頭胡三和號又北京後孫公園台州館
張文澍	馥哉	二十七	浙江平湖	上海復旦公學修業	同	浙江平湖縣新倉鎮
袁丕佑	藹畊	十八	雲南石屏	雲南中學校畢業	同	雲南石屏縣城內賣米巷又北京宣武門外鐵門南頭
譚日巽	日巽	二十三	廣東開平	法律畢業廣東高等修業	同	廣東開平縣水口埠郵政局轉
楊楨	茀康	二十五	江西豐城	江西農林專門學校畢業	同	豐城縣小港口萃升號又北京宣武門外保安寺街豐城會館
林建勳	銘石	二十六	廣東揭陽	廣東師範中學畢業	同	汕頭轉揭陽縣大街許熾昌號轉東林鄉又北京丞相胡同潮州會館
陳慶麒	子良	二十	浙江象山	浙江高等學校修業	同	象山城中晉源號轉
殷士奎	壬甫	二十四	安徽桐城	安徽高等學校肄業	同	安慶樅陽掃帚溝破罡橋余益裕號又北京西直門內半壁街他山寄廬

童第德	品玉	二十一	浙江鄞縣	浙江第四中學畢業	同	寧波後塘街裕隆棧轉
李澤	惠泉	二十三	直隸武邑	冀縣中學校畢業	同	直隸武邑縣城內北街茂盛堂又北京前門外布巷天盛店內恒順成轉
孫樂民	雪卿	二十七	山東招遠	德文專修館修業	同	山東招遠縣城東關福興永轉又北京西單牌樓增盛永轉交
周希賢	价民	二十一	浙江奉化	浙江高等師範修業	同	浙江奉化溪口周成繹房
廖廣英	芸階	二十九	廣東梅縣	廣東方言學校畢業	同	廣東梅縣新街廖元盛復記又北京香爐營頭條嘉應會館
孔傳一	惕龕	二十五	奉天瀋陽	中國公學修業	同	奉天瀋陽縣城南蘇家屯永信公司
呂志鏘	詩厂	二十三	浙江鄞縣	浙江中學校畢業	同	寧波東門雲章綢莊轉
黃德中	文翮	二十七	奉天本溪	奉天高等實業學堂畢業法政修業	同	奉天本溪縣安奉路線草河口驛東陞長
王競優	勝非	二十三	直隸豐潤	求實學堂畢業	同	直隸唐山西新軍屯慶德堂又北京西四牌樓禮路胡同
李子厚	乾齋	二十三	奉天北鎮	北洋大學預科	同	奉天北鎮縣德記棧
李克中	龍蓀	二十三	奉天開源	奉天師範學校修業	同	奉天開原城裏東街李宅又北京北池子沙灘西口塞北侉宅院內
陳繩威	伯豪	二十八	湖南黔陽	湖南優級師範學校	同	黔陽縣城北又北京前門東草廠八條辰沅會館

劉琳	希陶	二十四	江西安福	中學畢業	同	江西安福縣元盛號又北京西草廠安福會館
龍沐光	復生	二十五	江西萬載	本校預科畢業	同	江西袁州棣潭允源棧
周介藩	冰東一字屏東	二十三	安徽全椒	兩江優級師範學校修業	同	上海北山西路棣隆里六百十五號又北京全國水利局
鍾駿臣	鏡澂	十九	浙江上虞	浙江兩級師範學校	同	上虞縣城中大池頭
羅世澤	雨齋	二十五	廣西信都	師範中學畢業	同	信都縣舖門墟公局轉
古樾邵 原名樾繼	德予	二十九	廣東茂名	香港大學預科修業	同	廣東信宜縣鎮隆墟錦昌店又北京潘家河沿高州會館
楊偉超 原名偉績	鼇臣	二十三	廣東茂名	香港大學預科修業	同	廣東高州城南關頤豐店又北京潘家河沿高州會館
方季博 原名希文	希文	二十三	廣東東莞	廣東師範附設中學畢業	同	東莞縣太平墟誠信街晉泰店又北京上斜街東莞新館
黃紹藩 原名悅亨	德孚	二十三	廣東新興	廣東師範預科修業	同	新興縣簕竹圩泰昌號
甯混元	一白	二十	廣東四會	廣東師範附設中學畢業	同	廣州城西關第七甫大巷甯兆記又北京蘇州胡同口大昌和
曾緘 原名銘	慎言	二十四	四川敘永	四川高等學校修業	同	四川敘永縣馬嶺春燚堂
顧德啓 原名景榮	侯東	二十八	廣東北流	上海南洋大學修業	同	北流縣陸靑墟萬福號又北京後靑廠廣西三館

關文淵	愼之	二十九	廣東開平	北京高等工業學校修業	同	開平赤坎上埠廣昌榮又北京李鐵拐斜街肇慶西館
陳正德	惟行	二十四	湖南長沙	順天高等預科畢業	同	湖南省城斗姥閣
王士瑨	崑玉	二十一	山東萊陽	山東高等師範肄業	同	萊陽縣城內通益書局
劉賾（原名文漢）	伯平	二十四	湖北廣濟	湖北優級師範理科畢業	同	湖北武穴兩路口郵局轉
陳達材	彥儒	二十六	廣東東莞	本校預科修業	同	東莞望牛墪廣濟堂轉又北京上斜街東莞館
脇川文近	壽泉	三十四	日本長崎	東京外國語學校清語蒙古語科畢業	同	長崎縣壱岐國壱岐郡沼津村又北京東交民巷日本公使館衛隊官舍
鍬形末次			日本		同	北京蔡廠胡同山本醫院
楊文泉	羊羽	二十	福建閩侯	福州中學校畢業	文科英文學門	福州城內小排營又北京永定門火車站邵增齡轉
李際和	際和	二十七	江蘇興化	上海復旦公學	同	興化縣東營
康文宗（原名屏周）	繩武	二十六	直隸滿城	直隸高等學校	同	滿城縣城內北街又北京隆福寺桂芳齋轉
楊棟	翼中	二十五	福建連城	汀州中學畢業	同	龍岩新泉楊悅昌號又北京長巷二條汀州館
李相因	士閎	二十二	安徽桐城	安徽高等學校肄業	同	安慶樅楊李公聚號

楊又	子新	二十三	直隸滄縣	本校預科肄業	同	滄縣城南新縣鎮保元轉楊莊同德堂
沈仁（原名鎮江）	亮欽	二十	江蘇上海	財政學校修業	同	上海尙文門尙文路四號又北京太僕寺街羅圈胡同
蕭蓮裳	裕生	十九	江蘇上海	中學修業	同	上海西門內杜家灣
于登瀛	壽彭	二十六	湖南瀏陽	高等師範本科修業	同	瀏陽北鄉永安市交張德興齋轉又北京北半截胡同瀏陽館
何新甫	銘三	二十二	山東聊城	山東法政學校肄業	同	東昌城南周家店存仁堂交又北京山左會館
趙畸	海秋	二十六	山東益都	中國公學修業	同	山東益都縣東關青龍街
戴嶽	毓峰	二十八	江蘇泰興	兩江師範學校修業	同	泰興縣北典又北京後孫公園如泰會館
蕭澤	潤之	二十	湖北沔陽	武昌文華大學修業	同	仙桃鎮蕭福興又北京前門外十間房沔陽會館
趙祖武	雨農	二十八	山東鉅野	河南第一中學校畢業	同	城武縣大街路南趙宅又北京前門外冰窖胡同大東製帽公司
唐偉	靄如	二十四	湖南湘陰	安徽高等學校肄業	同	蕪湖湖南會館
葉廷元	禪清	二十四	京兆宛平		同	北京西單牌樓察院胡同路北水心堂
王賢	弼西	二十三	浙江瑞安	高等學校修業	同	溫州瑞安大學校

徐淩漢（原名深）	志夫	二十七	浙江鎮海	浙江第四中學校畢業	同	甯波柴橋大年堂藥鋪轉徐松盛房又北京東華門小甜水井鎮海館
嚴毅	逸生	十七	江蘇武進	民國法政大學校預科畢業	同	常州西瀛里元興昶轉
汪爾孝	定保	二十二	浙江鄞縣	甯波效實學校畢業	理科物理數學門	鄞縣西鄉風岙市春生莊轉交
王之楫	汝舟	二十三	山西清源	山西高等學校畢業	同	清源縣高等小學校又北京東安門外德恒泰
張崧年	中府又號杖一	二十二	直隸獻縣	本校預科修業	同	直隸獻縣東北鄉梁爾莊又北京北柳巷李寓
鄧廷偉	和笙	二十五	四川南溪	上海工業專門預科畢業	同	四川南溪縣勸學所
李續祖	曉宇	二十四	京兆宛平	金陵高等學校畢業	理科化學門	上海法租界白爾路四百二十六號又北京順治門外上斜街中間路北
許世璿	詩荃	二十	浙江紹興	本校預科畢業	同	紹興城水澄橋怡昇轉又北京順治門外珠巢街
汪煥章	睡蘭	二十二	浙江鄞縣	南洋大學畢業	同	浙江寧波釘打橋元盛號
周福保	雲階	二十三	江蘇上海	江南高等學校畢業	同	上海喬浜路十八號
馮家樂	號康民字和生	二十七	四川慶符	本校預科畢業	同	敘州府西門外小校場四美源油房
梁棟	象橋	二十六	直隸東鹿	本校預科畢業	同	東鹿縣舊城鎮信成義轉

朱樹南	召棠	三十	山東沂水	山東高等學校畢業	同	沂水縣河陽鎮郵局交東河庄
袁葆吉	迪安	二十八	陝西澄城	本校預科畢業	同	同州府澄城縣寺前鎮恒濟堂轉又北京宣武門外教場口關中館
祝延麟	兆魯	三十二	河南濬縣	河南高等學校畢業	法科法律門	濬縣新鎮東門
李昌久	子壽	二十二	直隸衡水	本校預科畢業	同	北京象鼻子坑
李嗣唐	際虞	二十六	四川巴縣	四川法政專門畢業	同	四川巴縣龍崗場郵政代辦處轉又北京米市胡同重慶館
姚廣存		二十七	奉天義縣	奉天法政專門畢業	同	
劉嗣勛	季書	二十一	四川遂甯	本校預科畢業	同	四川遂甯縣小西街南華宮對面
劉煌	仰乾	二十六	江蘇丹徒	法律專門學校畢業	同	鎮江火車站前劉宅又北京崇文門內大羊宜賓胡同汪宅
蕭勵成	超時	二十六	廣西容縣	優級師範學校畢業	同	廣西容縣自良墟永城安轉交又北京後青廠廣西三館
崔學齋	及如	三十	山東無棣	山東高等學校畢業	同	山東無棣縣城北車鎮湧泉號又北京大理院對過湧泉當
羅賡嵩	宿曼	二十四	廣東南海	廣東高等學校畢業	同	廣州惠愛九約同福押
孫生祥	雲甫	三十三	直隸定縣	直隸高等學校畢業	同	定縣城東南大王耨村

馬駿聲	騰瀛	二十七	奉天撫順	奉天法政專門畢業	同	撫順南關同意店
吳兆棟	黻卿	二十六	廣東恩平	廣東高等學校畢業	同	香港德輔道中泰豐祥又北京李鐵拐斜街肇慶西館
林章	振鑑	二十三	福建閩侯	福建高等學校畢業	同	福州螺洲
劉長蓉	秋華	二十五	山東恩縣	山東高等師範畢業	同	山東恩縣城內東盛公轉岳覺寺
王永仁	亞傑	二十	江蘇江寧	本校預科畢業	同	南京南門外又北京石牌樓新開路中間
陸俊	禹云	二十五	江蘇江寧	本校預科畢業	同	南京門西高岡里
胡燿湘	能祺	二十五	湖南新化	本校預科畢業	同	北京前門東草廠五條新化方廟
張世傑	漢三	三十	山西河津	本校預科畢業	同	河津縣西門外仁義和號轉
賀耀南	奉仙	二十七	湖南漵浦	廣益大學預科畢業	同	漵浦縣城內賀氏宗祠陳宗祥轉溪口火房頭又北京草場八條辰沅會館
莫培元	佐仁原字作八	二十六	廣東東莞	兩廣方言學校畢業	同	廣州城十七甫仁壽藥房又北京宣武門外上斜街東莞新館
陸嗣曾	光宇又字簡士	二十六	廣東信宜	廣東方言高等專門畢業	同	廣東信宜鎮隆恒孚店又北京潘家河沿高州會館
任家亭	蓮士	二十	江蘇宜興	本校預科畢業	同	蘇州鐵瓶巷又北京前門西化石橋

廖賡喜	劍飛	三十二	江西奉新	本校預科畢業	同	奉新縣城東廖氏兩等小學校又北京果子巷保安寺街奉新南館
李之綱	伯常	二十三	山東堂邑	山東高等學校畢業	同	山東臨清縣南司程宅轉堂邑縣
陳廣澧	侶沅	二十五	廣東順德	本校預科畢業	同	廣東順德縣樂從墟敦德鄉又北京海北寺街順德邑館
董鶴翔	雲皋	二十七	河南濬縣	河南高等學校畢業	同	濬縣道清鐵道王庄站公益桐轉
林秉章 原名本墻	子京	二十三	浙江鄞縣	南洋高等學校畢業	同	鄞縣南門內柱芳橋下
李顯	子揚	二十七	廣東電白	廣東法政專門畢業	同	電白水東發利南棧又潭阪會昌店又北京潘家河沿高州會館
高月彩	光庭	二十六	山東陽穀	山東高等學校畢業	同	陽穀縣七級鎮廣茂號轉又北京順治門外校場頭條山左會館
楊邦楨	幹甫	十九	江蘇溧水	南京法政大學預科畢業	同	南京平章巷
劉志和	煦庭	二十六	山東益都	山東高等學校畢業	同	山東青州城裏中所營街又北京南池子小蘇州胡同杜宅
張叔希	璧堂	二十六	福建閩清	福建高等學校畢業	同	閩清縣玉山鋪
楊毓泗	春祿	二十八	江蘇上海	神州大學法科畢業	同	上海城內三牌樓長生泰酒店對弄又北京大蔣家胡同松江館
王瑾光	子瑜	二十二	福建閩侯	本校預科畢業	同	福州城內文興里王文魁扁內又北京南池子陳宅

梁冠方	芬伯	二十八	廣東三水	廣東高等學校畢業	同	廣州市聯興街誠信店轉又北京米市胡同普安寺街三水會館
王鐸聲	挺喬	二十八	廣東東莞	廣東法政學校畢業	同	東莞厚街慶記轉交又北京宣武門外上斜街東莞新館
蕭　惠	子孚	二十八	福建閩侯	福建高等學校畢業	同	福州城內劍光亭
楊書林	繼酈	二十六	奉天海城	本校預科畢業	同	奉天牛莊北關
葛維翰	嘯龕	二十一	江蘇嘉定	上海南洋公學畢業	同	嘉定縣南門內又北京宣武門外上斜街滇南畢厲
陳凱華	修崇	二十七	福建閩侯	本校預科畢業	同	螺州
楊廷椿	茂楸	二十六	四川滄溪	四川優級師範學校畢業	同	南部縣城鹽店前街
陳佩璋	琫蓀	二十九	廣東番禺	兩廣方言學校畢業	同	廣東省城河南政興里南約三號
郭巨楷	子範	二十九	山東萊陽	山東高等學校畢業	同	萊陽城內正和號轉
陳　瓚	龍溪	二十三	直隸易縣	北京法政專門學校修業	同	直隸易縣城內
王銘壽	鍾奇	二十九	山東安邱	山東高等學校畢業	同	安邱縣南關福源成號
袁襄翰	偉珍	二十四	廣西雒容	兩廣方言專門畢業	同	雒容縣城均和號又北京外城賈家胡同柳州會館

梁大年	伯元	三十三	廣西南甯	廣東高等畢業	同	邕甯縣蒲廟墟正和號又北京賈家胡同廣西南館
吳宗泰	周瑞	二十八	廣東吳川	廣東高等學校畢業	同	茂名鼇頭墟天益棧又北京潘家河沿高州會館
李壽祺	子籌	三十	廣東新甯	廣東高等學校畢業	同	台山公益埠永同春又北京騾馬市佛照樓轉
陳觀永	芑孫	二十六	直隸易縣	北洋大學預科修業	同	直隸易縣城內二道街路北又北京前門內棋盤街天裕菸局轉
楊培源	筱泉	三十一	甘肅臨潭	甘肅高等學校畢業	同	臨潭縣新城天順成轉又北京南橫街甘肅南館
許繼康	次平	二十七	山東堂邑	山東高等學校畢業	同	山東堂邑城內西街
王伯柄	潤民	三十	廣東東莞	廣東高等學校畢業	同	廣東省城河南洗涌榮慶坊安遇寄廬又東莞厚街鄉又北京爛縵胡同東莞會館
王顯忠	子恕	二十六	奉天撫順	奉天高等學校畢業	同	奉天省城大南關大什字街德順和
盧肇炳	耀樞	二十二	福建閩侯	本校預科畢業	同	福州城內東街孝義巷口
曲培書	翰臣	二十七	山東蓬萊	山東高等學校畢業	同	蓬萊縣署總務科統計股
李之果	象乾	三十	直隸定縣	北洋大學預科畢業	同	定縣城南七堡村
顧大徵	鼎秋	二十九	浙江上虞	本校師範科畢業	同	西河沿汾州營

馮廷立	直卿	二十六	廣東恩平	廣東高等學校畢業	同	香港蘇杭街恒裕泰又北京李鐵拐斜街肇慶西館
陸承鈞	柄辰	二十六	山西平定	山西大學高等畢業	同	平定縣西關大巷內本宅又北京琉璃廠魁和參局轉
黃俊	勇伯	二十二	湖南郴縣	廣益大學預科畢業	同	郴縣縣公試館又北京湖南館
饒文龍	起蟄	二十九	湖北鄂城	本校預科畢業	同	湖北鄂城金牛鎮轉太史第饒又北京東城禮士胡同
黃有易	孟健	二十九	江西石城	本校預科畢業	同	石城縣城東本宅又北京煤市街南口外贛甯新館
解鴻潤	子年	二十六	湖北廣濟	本校預科畢業	同	湖北廣濟恒源號又北京西堂子胡同廣濟館
邢允弟	次青	二十九	山東桓臺	北洋大學師範畢業	同	桓台縣城內永泰和代收轉聶家橋又北京大柵欄東頭路北瑞蚨祥
岳豫先	建戡	二十四	四川成都	本校預科畢業	同	四川成都又北京宣武門內安福胡同
曾劭勳	伯猷一字小魯	二十一	湖北漢陽	浙江高等學校畢業	同	武昌操家塘七號
孫從元	蘭畦	二十八	浙江奉化	浙江高等學校畢業	同	奉化蕭王廟鎮又北京琉璃廠新學會社
程體乾	健行	二十五	浙江黃岩	本校預科畢業	同	台州黃岩路橋孫益泰轉
任吉儒	眞卿	三十二	山東陵縣	山東高等學校畢業	同	陵縣城內視學公所轉任家莊

張泰永		二十六	山東蓬萊	明德大學法科修業	同	蓬萊縣欒家口德生棧轉上口小李村
陳士熊	子夢	二十八	廣東新寧	廣東方言學校畢業	同	台山縣屬石龍頭郵政局又北京前孫公園廣州七邑館
盧宗孚	伯雄	二十四	浙江海鹽	浙江高等學校預科畢業	同	浙江海鹽縣西門外
陳鋠	任垚	二十三	福建閩侯	本校預科畢業	同	福州城內安民巷又北京東老胡同
龔燾	禮田	二十二	福建閩侯	本校預科畢業	同	福州城內北門后街又北京東老胡同
陳毓汾	字壽源 號孝通	二十四	河南郾城	河南高等學校畢業	法科政治門	郾城縣城內大南街老當鋪院陳宅又北京宣武門外達智橋豫學校王達齋轉
孫學魯	續東	二十二	河南鞏縣	河南高等學校畢業	同	鞏縣東站鎮順興隆轉交又北京騾馬市大街嵩陽別墅收轉交
楊健霄	景蘇	二十六	江蘇無錫	本校預科畢業	同	無錫北門外大橋下人和綢莊又北京前孫公園無錫會館
彭瑩	祼蘭	二十五	湖南長沙	廣益大學預科畢業	同	長沙南陽街彭三和筆室又北京長沙館
廖書倉	大酉	二十七	湖南永興	廣益大學預科畢業	同	永興縣蕭是有店轉十八都又北京草廠十條上湖南館
劉麗	伯勵	三十三	廣東番禺	廣東方言高等畢業	同	廣東省城西關寶盛大街門牌十七號又北京前青廠番禺會館
徐文緯	素卿	二十六	浙江諸暨	浙江高等學校畢業	同	諸暨縣城外乾大昌行轉溪北又北京西河沿粉州營諸暨何轉

余啓鴻	鳳歧	三十	安徽宣城	本校預科畢業	同	宣城縣孫家垾章存心堂交又北京宣武門外鐵門宣城會館
孫維藩	介人	二十二	山東武城	山東高等學校畢業	同	武城縣東門裡路北又北京前門外氷窖胡同大東製帽公司
劉耀洲	仁普	二十二	奉天都河	吉林中學畢業	同	奉天柳河縣亨通山子居住通信處亨通山子街興隆厚轉交
王少右	右屏	二十八	山東鄆城	本校預科畢業	法科經濟門	山東曹州中學校
劉文晉	康侯	二十	山東濮縣	山東高等學校	同	山東河澤縣東門裏成堂街交
李恭用	永貞	二十三	山東曹縣	山東高等學校畢業	同	曹縣小學校又北京前門外氷窖胡同大東製帽公司
李宏增	翼唐	二十五	江蘇宿遷	本校預科畢業	同	徐州宿遷縣埠子集街東又北京騾馬市大街米市胡同徐州會館
吳燗章	芸臺	二十五	四川威遠	本校預科畢業	同	威遠鎮西鎮德厚長
黃明謨	俊森	二十三	湖南湘潭	廣益大學預科畢業	同	湘潭三門市黃天生和號又北京湘潭會館
楊敘然	少雲	二十五	湖南湘潭	廣益大學預科畢業	同	湘潭十六總正街振湘字號又北京保安寺街湘潭館
宗　布	伯宣	二十五	江蘇宜興	民國法政大學畢業	同	宜興徐舍萬森木行
王汝昌	翰仙	二十一	江蘇無錫	南京民國大學預科畢業	同	無錫大成巷王敬修堂又北京東四牌樓九條胡同

姚祖訓	崇伊	二十三	安徽貴池	本校預科畢業	同	江蘇南通縣東水關橋
于景伊	樂莘	二十九	直隸磁縣	北洋大學預科畢業	同	磁縣城隍廟街復勝和轉交
崔進升	翼如 義儒	二十五	陝西鄠縣	本校預科畢業	同	鄠縣東街衙門前照壁後林宅轉華陽村
陳其鹿	苹子	二十	江蘇崑山	南洋公學畢業	同	崑山縣陳墓鎮長埭
孫希文	希文	二十	江蘇無錫	上海工業專門學校畢業	同	無錫石塘灣
陳燦	晢墀	二十三	湖南保靖	湖南廣益大學預科畢業	同	長沙府正街恒茂衣店內伍承基堂轉
張煦	蔚彬	二十六	湖南沅陵	廣益法政預科畢業	同	沅陵縣李永茂烟號轉交又北京前門外辰沅館
陳善慶	仲羲	二十二	廣東順德	廣東方言學校畢業	同	廣州城西十三甫二十一號又北京宣武門外海北寺街順德邑館
吳宗燾	公魯	二十一	浙江吳興	中國公學大學預科畢業	同	上海派克路昌壽里一七〇三號
葉淵	采眞	二十五	福建安溪	吳淞中國公學畢業	同	廈門安溪縣參內又北京後孫公園泉郡會館
楊立人	述禹	二十三	安徽懷遠	本校預科畢業	工科土木門	懷遠縣東門外
孫葆璋	彥煒	二十七	福建閩侯	本校預科畢業	同	福州城內東街又北京宣武門外下斜街

虞葆初	夢麒	二十七	安徽合肥	本校預科畢業	同	合肥縣中學校西首本宅
劉錫彤	子覞	二十三	直隸灤縣	本校預科畢業	同	直隸開平永泰號又北京崇文門內盛興洋行
程式玉	琢君 卓君	二十一	安徽合肥	本校預科畢業	同	合肥三牌樓西
張慶勳	麟閣	二十五	直隸武清	本校預科畢業	同	武清縣城內南街
沈壽椿	蔭儂 隱儂	二十五	浙江紹興	本校預科畢業	同	浙江紹興小皋部村寄居天津北門內大儀門口又北京西柳樹井越中先賢祠
孫同人	伯亭	十八	安徽舒城	本校預科畢業	同	北京順治門外大街皖舒孫寓
蔡孝肅	仲甘	二十	江西九江	本校預科畢業	同	江西九江蓮花洞又北京東城甘雨胡同
夏宗淮	雨生	二十一	浙江鄞縣	本校預科畢業	同	寗波城內線墻衕
高禮筠	士青	二十一	湖北孝感	高等工業專門	同	孝感縣楊家河轉栗林店樂愚堂又北京西磚胡同七號
周翙	次由	二十三	安徽合肥	本校預科畢業	同	合肥西鄉壽萱莊寄廬天津周公祠
王宗魁	聚五	二十五	直隸定縣	本校預科畢業	同	定縣東亭鎮永順號
閻應徵	待三	二十三	山西鄉寗	本校預科畢業	同	鄉寗縣城

李步墀	心源	二十五	四川彭縣	本校預科畢業	同	彭縣城內小北街
李榮先	菊侯 祖光	二十六	直隸遵化	北洋大學	同	直隸遵化縣城內廣昇厚
王寶樞	翊唐	二十七	直隸通縣	順天高等畢業	同	北京東安門外韶九胡門
朱宗畬	新吾	二十二	安徽合肥	本校預科畢業	同	合肥宏沂典
婁定禮	季常	二十	安徽合肥	本校預科畢業	同	合肥范巷口本宅
董文甲	占元	二十四	直隸豐潤	本校預科畢業	同	豐潤唐山稻地鎮廣聚永
邵基	新礎	二十五	江蘇太倉	南洋公學	同	太倉浮橋鎮
邵銓	孟剛	二十	江蘇太倉	南洋公學	同	太倉浮橋鎮
陳傑		二十一	福建閩侯	直隸工業專門	同	天津日租蓬萊街又本京林清宮
王詩城	思成		浙江甯波		同	甯波城內小教場
區念祖	孝伯	二十四	廣東南海	本校預科畢業	同	廣州城十八甫昭隆泰又北京米市胡同南海會館
胡榮銓	衡丞	二十七	浙江永嘉	本校預科畢業	工科採冶門	溫州南門外菜院寺下金絲橋蔡宅又北京宣武門教場五條溫州新館

林士模	可儀 省吾	二十三	浙江武康	本校預科畢業	同	武康三橋埠
郝振達	質卿	二十六	山西平定	本校預科畢業	同	平定縣西郊鎮中閣西 又北京東四牌樓北天和永皮局或交西河沿亨泰永皮店
江祖純	次鷹	二十三	福建莆田	本校預科畢業	同	莆田縣涵江鎮豫大公司
黃肇修	志烜	二十四	四川南溪	本校預科畢業	同	南溪縣上正街黃廣興
余名鈺	秀生	十九	浙江鎮海	南洋高等學校畢業	同	鎮海東管鄉大市堰
傅九皋	謨虞 澤波	二十八	直隸冀縣	直隸高等學校畢業	同	冀縣官道李鎮慶升錦轉交又北京琉璃廠龍文閣
李芳園	序倫	二十七	直隸臨榆	直隸高等學校畢業	同	直隸臨榆縣秦王島又北京打磨廠廣信公司
程經遠	負蒼	二十五	浙江黃岩	江南高等實業修業	同	黃岩北門李協泰號轉又北京前青廠黃岩會館
魯邦瞻 原名鵬飈	望巖	二十三	安徽合肥		同	合肥城內三牌樓
方鎮江	牧華	二十三	湖南新化	本校預科畢業	同	北京前門外草廠五條
姚祖詒	倜若	二十二	安徽貴池	本校預科畢業	同	安徽石埭寄居江蘇南通縣榴橋姚廬
王猷	徽之	二十五	四川溫江	本校預科畢業	同	成都文廟後街二十一號

馬家驥	永年	二十	四川慶符	四川高等學校畢業	同	敘府小較場四美源又北京西河沿後鐵廠敘州館
彭善倓	靜白	二十六	湖南永順	本校預科畢業	同	永順敖生和店轉又北京永光寺中街永靖會館
周文燮	仲理別號天雲居士	十九	江蘇上海	上海浸會大學	同	上海喬浜路十五號又北京延壽寺街吳縣館
孫雲麐	海波	二十	江蘇高郵	兩江優級師範畢業	同	高郵梁逸灣又北京京兆尹署孫鼎轉
譚曾烈	伯英	二十五	江蘇高郵	兩江優級師範畢業	同	高郵樊川鎮
戴明之	樹冬	二十一	江蘇江都	上海浸會大學	同	揚州東關街
戴夔生	夔生	十八	湖北黃陂	廣益大學預科	同	湖北黃陂囁口

分科一年級旁聽生

姓名	別號	年歲	籍貫	經過學校	所學門類	通訊處
趙緯	献集	二十九	四川南充		文科英文門	南充縣正南街翕阜成記又北京米市胡同淵廬
周維華	公阜	二十七	廣西桂林	本校預科畢業	同	廣西桂林又北京白米斜街
林佑昌（原名棣昌）	箏庭	二十	福建閩侯	福建工業學校畢業	同	福州城內安民巷又北京東城嘎嘎胡同
吳書勳	杭生	二十五	安徽涇縣	浙江高等學校肄業	同	涇縣茂林村綠野堂又北京南橫街涇縣館
游漢光	羽霄	二十四	福建閩縣	本校預科畢業	理科物理數學門	福州城內光祿坊又北京北池子井兒胡同林宅
陳宏裕	次寬	二十九	山西猗氏	本校預科畢業	法科法律門	猗氏縣牛杜鎮南門洞岳念堂先生轉
關紹棨	伯規	三十一	廣東南海	本校預科畢業	同	廣州城十七甫麗安公司又南海九江鎮德和押又北京米市胡同南海會館
李世桂	志吾	二十六	江西臨川	本校預科畢業	同	清江浦北門內荷花池西巷又北京裘家街臨川館
楊宗炯	仲傑	二十六	江蘇句容	本校預科畢業	同	江蘇句容縣城又本校預科
陳維崧	泉珊	二十八	福建莆田	福建高等學校正科畢業	同	莆田城內井頭街又北京騾馬市賈家胡同莆陽館

胡平	疇工	二十三	安徽績溪	山西大學肄業	同	績溪城東本宅又北京椿樹頭條績溪會館
金鍊	在鎔	二十五	江蘇常熟	山西大學肄業	同	常熟南門外童益和米行轉寄練塘本宅又北京爛縵胡同常昭會館
蕭純錦	絅庵 叔絅	二十六	江西永新	本校預科畢業	法科經濟門	永新縣協義生號轉南汶村又北京前門外抄手胡同吉安二忠祠
汪正衡	蜀安	二十八	四川涪陵	中國公學預科畢業	同	涪陵縣清溪鎮
陳卓然	門華	二十六	廣東台山	美國華特瓦斯高等學堂畢業	同	台山陳邊車站
沈修鏞	百泉	三十二	安徽懷甯	安徽高等學校畢業	同	安慶城內雙蓮寺街口又北京大佛寺馬宅
喻程九	程九	二十八	奉天梨樹	法政專門預科畢業	同	梨樹縣
程家桐		二十四	安徽休甯	本校預科畢業	同	順治門外丞相胡同休甯館
趙履祺	仲綏	二十四	浙江嘉興	本校預科畢業	工科土木門	嘉興城內縣後街
陳維	同之	二十三	江西贛縣	本校預科畢業	工科採冶門	贛縣城內南大街陳宅又北京宣武門外官菜園上街

分科一年級休學生

姓名	別號	年歲	籍貫	經過學校	所學門類	通訊處
毛常					文科	
劉天驥					文科	
魏培中					文科	
瞿祖輝					理科	
馬頌武	騁東				理科	上海西門外羊尾橋西
汪寶珊	鐵生		江蘇如皋		理科	如皋石莊鎮汪萬通轉
秦福棣					法科	
李蔭穠	挹清		四川蓬溪		法科	蓬溪上河街三元堂藥鋪交
王鴻訓	承周		直隸定縣		法科	定縣清風店益盛號轉

預科三年級學生

姓名	別號	年歲	籍貫	經過學校	所學門類	通訊處
王顯謨	效文	二十三	浙江黃岩	浙江安定中學校畢業	一部英文班	浙江海門鎮路橋源美號轉
池兆佳	眉遂	二十二	福建閩侯	財政學堂	同	北京東城嘎嘎胡同
張厚載	采人	二十	江蘇青浦	北京高等工業專門學校	同	北京西河沿
郭壽彭	再鑀	二十二	直隷肅甯	河間府中學校畢業	同	肅甯縣東關天利號轉交玉皇廟村
籍孝箴	剛伯	二十二	直隷任邱	南開中學校畢業	同	任邱琴召鎮隆聚恒號轉
沈沅	誦之	二十二	江蘇武進	復旦學校	同	武進大街天泰茶店又北京西城十八半截南太常寺
梁兆琛	寶南	二十四	直隷安新	財政學堂	同	直隷安新縣新安鎮城內
龔千艾	東儒	二十四	江西南昌	財政學堂	同	江西省城內臬司前乾豐祥號轉交
張淩雲	矩曾	二十三	直隷昌黎	財政學堂	同	直隷昌黎縣城內東街

預科二年級學生

姓名	別號	年歲	籍貫	經過學校	所學門類	通訊處
黃中	守庸	二十三	江西清江	財政學堂	一部德文班	揚州仙女廟南灘
江永一	子禹	二十六	四川資陽	財政學堂	同	資陽丹山鄉
牛金栗	程遠	二十二	河南祥符	財政學堂	同	河南封邱永德堂轉
陳愿	虞表	二十四	四川富順	財政學堂	同	本京西磚胡同
張在田	惠菴	二十四	直隸凌源	保定育德中學畢業	同	綏中縣西關福育合轉
趙世祿	受百	二十一	直隸天津	南開中學五年級	同	天津大直沽民六小學轉
吳蔭光	實齋	十八	河南固始	南開中學	同	北京北池子
沈紹昌	仲恢	二十五	江蘇海門	江蘇省立第七中學畢業	同	江蘇海門聚星鎮
王修	修吾	十九	江蘇南通	宜興彭城中學四年級江蘇陸軍小學	同	江蘇南通東門外三里墩
傅斯年	夢簪	十九	山東聊城	天津官立中學	一部英文班	山東聊城縣北門內

毛以亨		十九	浙江江山	安定中學及上海民立中學	同	杭縣小粉墻八十六號
馬洪煥	旭樓	二十二	廣東台山	廣州中學校畢業	同	廣東台山新昌埠怡豐
朱一鶚	橫秋	二十三	浙江東陽	浙江第七中學畢業	同	縣內傅鼎和轉后唐閣
袁同禮	守和	二十	直隸安肅	畿輔學校	同	天津鼓樓東扛張胡同
莊汝霖		二十五	廣東會同	南京暨南學堂肄業	同	南洋檳榔嶼廣東街泰利公司
何佩芬	幼清	二十四	浙江義烏	浙江第七中學畢業	同	義烏城內梅宏泰號轉
趙　健	捷先	二十一	浙江蘭谿	浙江第七中學畢業	同	蘭谿永昌鎮
胡維鵬	超之	二十五	浙江江山	浙江第八中學畢業	同	江山清湖鎮源茂號收交
梁焯章	著南	二十一	直隸滿城	保定中學校畢業	同	保定府西關吉慶公石廠
周炳琳	枚蓀	二十二	浙江黃巖	縣立中學校畢業	同	黃巖城隍廟前周德盛號
郭景誼	續勛	二十	直隸東鹿	保定官立中學畢業	同	東鹿城內同慶長
李舜欽	遜近	二十五	江蘇泰興	上海南洋中學校肄業	同	江蘇泰興黃橋東大街

譚壽祺	祝彭	二十二	廣東台山	廣州中學校畢業	同	廣東台山西寧市同仁堂
吳忠元	子剛	二十二	直隸清苑	保定中學校畢業	同	清苑城內大箭道街西
劉紹寵	伯藩	二十四	奉天遼陽	奉天中學校畢業	同	遼陽劉二堡益盛隆
徐贊化	澄海	二十二	奉天海城	奉天中學校畢業	同	海城協昌源
沈稟懿	賦清	二十三	直隸故城	河間中學畢業	同	故城鄭鎮謙益恒轉
韓壽晋	元遜	十九	浙江紹興縣	浙江第五中學畢業	同	紹興瀝渚
童亞鎭	夏城	二十三	浙江嵊縣	浙江第五中學畢業	同	浙江上虞章家埠錦源雜貨號轉下王
蔣鼎峙	旨美	二十四	浙江諸暨	浙江安定中學校畢業	同	諸暨磨石山
樓由	兆達	二十三	浙江諸暨	浙江第一中學畢業	同	杭州中清巷
張葆眞	性如	二十三	直隸新河	冀縣中學校畢業	同	新河縣辛章鎭恒隆號
李潤身	雲汀	二十二	直隸新河	冀縣中學畢業	同	南宮縣詩寨同和成
張慶開	心泉	二十	直隸冀縣	南開中學	同	冀縣北楮宜廣泰成

陳治策	忘我	二十	河南鄭州	求實中學	同	鄭州城內文林閣紙店
蘇華楨	祝辰	二十六	直隸故城	河間中學校畢業	同	德州西河渠鎮轉董學村
劉顯周	時之	二十二	直隸任邱	河間中學校畢業	同	天津西馬廠轉梁召鎮交軍莊村
張海觀	鏡寰	二十二	熱河凌源	保定育德中學畢業	同	綏中縣福育合
揭葆貞	正孚	二十四	直隸河間	河間中學校畢業	同	天津馬廠西光各莊轉交
李四杰	伯豪	二十二	湖北黃陂	湖北鑛業學校	同	武昌文家廠第六號
張鳳翬	卓犖	二十六	直隸新城	保定中學畢業	同	京南白溝河鎮慶興皮鋪
薛宗周	維新	二十二	直隸磁縣	直隸高等學校預科畢業	同	磁縣北關
楊濟華	濟華	二十一	江蘇無錫	南洋公學	同	無錫北門內道場巷底第一號
吳澄	志清	二十	江蘇武進	上海中等商業學校畢業	同	濟南南新街
項鎮藩	介人	十九	江蘇上海	財政學堂	同	上海閔行鎮
齊植棻	治棼	二十一	直隸天津	南開中學校畢業	同	北京宣武門外前青廠

錢家楨	建廷	二十一	江蘇無錫	上海中等商業學校畢業	同	江蘇無錫揚墅園
黃章甫	念伯	二十五	四川永川	財政學堂	同	重慶大安場中街
李珍	幹庭	十九	浙江杭縣	上海民立中學	同	杭州中后市街
何德奎	星五	十九	浙江金華	浙江第七中學畢業	同	浙江金華碼頭何茂盛號
王新民	絛如	二十四	奉天新民	奉天兩級師範畢業	同	新民縣屬大民屯德升恒轉
郭振唐	景汾	二十	山西文水	順天高等學校	同	天津楊柳青東渡口河南崔家胡同張景周轉交
曹安良	靖民	二十二	直隸東鹿	保定中學校畢業	同	東鹿縣辛集鎮永育升轉
吳勃	卓興	二十二	直隸清苑	保定中學校畢業	同	保定府城內大金線胡同路北
高恩濤	靜瀾	二十一	奉天撫順	奉天中學校畢業	同	奉天省城大北關同益店轉
徐延慶	莘農	二十一	江蘇灌雲	浙江第一中學畢業	同	灌雲縣板浦鎮大魚市口
陳閭儒	鶴蓀	二十一	奉天遼陽	奉天工業專門學校	同	奉天省城大西門裡瀋陽縣東隔壁陳公祠
程學贛	直甫	二十	四川雲陽	吉林師範學校畢業	同	四川雲陽縣小江鎮同興和轉慈灘里

涂　彊	子雯	二十三	四川雲陽	夔州中學校畢業	同	四川雲陽縣盤沱東茂隆
王毓桂	鐵珊	二十三	奉天遼陽	奉天中學校畢業	同	奉天遼陽城內慶順成
賈德章	華黼	二十二	奉天海城	奉天中學校畢業	同	奉天海城內天福堂
李紹白	西庚	二十四	直隸容城	保定中學畢業	同	京漢路固城鎮裕餘成轉交
張贊勛	襄國	二十七	直隸安平	保定育德中學畢業	同	安平縣城內萬慶成轉
馬漢之	倬雲	十七	直隸定縣	定縣中學畢業	同	定縣清風店天成永
張鵬飛	昜卿	二十一	直隸南宮	保定師範中學畢業	同	南宮縣城內北街育生藥店
胡慶頤	叔午	二十一	安徽太平	五城中學	同	北京草廠三條太平會館
保君建	既星	十八	江蘇南通	南洋中學	同	北京順治門外南通會館
貫永鑑	伯華	二十五	直隸新城	保定中學校畢業	同	新城縣白溝河長盛公布店
徐恭典	敬五	二十一	江西玉山	浙江第八中學畢業	同	浙江常山縣徐裕源行
趙蘊琦	卓甫	十七	京兆大興	北京第一中學畢業	同	北京城內鼓樓東北鑼鼓巷

王[illegible]綸	沛三	二十三	直隸高陽	保定高等師範中學畢業	同	高陽莘橋鎮增順成轉
侯會亭	振民	二十五	直隸高陽	保定官立中學畢業	同	高陽城東南大團丁鎮小泉號轉
陳嘉藹	杭甫	二十二	廣東番禺	廣州中學畢業	同	廣州省城南關
陳祖蔭	子強	十九	廣東香山	國民大學商科	同	上海北四川路宜東里一千二百八十七號
張雲鶴	騰霄	二十	直隸束鹿	深縣中學畢業	同	束鹿雙井鎮
劉景任	步堂	十九	直隸安新	保定高等師範中學畢業	同	安新縣同口轉交北馮村
高鴻南	伯達	二十二	直隸新河	南開中學畢業	同	直隸新河縣郵務局
馮中鉽	決柔	十八	浙江鄞縣	浙江第四中學畢業	同	甯波江北岸四明日報館轉
董毓蕙	佩芬	二十二	直隸新城	保定中學校畢業	同	霸縣城內立盛號轉
張書田	興畬	二十四	直隸唐縣	保定中學校畢業	同	唐縣城內益晉恒轉
彭繼盛	子嵩	二十	湖南長沙	長沙中學畢業	同	湖南省城北門富雅里
蔣蓉闕	步墀	二十	直隸蠡縣	育德中學校畢業	同	高陽莘橋鎮德興成轉

張繼良	德廷	二十三	湖北蒲圻	武昌中學校畢業	同	湖北蒲圻城內成履太號轉
陸善焜	化南	二十六	廣西象縣	五城中學	同	廣西修仁縣桐木墟轉
張世俊	彥三	二十五	甘肅碾伯	甘肅礦務中學畢業	同	蘭州行政公署教育科轉
陳桂芬	洪九	二十四	湖北沔陽	漢陽中學畢業	同	沔陽縣城外下關
陳毓秀	伯郁	二十四	奉天莊河	奉天高等學校預科畢業	同	奉天莊河縣青堆子乾德厚轉
張步高	奎山	二十四	陝西華縣	宏道高等補習科畢業	同	陝西華縣西關全興合轉
徐佐	輔之	十九	浙江富陽	安定中學	同	富陽縣西門陳永順轉
沈德鴻	雁冰	十九	浙江桐鄉	安定中學校畢業	同	桐鄉烏鎮泰興昌號
樓雲漢	梯雲	二十七	浙江義烏	浙江第一中學畢業	同	義烏城內交孟茂昌收轉十里牌樓
金長祉	如九	二十一	奉天瀋陽	奉天中學校畢業	同	奉天小東關上坎胡同
王毓琦	芍圃	二十二	直隸阜城	河間中學校畢業	同	阜城門內高等小學轉交王家村
劉秉憲	亦廉	二十二	直隸懷安	宣化中學校畢業	同	懷安縣城內北街女學校轉

郭文光	耀齋	二十四	陝西華縣	宏道高等學校中學畢業	同	陝西華縣赤水鎮義順通轉
趙鴻業	燕蓀	二十一	奉天開原	北京東三省中學畢業	同	奉天開原公濟當
郭金章	治平	十九	安徽合肥	順直中學畢業	同	天津西門大街
陶應霖	寶賢	二十一	廣東文昌	南京暨南學堂	同	南洋日麗棉蘭埠萬豐號收
傅天啓	法乾	十九	山西陽高	清華學校	同	陽高東井集鎮義淵永轉小石莊
史瀹美	禹初	二十	直隸遵化	遵化中學	同	遵化縣北十字街
邢玉書	麟洲	二十六	直隸阜新	朝陽中學畢業	同	黑山縣北新立屯德增店轉招束溝
黃輝鼎	若虛	二十四	湖北黃安	湖北第一中學畢業	同	黃安縣八里灣張泰興號轉交黃家崗
黃壽鼎	益吾	二十三	湖北黃安	黃州中學校畢業	同	黃安縣八里灣張泰興號轉交黃家崗
鮑貞	駒昂	二十三	江蘇宜興	江寗中學畢業	同	宜興鼎山鎮鮑信誠行
張馨	明先	二十二	奉天鐵嶺	省立中學畢業	同	奉天小西門內北大門胡同義合永轉
譚驥	樂驅	二十一	京兆宛平	求實中學畢業	同	北京西安門內光明殿南頭

趙鍾琦	效韓	二十二	湖北江陵	求實中學畢業	同	荊州府治南門賓興街
吳家象	仲賢 喆生	二十四	奉天義縣	省立中學校畢業	二部英文班	奉天義縣東街永陞堂書局交
闞家騏	軼羣	二十一	安徽合肥	財政學堂	同	安徽合肥東鄉石塘橋鼎盛染房
呂佐賢	紹周	二十四	安徽旌德	財政學堂	同	本京順治門外菓子巷羊肉胡同旌德新館
俞九恒	重威	二十一	浙江海甯	江南製造局兵工專門學校	同	海甯東門外
潘元耿	元耿	二十三	浙江餘杭	浙江第一中學畢業	同	餘杭城外馬家弄恒升昌
洪壽彭	仲槐	二十三	浙江新登	浙江第一中學畢業	同	新登西門外裕和棧轉
張澤熙	豫生	十八	江西鄱陽	北京高等師範附屬中學	同	江西省垣六眼井又北京潘家河沿又天津鼓樓東東胡同
蕭衞	仲勛	二十六	浙江太平	浙江第一中學畢業	同	浙江溫嶺新河郵局轉
牟振飛	正非	二十二	浙江黃岩	浙江第六中學畢業	同	浙江黃岩縣西鄉茅畬街
譚聲丙	爕卿	二十	安徽合肥	財政學堂	同	合肥城內三牌樓東
李冰	潔民	二十	安徽合肥	廬州中學	同	合肥城內四牌樓南

劉兆璸	毅人	二十	安徽合肥	廬州中學畢業	同	合肥西門楊巷對面
閻鴻勳	翼卿	二十二	直隸唐縣	保定中學畢業	同	直隸定縣磚路鎮王得利轉至倒馬關交
吳景祺	康民	二十六	奉天瀋陽	奉天高等學堂補習中學畢業	同	奉天南滿鐵路綫沙河驛轉交
賈懷珍	佩珩	二十五	直隸蠡縣	保定育德中學畢業	同	直隸高陽縣城內德信公轉交
靳鍾麟		二十一	直隸蠡縣	保定育德中學畢業	同	直隸高陽莘橋
李澄寰	鏡清	二十二	直隸高陽	保定育德中學校畢業	同	直隸高陽縣莘橋鎮義興泰
侯簡	又可	二十二	陝西富平	陝西宏道中學畢業	同	陝西三原縣山西街萬順德號轉交
顧步瀛	萊伍	二十三	陝西華縣	陝西宏道中學畢業	同	陝西華縣城內公成合號轉交
楊鶴瑞	季符	二十一	陝西華縣	宏道高等學校補習中學畢業	同	陝西華縣城內公成合號轉交
齊昌豫	哲羲	二十三	直隸蠡縣	育德中學畢業	同	直隸高陽縣莘橋鎮協力永轉西堤庄
王守則	矩之	十九	江蘇吳縣	財政學堂	同	天津新車站人和里十五號
羡書鳳	摛章	二十一	直隸冀縣	保定高等學校附屬中學畢業	同	直隸冀縣官道李鎮慶和成

姓名	字	年齡	籍貫	學歷	科別	通訊處
李芳桂	輪秋	二十一	直隸衡水	保定高等學校附屬中學畢業	同	直隸衡水縣天成號
陳寶書	質谷	二十五	直隸豐潤	南開中學畢業	同	直隸豐潤縣豐台鎮衍慶堂又北京南橫街果子巷
龔開平	憲初	二十	福建晉江	泉州公立中學畢業	同	泉州城內舊館驛
劉書芳	馨山	二十三	直隸雄縣	保定官立中學畢業	同	雄縣高等小學堂轉交孤庄頭村
趙春江	濯民	二十三	直隸唐縣	育德中學校畢業	同	清風店車站慶裕恒煤廠
梁淵德	鑑涵	二十三	直隸豐潤	南開中學校畢業	同	唐山西新軍屯恒太號轉南坨庄
崔錫霖	雨三	二十二	直隸望都	保定中學校畢業	同	直隸定縣大新庄元益隆轉交建安村
張鸞誥	彩章	二十三	直隸蠡縣	保定官立中學畢業	同	蠡縣大百尺鎮義和油店轉交南許村
杜聯凱	振武	二十二	直隸天津	南開高等班	同	天津楊柳青
湯沛清	佩青	二十三	江蘇武進	南開中學畢業	同	保定帥府胡同
闞景新	淑宸	二十一	直隸甯津	南開中學	同	御河連鎮交義和成轉交
茹譽永	堯頌	二十一	直隸清苑	南開中學畢業	同	清苑縣城內秀水胡同

齊植棨	戟門	二十一	直隸天津	南開中學畢業	同	天津楊柳青健隆號
齊鼎晉	錫侯	二十一	直隸天津	南開中學畢業	同	天津楊柳青獅子胡同
尹承紱	勛誠	二十五	直隸天津	南開中學畢業	同	天津城西呂祖堂前
羅汝榮	予耀	十九	廣東東莞	縣立中學校畢業	同	東莞城內馬齒巷第二號
陳邦懋	乃恭	二十五	浙西義烏	上海浸會大學肄業	二部英文班	浙江義烏縣西門
陳邦濟	乃謙	二十一	浙江義烏	上海南洋中學	同	浙江義烏縣西門
楊鐸	警吾	二十四	浙西義烏	浙江第七中學畢業	同	浙江義烏縣王義和號轉交柳村
鄭業霽	魯生	二十五	湖南長沙	湖南高等學校	同	長沙尊陽都金井郵局送卞邊山轉交
錢輝宸	拱北	二十二	江蘇太倉	江蘇第四中學畢業	同	太倉城內江家街口
張振祚	琴典	二十	江蘇嘉定	江蘇第四中學畢業	同	上海南市竹行關新街三多里三十二號
楊濟成	學西	十八	江蘇無錫	南洋公學	同	無錫北門內道長巷第一號
嚴爽	灤波	二十三	江蘇泰興	兩江師範公共科畢業	同	江蘇泰興春生堂轉

何祖瀛	仙舟	十九	江蘇泰興	南通縣中學肄業	同	江蘇泰興黃橋大街
齊汝璜	韻瑲	二十一	直隸蠡縣	保定育德中學畢業	同	高陽南莘橋鎮大德堂
廖國器	雲程	二十三	廣東合浦	廉州中學校畢業	同	合浦南康珠江學校
徐繼勉	紹修	十七	廣西南甯	南甯中學畢業	同	南甯城內縣前街黃勝源號
馮湛耀	輝廷	二十	廣東番禺	香港皇仁書院	同	廣東番禺黃埔
程訪源	訪源	二十四	廣東香山	天津新學書院	同	香山南萌亨美鄉程沖漢堂
張興華	翼民	二十二	山東平原	中學畢業	同	平原東關耶穌教堂
宋玉峯		二十四	直隸玉田	中學畢業	同	
陳鴻順	遇卿	二十三	浙江餘姚	浙江宗文中學畢業	同	餘姚滸山河角
張爾敬	欽齋	二十二	直隸安平	深縣中學畢業	同	饒陽縣東張岡廣興隆
佟潤田	子霖	二十一	直隸安平	深縣中學畢業	同	直隸祈縣五仁橋隆順祥
李玉珍	聘之	二十三	直隸肅甯	河間中學畢業	同	肅甯城內聚興樓轉西葛家庄

李寶書	玉森	二十三	直隸肅甯	河間中學畢業	同	饒陽尹鎮協成元轉亘成南村
劉翼章	羽臣	二十一	直隸任邱	河間中學畢業	同	任邱城內和順號
魏福繇	延齡	二十六	浙江上虞	浙江第五中學畢業	同	上虞章鎮德心堂轉魏村
王鏡清	鑑秋	二十一	浙江嵊縣	浙江第五中學畢業	同	上虞章鎮陳永昌染坊轉蘆田
齊汝泉	廣甫	二十六	直隸唐縣	保定官立中學畢業	同	直隸唐縣城內益晉恒轉交
許有益	受謙	二十五	浙江鄞縣	浙江第四中學畢業	同	甯波鄞江橋介壽堂轉交
何文英	漢三	二十四	廣東順德	廣州中學校畢業	同	廣東佛山金線街二十七號又廣州城太平街均信號
黃漢捷	重德	二十三	廣東南海	南海中學畢業	同	廣州城雙門底黃中璜
齊錦屏	伯文	二十三	直隸蠡縣	保定優級師範附屬中學	同	高陽南莘橋鎮協力永轉握紐莊
車指南	向離	二十六	直隸濮陽	中學畢業	同	濮陽高等小學
桂山	馨一	二十八	奉天義縣	京師公立第二中學	同	奉天義縣福源店轉交
王正己	浣生 瀞心	二十	湖南長沙	中學畢業	同	長沙馬家巷普嘉公義茂林代收轉金雞坤

邵元濟	蓍舒	二十一	浙江紹縣	復旦公學	同	上海徐家匯孝友里五十九號
何侑	新霖	二十一	江蘇泰興	南通師範學校畢業	同	江蘇泰興黃橋何隆昇
藍芬	仲芳	二十	江西高安	復旦公學	二部英文班	高安城北信義昌號
龍承爔	雲樓	二十三	江西永新	湖南明德中學畢業	同	長沙省城內織機巷龍世德堂
梁國常	荷泉	二十三	山東榮城	北京高等師範附屬中學	同	山東威海衛城內福順祥號轉
唐虞	景周	二十一	安徽合肥	金陵大學	同	合肥城西唐家圩又北京松樹胡同
佟良仁	壽天	二十	奉天瀋陽	奉天實業中學	同	奉天大南關小十字東本宅
譚聲傳	斆曾	十九	安徽合肥	上海約翰大學	同	廬州城內前街又北京東老胡同
陳培澤	潤民	二十六	直隸安新	保定中學畢業	同	安新縣同口鎮百忍堂
孟慶綸	錦綬	二十二	直隸新城	保定官立中學畢業	同	定興縣城內瑞恆昌轉交
潘文		二十三	廣東梅縣	江漢大學預科	同	九江城內大街門牌十號
黎樾廷		二十二	廣東東莞	縣立第一中學畢業	同	北京上斜街東莞新館

張毓麟	紀瑞	二十二	直隸樂亭	永平中學畢業	同	灤縣唐山南高各庄鎮郵局交潘各莊樹德堂
孟憲章	觀成	二十五	直隸樂亭	永平中學畢業	同	樂亭縣三義隆又同和發
李際唐	景虞	二十二	直隸肅甯	河間中學校畢業	同	肅甯縣梁家村巡警局轉
劉榮槐	貴三	二十一	直隸阜城	中學畢業	同	阜城縣城北黨家莊
張傑	文思	二十四	四川叙永	叙永中學	同	叙永東大街不糊塗
邵福禹	慧甫	十九	江蘇常熟	北京高等師範附屬中學三年級	同	宣武門外四眼井
畢榮光	紹明	二十三	浙江山陰	高等師範附屬中學	同	北京西交民巷中街
袁永熙	積成	十七	貴州貴筑	北京高等師範附屬中學	同	彰儀門下斜街土地廟
李濂鏜	杏南	十九	直隸冀縣	高等師範附屬中學	同	冀縣城西碼頭木子莊鎮友于堂
趙世忠	恕堂	二十三	直隸懷來	宣化中學畢業	同	本縣城內德福永轉交
徐萊瀛	少朱	二十四	直隸懷安	宣化中學畢業	同	懷安城眞武廟塲
黃岫生	原名雲清	二十一	奉天遼陽	奉天實業學校畢業	同	遼陽西劉二堡富有新轉三岔子

陳登淮	玉衡	十九	湖南	澧縣		同	澧縣津市聚湾棧轉交
鄧振先	覺民	二十六	黑龍江	巴彥	本省第一中學畢業	同	本縣城內同和義轉交
任殿元	式三	十九	河南	南陽	第一中學畢業	同	本縣城內老關帝廟西
張清漣	文濤	十九	河南	南陽	河南優級師範附設中學畢業	同	南陽城內北長春街路西仕城西白莊
徐懷芳	善正	二十三	直隸	磁縣	保定育德中學畢業	同	磁縣城內高等小學校長轉交
高煥慶	文齋	二十二	山西	稷山	河東中學校畢業	同	稷山翟店鎮廣盛高號轉白氾村
高墨林	硯農	二十五	直隸	深縣	縣立中學校畢業	同	深縣東關
張霄舫	仙舟	二十二	直隸	南宮	協和大學	同	棗強縣大營鎮恒信錢局轉南白塔村守本堂
王志果	佩珩	二十四	奉天	海城	奉天中學校畢業	同	奉天海城虎獐屯振聲海
于　廉	子序	二十四	奉天	蓋平	省立中學校畢業	同	蓋平大石橋同慶利
吳伯琴	韻仙	二十三	直隸	安新	保定中學畢業	同	高陽縣城內西街中興棧轉交趙口村
邢允範	淑青	二十	山東	新城	北京高等師範附屬中學	同	北京東安門外迤北達教胡同

胡哲謀	子貽	十八	浙江	慈谿	杭州安定中學畢業	同	浙江寧波城慈北觀城
尹元勳	聘伊	二十二	湖北	黃安	湖北第一中學畢業	同	湖北黃陂河口宋永興轉交
梁敬錞	衡友	二十三	福建	閩侯	南洋中學	同	閩縣閩山巷
王朱曦	仲訪 世民	二十	浙江	黃岩	南洋中學	同	黃岩縣草巷王春源號
王　鎮	程九 振鵬	二十四	山東	榮城	威海衛安立甘中學畢業	同	榮城縣內郵務總局交
谷　風	鐸辰	二十二	京兆	通縣	北京第四中學校畢業	同	京兆北通縣南街
彭壽人	卓臣	二十一	湖南	藍山	明德中學畢業	同	縣城龔天元代收
李　超	漱山	二十三	湖南	藍山	明德中學畢業	同	縣城黃吉泰代收
張國堯	劍秋	二十	廣東	梅縣	梅縣中學畢業	同	梅縣城啟新書局
吳　弼	佑臣	十九	福建	莆田	興化中學校畢業	同	莆田縣府后巷又北京東單牌樓大羊宜賓胡同門牌六號
王葆光	剛吾	二十	直隸	定縣	高等師範附屬中學畢業	同	定縣清風店天義成轉交南支和村
齊畫屏	攀閣	十九	直隸	蠡縣	清苑北關附屬中學畢業	同	高陽縣南莘橋鎮協力永轉交握紐庄

張光璧	穀臣	二十三	山西平定	平定中學畢業	同	平定縣城內姑寺巷又北京東四牌樓北天和永皮貨店
姚湶	子淸	二十四	河南南陽	南陽第一中學畢業	同	河南南陽縣東門內
郭金鼐	秉和	二十	安徽合肥	順直中學畢業	同	天津西門大街
慈德顯	作民	二十	安徽桐城	安慶六邑中學畢業	同	安慶孔城鎮德恒祥店轉
徐棫	樸人	二十二	江蘇宜興	南開中學校畢業	同	天津河北崑緯路興隆里
趙保奭		二十一	安徽舒城	廬州中學校畢業	同	宣武門內油房胡同
馮熉	幼餘	十九	浙江杭縣	南洋中學	同	上海愛文義路遷善里一千一百七十七號又北京騎河樓廟兒胡同
左仲	仲勉	二十四	河南固始	南河旅京中學畢業	同	固始城內南後街吳忍厚堂轉
曹寶善	子元	二十二	直隸新城	育德中學畢業	同	白溝河慶興皮舖交咨各庄裕豐德
龍至公	藎臣	二十二	直隸曲周	廣平中學五年級	同	曲周河東恆泰和轉交
吳鼐	劍弢	二十二	江蘇江陰	北京高等實業學校	同	江陰城中東大街
舒壯懷	撻民	二十五	直隸臨榆	育德中學畢業	同	山海關北街

蒙　徵　肖眉　二十二　廣西桂平　中學畢業　同　廣西東津圩祥源米莊轉

易梗基　象樟　二十二　四川瀘州　四川中學畢業　同　四川永川縣永昌元轉

預科一年級學生

姓名	別號	年歲	籍貫	經過學校	所學門類	通信處
王楷	式如	十九	浙江紹興	法文高等學校肄業	一部法文班	西長安街安福胡同雙柵欄路西門牌七號
陳繩穀	仲英	二十	湖南黔陽	廣西農業學校	同	湖南黔陽城北又北京草廠八條辰沅會館
李濟淮	鋅葦	二十二	廣西蒼梧	廣西農業學校	同	北京北柳巷廣西學堂
張抗	穀遠	十七	浙江永嘉	法文高等學校肄業	同	溫州謝池里又北京宣武門外上斜街
胡若愚	若愚	十九	安徽合肥	法文高等學校肄業	同	保定府東關外小金莊鮑宅轉交
周嘉瀚	幼儒	二十一	江蘇江甯	法文高等學校肄業	同	北京前門內草帽胡同
楊淦保	燕仲	十七	江蘇吳縣	法文高等學校肄業	同	北京宣武門外上斜街
馬德祥		二十二	京兆宛平	法文高等學校肄業	同	北京宣武門外蘇刀胡同
孟慶學	熙于	二十二	安徽太湖	法文高等學校肄業	同	安徽太湖縣徐家橋孟咸泰號
穆成華	彩臣	十九	京兆宛平	法文高等學校肄業	同	琉璃廠東南園二十二號

譚宗培	厚之	二十二	京兆宛平	法文高等學校肄業	同	北京宣武門內新街口牛截胡同
徐廷彥	星洲	二十三	京兆宛平	法文高等學校肄業	同	西直門外海淀官元胡同
郝德	仲默	十九	四川成都	上海震旦學校肄業	同	北京騾馬市粉房琉璃街念四號
鄔馨	佑庭	十六	江蘇松江	法文高等學校肄業	同	乾麵胡同東石槽十六號
袁慧炘	思闇	十六	浙江桐廬	法文高等學校肄業	同	北京前門內高碑胡同
吳琛	聘三	十七	福建莆田	莆田中學肄業又北京法文高等學校肄業	同	福建莆田府后巷又北京東單牌樓大羊宜賓胡同
袁信	實甫	二十四	直隸清苑	保定中學畢業	一部英文班	清苑縣小金線胡同
高迺濟	春舫	二十	奉天遼陽	奉天中學校畢業	同	遼陽城內天增當
王頴	洗塵	二十二	奉天撫順	奉天中學校畢業	同	奉天千金寨德源通
張鵬陞	子淸	二十	奉天撫順	奉天省立中學畢業	同	撫順縣老古台張家大拒
朱耀西	韞山	二十六	浙江江山	浙江第八中學畢業	同	江山縣上台鄉來益成本店
夏之時	行可	二十四	安徽桐城	安徽高等學校肄業	同	安慶轉靑草場徐宏發轉

趙毓英	殿卿	二十七	陝西咸陽	陝西宏道高等學校肄業	同	咸陽縣城內魚池巷
吳障東	模完	二十二	安徽太湖	安徽高等學校肄業	同	太湖縣小池驛吳萬興號
胡哲煊		十九	浙江慈谿	浙江第四中學	同	浙慈北鳴鶴鄉新王房
陳鶱驤	鏡如	十九	浙江會稽	匯文學堂肄業	同	北京長巷上四條
陳騫	源使	二十	湖北黃陂	求實學校	同	湖北城內小東門痘疙洞六號又北京西四牌樓兵馬司
龔寶銓	述衡	二十三	江蘇海門	江蘇省立第七中學畢業	同	海門麒麟鎮西北
萬聘之		二十四	直隸景縣	河間中學畢業	同	直隸景縣萬家莊
龔自知	仲鈞	二十	雲南大關	四川嘉定中學校畢業	同	雲南省城師範學校龔兆麐轉交
魯士毅	叔龍	二十一	貴州貴陽	貴州礦業學校	同	貴陽縣門口
張大華		十九	湖北黃岡	匯文書院肄業	同	湖北陽邏張萬春轉
張濟民	寄溟	十九	湖北黃岡	武昌外國語專門學校肄業	同	漢口轉倉埠鎮
陸雪塘	省道	二十一	浙江海甯	海甯中學南洋中學	同	浙屬硤西石慶云橋

何世楨	幹臣	十九	安徽望江	復旦公學	同	上海麥根路三十二號
何世枚	卜臣	十七	安徽望江	復旦公學	同	同前
劉秉炎	午亭	二十三	奉天錦縣	奉天省立中學畢業	同	錦縣城內北街三太衙門東胡同一百七十二號
佟廣慎	敏衷	二十一	奉天撫順	奉天省立中學畢業	同	奉天大東關老墾務局胡同
孫潤蒼	潤蒼	二十二	奉天瀋陽	奉天省立中學畢業	同	奉天省城大東關陳菜園胡同
韓樹人	哲生	二十二	直隸晉縣	保定高等師範附屬中學畢業	同	深澤南關益豐永轉交
徐光廉	仲白 雪樵	十九	安徽宣城		同	宣城油榨溝郵政分局轉交
李良弼	良弼	二十	山西平定	匯文學堂肄業	同	平定縣西郊鎮清元成轉交
汪本隆	如瀾	二十六	四川資陽	四川高等學校肄業	同	資陽臨江寺聶義興轉
劉書鉢	素儒 儒父	二十三	直隸衡水	冀縣中學校畢業	同	衡水縣鉅鹿鎮郵政分局
李德臨	星符	二十三	安徽舒城	廬州中學	同	安徽三河桃溪鎮李隆成號
曹頌彬	軼華	二十	安徽合肥	廬州中學	同	合肥縣東門大街德和慶莊

曹卓羣	鍾英	十八	浙江天台	縣立中學畢業	同	天台縣文明巷
韓樹棟	光天	二十二	直隸清苑	保定官立中學肄業	同	保定道清苑縣魏村鎮轉交
于連孝	奉先	二十	山東夏津	山東第七中學畢業	同	夏津城內芳谷堂轉送陶橋
嚴建章	子漢	二十	陝西澄城	中國公學專門部法科肄業	同	澄城寺前鎮天興成花店
池澤滙	師周	二十四	湖北安陸	湖北初級師範畢業	同	安陸縣城內
婁學熙	穆清	二十四	吉林賓縣	吉林哈爾濱吉江合辦譯學舘肄業	同	賓縣德昌恒轉
張澤普	艾生	十七	江西鄱陽	北京高等師範附屬中學肄業	同	天津鼓樓東廣東會東胡同又北京潘家河沿饒州會館
姜達	宗銘	二十一	浙江江山	浙江第一中學畢業	同	江山縣清湖鎮交恒新鹽倉轉新塘邊
蘇甲榮	演存	二十	廣西籐縣	梧州中學畢業	同	籐縣城內蘇敦素堂
魏玉璜	伯符	二十一	河南武陟	北洋法政中學畢業	同	武陟縣大司馬鎮轉交張武村
楊昭恕	心如	二十五	湖北穀城	北洋法政附設中學肄業	同	穀城縣石花街郵局轉
賈應璞	獻廷	二十一	直隸冀縣	冀縣中學畢業	同	冀縣城內慶遠昌轉交

汪　俊	貫因	二十三	安徽桐城	安徽高等本科肄業	同	安慶青草橋恒源號轉交蟠龍墩
穆瑞璋	滌瑕	二十一	直隸密雲	天津工業專門學校中學肄業	同	密雲縣魚市口義和館轉交
李會忠	孝同	三十一	貴州貴陽	成都華西學校肄業	同	北京東城小羊宜賓胡同
李義忠	悔生	二十三	貴州貴筑	北洋法政學校附設中學畢業	同	同前
邢桂芬	子馥	十九	直隸新城	直隸高等師範附屬中學肄業	同	新城縣南關福升店轉交孔馬頭村
雷國能	任伯	二十一	四川開縣	順天高等學校中學畢業	同	開縣臨江鎮草街子伍瑞生轉
李運恒	咸貞	二十二	直隸安平	深縣中學肄業	同	東鹿縣舊城鎮興聚盛
楊振武	悟元	二十六	安徽桐城	安徽高等本科肄業	同	桐城縣練潭鎮太和生號轉
閔孫奭	元召	十八	江蘇江都	順直中學畢業	同	北京宣武門內後王公廠
李壽幘	錦彊	二十	直隸深縣	深縣中學肄業	同	深縣城內華紀昶
孫九錄	鑑秋	十七	江蘇無錫	江蘇省立第五中學畢業	同	江蘇無錫石塘灣又北京西城中鉄匠胡同
敖啓凱	快如	二十一	奉天開原	奉天省中學畢業	同	奉天開原全宅

王宸章	紫卿	二十	黑龍江泰來	省立中學畢業	同	黑龍江省城福盛公
孫發萃	登揚	二十二	安徽桐城	安徽高等學校本科肄業	同	桐城縣城內余家灣
吳政	君惠	二十五	安徽桐城	安徽高等學校本科肄業	同	桐城縣南大街六十號
費振國	理鈞	二十	湖北黃梅	省立商業學校	同	九江西門外源裕布莊轉
袁增緒	培之	二十二	直隸深澤	保定高等師範附屬中學畢業	同	深澤縣城內餘蔭堂轉
喻玉田	萱蓀	二十	山東茌平	山東高等學校附屬中學畢業	同	茌平縣城內粮食街
呂日奎	判眞	十九	江西興國	江西省立中學畢業	同	興國縣城南呂善昌號轉
陳萬鎧	襄甲	二十五	奉天撫順	本省中學肄業	同	
劉蔭棠	伯航	二十四	黑龍江巴彥	本省中學畢業	同	巴彥縣同和義
呂冕南	菡生	二十	江蘇宜興	商船學校	同	江蘇宜興蜀山永豐裕號轉
陳毅	貫吾	二十	江蘇江陰	商船學校	同	江蘇無錫轉后塍
張鴻儒	譽三	十九	直隸冀縣	冀縣中學畢業	同	東鹿縣文郎口轉西堤北天增慶

王守謙	益如	十八	直隸天津	山東省立第三中學肄業	同	山東省城內東小王府街路北
王恩榮	沐涵	二十一	直隸昌黎	永平中學肄業	同	昌黎赤崖鎮懷德堂
吳植棪	蔚生	二十	直隸淶水	北京求實中學畢業	同	涿縣石亭
胡孔安	子靜	二十三	安徽舒城	安徽高等本科肄業	同	舒城城內三旭唐許宅轉
李建中	拱宸	二十	浙江紹興	求實中學校畢業	同	北京地安門外松樹街
杜福埏	嘯廬	十八	浙江紹興	求實中學校畢業	同	北京地安門內三眼井口東高房胡同
胡景豐	稔圃	二十二	奉天開原	奉天中學畢業	同	開原東街路北德發永轉交
尹秉衡	欄楝	二十二	直隸井陘	中學畢業	同	井陘縣師莊
梁醴泉	子香	二十一	山東堂邑	山東高等學校附屬中學肄業	同	堂邑縣辛集鎮聚泰和
商鳴勤	佩綸	二十二	奉天開原	奉天省立中學畢業	同	奉天開原城西雙樓台郵政代理所交興隆台
張文埥	萬生	二十二	山東安邱	山東高等學校附屬中學畢業	同	安新縣汲新書社
劉安惠	展如	二十四	山東萊蕪	山東省立第五中學畢業	同	萊蕪口子鎮郵政局

盧延甲	冠林	二十	直隸保定	保定育德中學畢業	同	保定城內南司胡同
鄧恭海	匯東	二十一	廣西藤縣	梧州中學畢業	同	藤縣和平墟用福號轉
顧誦坤	頡剛	二十二	江蘇吳縣	蘇縣立中學畢業	同	蘇州城內懸橋巷顧家花園
施俊霖	蘭仙	二十二	雲南鶴慶	雲南省立第二中學畢業	同	鶴慶福春恒轉甸北辛屯
譚建之	少園	二十五	山東濰縣	山東高等學校附屬中學畢業	同	濟南商埠瑞興益花棧
陳與漪	建民	二十	福建閩侯	福州中學畢業	同	福州城內西門街
朱履中	綏之	二十	江蘇泰興	江蘇省立第一中學肄業	同	泰興縣城馬信昌號轉
周鼎芬	鑄九	二十一	浙江衢縣	浙江第八中學肄業	同	衢縣府山東水巷
方豪（原名兆鼎）	儆新	二十	浙江金華	安定中學畢業	同	金華碼頭榮順昇號轉澧浦孫春和號
袁讓	瑤如	十八	浙江杭縣	浙江第一中學肄業	同	杭縣城內盔頭巷吳宅轉交又北京順治門內嚷哩胡同
張同劭	麗孫	二十四	奉天復縣	奉天省立中學畢業	同	復縣涵春堂
唐存本	礪如	二十二	四川江津	四川高等學校肄業	同	四川江津勸學所

侯梓材	鐵箏	二十五	廣東曲江	韶州中學畢業	同	廣東韶城北門街泗記
楊志清	鑑泉	二十二	直隸天津	天津南開中學肄業	同	天津大直沽民立第六小學校
何謙	亦聯	十六	湖南郴縣	湖南明德中學肄業	同	郴縣城內何文簡公祠轉交增湖又北京南池子
何孚	宗聯	十八	湖南郴縣	湖南明德中學肄業	同	郴縣城內何文簡公祠轉交增湖又北京南池子
楊海清	文波	二十一	雲南富民	雲南省會中學畢業	同	富民郵政分局
黃曾武	義卿 永庵	十七	浙江瑞安	南洋路鑛預科	同	上海麥根路四十七號
董肇夔	小逸 撫園	十九	江蘇江都	順天高等學校	同	揚州府城左衛街三祝巷
趙東山	子登	二十二	山西平魯	山西第一中學畢業	同	平魯縣城內三合隆轉
黃浚	漢聲	二十二	浙江黃岩	浙江第六中學畢業	同	黃岩土嶼
黃祖謙	旨盦	二十二	廣東順德	廣州中學畢業	同	廣州逢源中約二十三號
張慎鍔	鐵華	二十五	直隸深澤	保定育德中學畢業	同	深澤高等小學校
楊東琪	畏凡	十九	江西豐城	匯文大學肄業	同	本省樟樹坪上街濟生和轉

耿釗彤	賓雅	二十一	直隸天津	天津中學肄業	同	天津府署東任家胡同
關　侅		二十	京兆宛平	北京第三中學畢業	同	北京當街廟後毛家灣
王文耀		二十	福建莆田	興化哲理中西學校肄業	同	
孫振甲	致一	二十二	奉天海城	海城師範中學肄業	同	海城牛莊西關興順和
蘇　欣	欣如	二十二	安徽太平	中國公學肄業	同	北京東四牌樓七條胡同
劉甲第	汲甫	十八	江西泰和	江西省立中學畢業	同	贛州府城內劉聚茂號
宗初悟	伯顯	十八	江西贛縣	江西省立中學畢業	同	贛州府城內新開路內清雅巷
關賡龍	伯熙	二十三	奉天義縣	錦府中學肄業	同	本縣清和門天和堂轉交
孔祥肅	凱民	十八	奉天海城	海城師範學校肄業	同	海城牛莊廳寶聚興轉
何錫瑤		十七	河南滑縣	清華學校肄業	同	本縣牛市屯德聚公轉
尹懷珍	玠璞	二十七	直隸南皮	直隸第一師範學校畢業	同	南皮城轉寄齊家屯莊
翟俊千	覺羣	二十二	廣東東莞	東莞中學肄業	同	廣州東莞縣城外賣蔴街生泰店又東莞城內源益當轉交

劉桂開	懷遠	二十	廣東南海	廣東高等商業學校肄業	同	上海乍浦路四百二十六號
劉采文	郁齋	二十	湖北天門	湖北省立第一中學畢業	同	天門乾鎮驛劉洪升
李振忠	作民	二十二	貴州貴陽	天津北洋法政附屬中學畢業	同	北京小羊宜賓胡同貴筑堂
劉永濬	子康	十九	福建閩侯	福州中學畢業	同	福建省城余府巷
陳士杰	亦人	二十	河南盧氏	中州公學中學班畢業	同	盧氏縣城內南大街
楊湜生	勗初	二十三	直隸獻縣	北洋法政專門學校中學肄業	同	滄縣城西景和鎮永盛號交豐爾庄
郝俊	傑民	二十三	直隸涿縣	北洋法政專門學校中學畢業	同	涿縣長溝鎮郵局轉交北務村
紀鉅紹	符生	二十三	直隸獻縣	北洋法政專門學校中學肄業	同	滄縣城西崔爾莊
鄭璜	君佩	十九	安徽桐城	蕪湖公學肄業	同	桐城西鄉青草隔鎮鄭恒有店轉
周錫光	子信	二十三	河南南陽	南洋中學肄業	同	南陽縣城內左營北邊路西
甘育志		十九	廣東香山	商船學校	同	上海美界源昌路七十二號
梁文瀚		二十一	廣西蒼梧	梧州中學畢業	同	梧州城外學塘基頭梁和興號

劉琳	子玉	二十一	直隸安國	保定高等師範附屬中學畢業	同	安國縣南關路西隆興祥鞋店轉交
李士賢	靖甫	三十四	雲南鶴慶	雲南省立第二中學畢業	同	鶴慶西區高等小學校轉交
張大夏	特夫	十九	湖北漢川	唐山路鑛學校	同	本京共和黨本部內
宋煥珠	致緇	十九	浙江平陽	浙江第十中學畢業	同	平陽林垟埄頭
胡家駿	伯群	二十一	浙江桐廬	安定中學畢業	同	桐廬縣上城胡大房收
楊懋昌	勉和	二十三	陝西洋縣	漢南中學畢業	同	洋縣城大西門內新盛和號
區嘉鑄	鼎新	二十二	廣東順德	廣東高等師範附屬中學畢業	同	廣州西關德星里忠信和闌子店轉交
夏安修	敬餘	二十	湖北黃岡	清華學校肄業	同	北京西城小院胡同
蔡增棠	召南	二十三	江西瑞昌	江西省立中學畢業	同	瑞昌縣南鄉坂上
毛準	子水	二十一	浙江江山	浙江第八中學畢業	二部英文班	江山縣石門鄉
劉昌景	時傑	十七	湖南永興	湖南明德中學校	同	本縣太來墟萬利號轉交又本京西城太平橋路西
陳泮嶺	峻峯	二十二	河南西平	本省第一中學	同	本城內東後街李六寶轉

易光祜	尙恒	二十三	四川富順	四川高等學校肄業	同	懷德鎮利盛和轉
陳杲	耀東	二十二	安徽舒城	江南高等商業學校	同	舒城城內王鉄巷
王若怡	進旃	二十一	安徽懷甯	懷甯中學畢業	同	安慶城內楊家拐中學校操場下
高維嶽	祓遐	二十三	安徽桐城	安徽高等學校肄業	同	桐城孔鎮李怡順號轉交
陳廷紀	公魯	二十	貴州貴陽	貴州省立模範中學畢業	同	貴陽省城內堰塘坎種竹山房
左廷序	芳五	二十	直隸獲鹿	本省中學肄業	同	獲鹿縣休們鎮元吉鹽店轉遞宋村
韓嘉樸	蓟侯	十八	浙江紹興	匯文大學預科肄業	同	北京崇文門外薛家灣
董成襄	贊庭	二十二	直隸懷來	宣化中學畢業	同	懷來城內德盛湧
董秉銓	伯衡	二十	浙江嘉興	安定中學上海復旦公學肄業	同	嘉興城內奎星閣西
陸輔仁	友三	十九	浙江海甯	浙江公立工業學校畢業	同	海甯路仲鎮吳探芝益記
胡衛華	劍東	二十一	浙江永康	浙江第一中學畢業	同	浙江永康城元升棧轉庫川
賈振雄	伯雄	二十二	京兆宛平	北京第四中學畢業	同	直隸蘆溝橋

張爲政	德居	二十二	奉天開原	奉天中學畢業	同	奉天鉄嶺悅來棧
孫岫峰		二十二	奉天梨樹	奉天中學畢業	同	
張鵬舉	翊南	二十三	直隸灤縣	永平中學畢業	同	灤縣胡定莊東全
江家政	子齊	二十一	四川資陽	四川高等學校肄業	同	資陽丹山鄉
陸文禮	質夫	二十	山西平定	山西大學預科肄業	同	平定縣中學校
傅湘	望衡	二十	湖南湘潭	五城中學	同	湘潭城內高步巷
夏道澍	仲霖	二十	安徽和州	和州中學畢業	同	南京轉和州南門
齊經堂	鎔六	二十一	直隸蠡縣	育德中學畢業	同	高陽莘橋鎮天泰成轉交
趙慶麟	瑞忱	二十二	奉天西安	奉天海龍實業中學畢業南京民國法政大學肄業	同	本縣天益長轉
蘇驊	法競	二十	浙江平陽	浙江第一中學畢業	同	浙江平陽宜山分局轉玉龍口
鄭智	愚如	二十	浙江瑞安	浙江第十中學畢業	同	浙江瑞安大嶨
金瀚	霞曙	十九	浙江象山	浙江第四中學畢業	同	象山石浦鎮駱文元齋轉

俞誠鎬	子京	二十	浙江奉化	浙江第四中學肄業	同	奉化亭下鎮沈合義號轉
黃　鎮	石屏	十八	江蘇泰縣	江蘇第一中學畢業	同	泰縣姜堰市曲江茶社轉交黃震記油房
孫雲鑄	鐵生	十九	江蘇高郵	江蘇第一中學畢業	同	高郵梁逸灣
李蔭之	伯瑛	十八	直隸定縣	直隸第二中學畢業	同	定縣永泰昌交東汶村
彭蔭堂	肅侯	二十	直隸曲陽	直隸第二中學畢業	同	曲陽縣燕趙村中和堂
黎　楠	梅村	二十二	直隸深澤	直隸第二中學畢業	同	深澤縣城內協昌號
曹繩武	述堯	二十三	直隸望都	保定育德中學畢業	同	直隸清風店德慶南店
胡策鰲	秋初	二十	湖南武岡	湖南公立第一中學畢業	同	武岡縣洞口市寳通慶號轉橋當頭
段維泰	常如	二十	直隸唐縣	保定育德中學畢業	同	唐縣城內後街
張玉璫	蕙東	二十一	直隸正定	正定中學畢業	同	正定縣城南十里舖鎮
施仁培	孔成	十八	江蘇崇明	江蘇第四中學畢業	同	崇明侯家鎮
湯傳圻	偉青	十八	江蘇崇明	江蘇第四中學畢業	同	崇明蛸蟆鎮西

張漢威	漢威	二十三	廣西容縣	梧州中學肄業上海復旦公學中學畢業	同	容縣波羅江口
關錫琨	次瑤	二十二	廣西蒼梧	上海南洋中學肄業梧州中學畢業	同	梧州沙街洪興轉
陳亮中	宗五	十九	廣西容縣	上海南洋中學肄業梧州中學畢業	同	容縣城外永隆轉
張福祥	蘭閣	十九	直隸獲鹿	正定官立中學畢業	同	直隸石家莊萬順長
張有本	博泉	十八	直隸大城	北洋法政中學畢業	同	本縣王口鎮敬義昇
張守訓	鯉庭	二十一	直隸大城	北洋法政中學畢業	同	本縣王口鎮敬義昇
戴博蔭	樾喬	二十一	奉天開原	奉天中學畢業	同	開原城內三皇後街
許名杰	邁羣	二十三	安徽歙縣	新安中學畢業南京金陵大學肄業	同	徽州城內
陳儒魁	冠生	二十二	直隸深澤	直隸高等師範附屬中學畢業	同	深澤謙益豐
高恩元	鼎勛	十九	直隸灤縣	永平中學畢業	同	榛子鎮郵政局轉交攏牛橋高家莊
李澤乾	惕若	十九	安徽合肥	廬州中學畢業	同	合肥四牌樓
姚士杰	定侯	十九	浙江臨安	浙江安定中學肄業	同	臨安五柳橋

宋仁	少平	十八	浙江平陽	復旦公學	同	平陽林垟鮑垟
過銘忠	子厚	二十二	四川瀘縣	四川瀘州中學畢業	同	延旺廟街瀘縣會館羅敬羣代收
熊君實	翰叔	二十	江西奉新	江西心遠中學肄業	同	本縣城內大街生源大藥局代收
李穎	穎蓀	二十二	直隸安國	育德中學肄業	同	祁州城東石佛鎮萃祥號轉路景
劉同	佐康	二十三	山西徐溝	太原陽興十二縣中學畢業	同	徐溝縣南關高等小學校
吳福和	福元	二十一	江蘇宜興	上海路鑛學校	同	宜興東珠巷
賀聖謨	芸齋	十九	浙江鎮海	浙江第四中學畢業	同	甯波大碶頭賀愛房
劉學正	聿菴	二十二	直隸天津	天津官立中學畢業	同	天津北門內引善社
晏華宇	佑民	二十四	湖南新化	寶慶五屬聯合中學畢業	同	新化金聲振
張景春	迓東	二十一	奉天盤山	奉天中學畢業	同	本縣永順泉
董愼方	筱寰	十八	奉天寬甸	奉天中學畢業	同	本縣城內
段烈文	烈文	二十四	四川定遠	順慶官立中學畢業	同	定遠縣列面鄉郵政支局轉

王拓洲	寰五	十九	河南正陽	保定育德中學畢業	同	正陽縣西街
曾慶恩	澤國	二十一	直隸樂亭	永平中學畢業	同	樂亭新寨鎮四合盛轉香道
王仁燊	亞尊	十九	直隸清苑	保定育德中學畢業	同	清苑縣張登鎮
楊梯	錄清	二十三	四川資陽	四川高等工業預科畢業	同	資陽銅鐘河分郵局轉交伍市
楊能睿	伯智	二十一	四川資陽	四川高等學校肄業	同	資陽銅鐘河分郵局轉交伍市普濟堂
胡定	竫公	二十二	浙江江山	浙江第八中學肄業	同	江山清湖鎮鮑兆泰倉轉交
游嘉德	修吾	二十一	江西樂安	匯文大學肄業	同	樂安縣城內游泰興典
段毓靈	子實	二十一	四川定遠	匯文大學肄業	同	定遠縣興隆場龐培元轉交
季步鼇	策之	十九	江蘇鹽城	江蘇第一中學畢業	同	江蘇阜甯八灘
許寅威	省三	二十五	河南南陽	南陽第一中學畢業	同	瓦店鎮興合德轉
孫發端	孝聞	二十	安徽桐城	桐城中學畢業	同	桐城宜民門內余家灣
李餘慶	善堂	十八	河南襄城	河南第二中學畢業	同	本縣北關田和合轉

韓厚基	礎石	十九	奉天海城	海城師範中學肄業	同	本縣騰鰲堡韓五福堂
孫嶢峰	赫巖	二十二	奉天梨樹	本省中學畢業	同	本縣西街天益長
崔振權	鼎三	十九	山西壽陽	山西第一中學畢業	同	壽陽縣德逢永轉寄
王自治	立軒	二十四	甘肅甯縣	秦省中學畢業	同	正甯縣永合裕號轉交又陝西省三原縣鹽店街雷家巷德盛誠轉交
郝祖齡	夢九	二十二	陝西三原	秦省宏道中學肄業	同	三原誠內積慶生號轉
伍莊	周甫	十八	廣東新會	上海青年會	同	北京東四牌樓四條二十六號
周錫庚	夢白	二十	浙江衢縣	浙江第八中學肄業	同	衢縣府山東水巷
江成標	正若	二十一	安徽歙縣	浙江第八中學畢業	同	浙江衢縣振達源號
李長春	燕亭	十九	直隸定興	北洋法政中學肄業	同	定興縣姚村鎮
紀鉅紋	子猷	二十五	直隸獻縣	北洋法政中學肄業	同	獻縣崔爾莊
王起元	新亞	二十三	貴州貴陽	貴州省立模範中學畢業	同	貴陽城內忠烈宮德順復號
朱霖	君復	十八	江蘇寶山	湖南高等工業學校肄業	同	宣武門內六部口

謝璧文	斗生	二十四	安徽太平	安慶六邑中學畢業	同	安慶省城大南門水關
黃士驥	仲韶	二十	浙江黃岩	浙江第六中學畢業	同	黃岩金清港黃遐齡藥棧轉
袁嵩瑞	祝三	十九	奉天瀋陽	奉天中學畢業	同	奉天鐘樓南芝蘭齋果局
黃祖謀	智菴	二十三	廣東順德	廣州中學畢業	同	廣州逢源中約
張銓忠		二十二	廣東東莞	東莞中學畢業	同	
盛誠	純一	十九	江蘇松江	江蘇第三中學肄業	同	松江城梓廟初等小學
張釗和	勉周	二十一	山東安邱	山東高等學校附屬中學畢業	同	安邱城裡汲新書社
彭道仁	洪治	二十	直隸保定	北京第三中學畢業	同	北京宣武門內西栓馬莊
金人鏡	蓉屏	十八	江蘇松江	江蘇第三中學肄業	同	北京東四牌樓馬市西口
傅聖志	一塵	二十四	浙江山陰	匯文大學肄業	同	北京草廠十條後身耕居堂
王紹文	顯謨	二十三	福建長汀	汀州中學畢業	同	汀州新橋坊篤材小學
方懋官	典脩	二十二	四川廣漢	成都中學畢業	同	廣漢城內正西街德生通

劉崇謹		二十	湖北黃安	五城中學肄業	同	麻城宋埠正興源
楊錦篆	丹廷	二十五	山東沂水	山東第十中學畢業民國大學肄業	同	沂水縣沭水分局
于樂瀅	澄之	二十一	山東濰縣	山東高等學校附屬中學畢業	同	濰縣寒亭鎮
齊國樸	芃華	二十一	直隸蠡縣	保定中學畢業	同	保定高陽縣南莘橋鎮恒源號轉握紐莊
王秉義	啓元	二十	直隸蠡縣	保定官立中學畢業	同	保定高陽縣西南萬安鎮轉交劉銘莊東街永順堂
龔聯沅		二十一	四川井研	四川高等學校肄業	同	
虞克粱	仲韜	二十	安徽合肥	南開中學肄業	同	北京東四牌樓五條胡同
何瑤	元良	二十一	雲南石屏	雲南高等學校預科畢業	同	雲南省城象眼街六合卷
吳新槎	月舫	十九	江蘇江陰	江蘇第五中學畢業	同	江陰縣峭岐吳宅
潘學瑜	冠士	二十	安徽懷甯	懷甯中學畢業	同	安慶城內郭家橋
崔炳廉	恩泉	十九	直隸行唐	正定中學畢業	同	行唐縣城內蔭泰興轉交莊頭村
劉雋藻	叔蔚	二十一	直隸天津	天津官立中學畢業	同	天津東門內大費家胡同合濟醫院

韓拔萃	仲航	二十四	廣東東莞	廣東高等師範附屬中學畢業	同	廣九鐵路塘頭廈轉清溪協成店
譚連泮	學微	二十一	廣東台山	廣東高等師範附屬中學畢業	同	台山縣西甯市匯同昌
黃德剛	法柔	二十二	廣東惠陽	廣東高等師範附屬中學畢業	同	惠州城東江沙公合轉交
張　馨	子明	十九	福建仙遊	福建高等學校預科畢業	同	仙遊縣東門外春泉舖轉交
宋士鏞	笙友	二十三	福建莆田	福建高等學校預科畢業	同	莆田縣城內衙后桃巷大夫第
鄒懷葛	裕如	十九	江西豐城	本省心遠中學畢業	同	江西省城平安巷聚和美
王文燦	星樵	十九	福建莆田	興化哲理中學肄業	同	莆田哲理中學校轉交

預科旁聽生

姓名	別號	年歲	籍貫	經過學校	班級	通訊處
馬龍	希麟	二十六	四川瀘縣	四川高等學校	一部英文二年級乙班	延旺廟街瀘縣館
孫澍	趾麟	二十五	四川瀘縣	四川高等學校	同	同
王賾珍		二十三	安徽滁縣	南京法政大學預科畢業	同	滁縣城內東街
李敷文	海峯	二十三	雲南雲南	黑龍江省立中學畢業	一部英文二年級丙班	黑龍江呼蘭縣內龍王廟街路北電報局東院
李廷選	延安	二十六	江蘇南通	江蘇省立第七中學畢業	同	江蘇南通縣金沙市廟後張宅轉
張崇壎	伯堯	二十	四川巴縣	上海震旦學院肄業	一部法文一年級	漢口漢潤里聚興誠號內張仲埜轉
周學祖		十九	安徽蕪湖	安徽中學畢業	同	蕪湖西門內後家巷又北京前門外高廟蕪湖館
朱光沐	秀峰	十七	浙江山陰	上海震旦學院畢業	同	北京安福胡同門牌七十五號吳宅
孫逵方			安徽壽縣	上海震旦學院肄業	同	北京崇文門內毛家灣
房杰德		二十一	直隸高陽	高等法文肄業	同	高陽城內又北京東單牌樓三條關帝廟

陶述曾		十九	湖北黃岡	湖北文高等學堂肄業	一部英文一年級丙班	北京草廠二條黃岡館
陶彙曾		十五	湖北黃岡	湖北外國語專科肄業	同	同
朱琦	紹五	二十一	吉林雙陽	求實中學畢業	同	吉林省城德勝街
惠觀瀾	亦清	二十一	江蘇無錫	南菁學校	二部英文二年級乙班	江蘇無錫石塘灣
胡慶衍		十九	浙江慈谿	上海聖約翰大學肄業	同	上海法界泰和里又北京東單牌樓三條

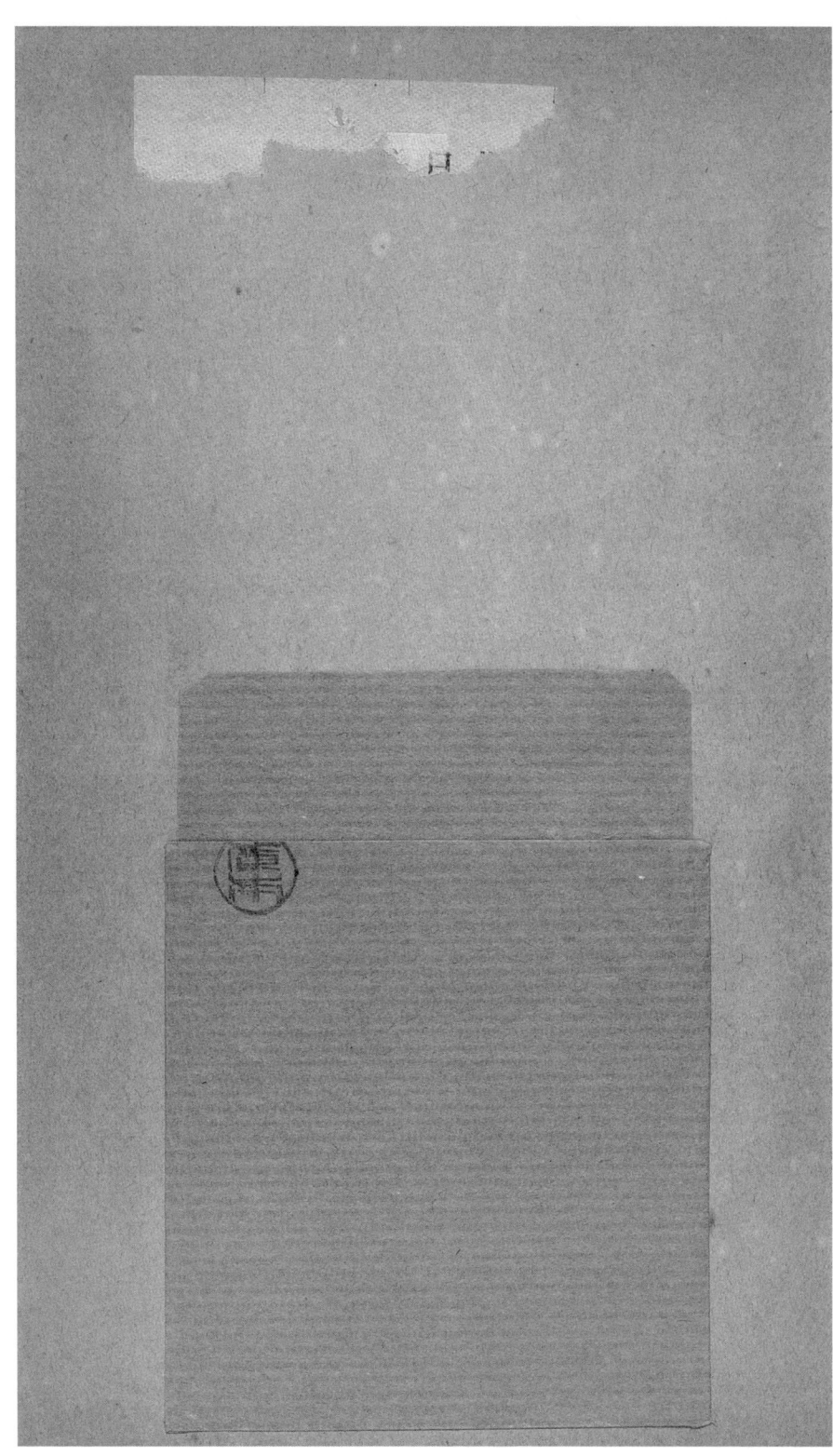

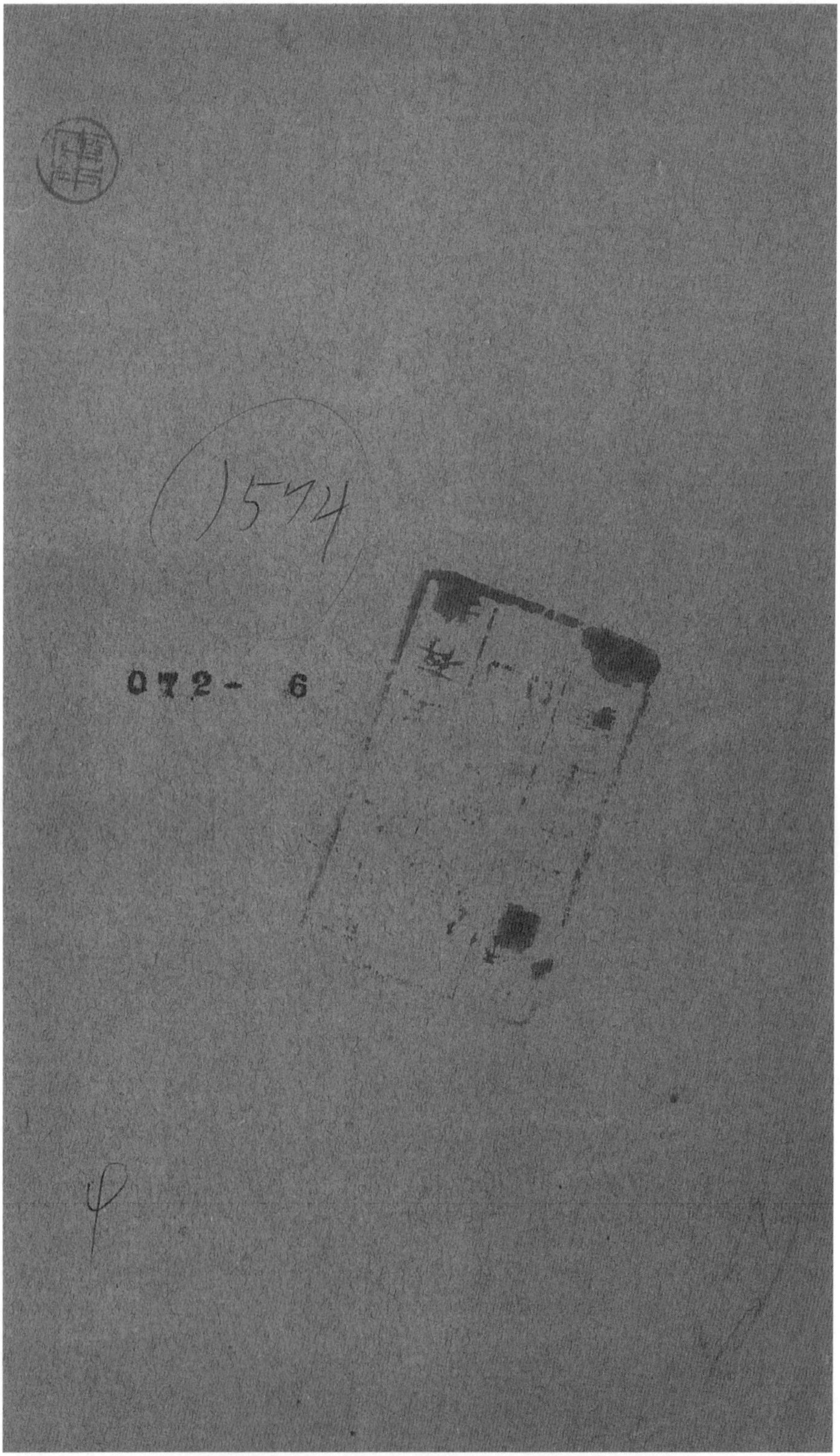
1574
072- 6

北京大學預科同學紀念録（一九一七）

本册全名「北京大學預科同學紀念録」，1917 年 6 月印行。封面由蔡元培校長題籤。另鈐有「前北大學生存物紀念品，民國三十年清理」朱文方印。據此可知此書原爲北大學生個人藏書，1937 年 7 月抗戰全面爆發後留在學校，後集中到北大圖書館。1941 年由在北平的北大圖書館組織做了清理。

本紀念録由時任教於北京大學的章士釗作序，爲手跡影印，其開篇云：「人每言北京大學學生之無團體，愚去歲濫厕講席，始得與同學諸子接。審其篤情分而重講習，有以知疇昔告者過也。」從此序可知，章士釗任教北京大學的時間是 1916 年，一般關於章氏的傳記中多作 1917 年，有誤。而章氏 1951 年 8 月所作《〈李大釗先生傳〉序》則稱：「翌年即一九一八年，吾入北京大學講邏輯」，足見記憶之不可靠，以及原始文獻資料的重要價值。

本紀念册爲北京大學預科在校同學名録，而非畢業同學録。故章士釗在序中又説：「夫預科去畢業離散之期尚遠，而乃不忍恝置，纏綿不已……」

較之此前的同學録，本紀念録增加了較多的照片，除了校長蔡元培、預科學長徐崇欽（敬侯）外，還有預科教職員合影一張，預科各班合影 20 張。難能可貴的是，這些合影都比較清楚。

本紀念録主要包括預科教職員名録和學生名録兩大部分。

教職員名録又分爲「預科職員題名」和「預科教員題名」，均刊登姓名、别號、年歲、籍貫、住址等信息，所不同者，職員部分刊登有職務，教員則爲所教科目。

當年預科學長爲徐崇欽（1878—1957），浙江昆山人，早年留美，獲耶魯大學經濟學碩士學位。歸國後曾任清廷貴胄學堂教習，後任教於上海南洋公學、唐山交通大學、京師大學堂、譯學館等校。辛亥革命後任北京大學預科學長，兼任中國環球學生會書記，歐美同學會理事。後歷任青島市教育局局長，山東大學、復旦大學、浙江大學教授。

預科教員中，可以發現一些熟悉的名字：沈尹默、胡濬濟、韓述組、馬裕藻、沈兼士、林損、賀之才、劉文典、顧兆熊（夢餘/漁）……其中有的是本科教授兼任預科教員。

預科同學録部分，主要刊登的信息包括姓名、别號、年歲、籍貫、所學門類、通信處等。由三年級至一年級，按年級排序，年級内再分班級，班級内按年齡由長到幼排序。

本紀念録收録預科三年級同學193人，預科二年級197人，預科一年級302人。另有補習班82人。據此可知，1917年6月北京大學在校預科生總計692人，其中二年級和三年級人數持平，均爲近200人，而一年級則增加較多，超過300人。

當時的預科學生或畢業直接工作，如茅盾（沈雁冰）即是1916年北京大學預科畢業後到商務印書館工作；或升入本科，如傅斯年、顧頡剛即是由預科升入本科。對照《北京大學民國三年同學録》，可以發現其中收録的預科一年級，即本紀念録的預科三年級，也就是説，1914年秋季入學，到1916年秋季開始爲三年級，到1917年上半年仍爲三年級。1914年的預科一年級269人，到1917年同樣的班級預科三年級，還剩193人，應該有不少休學或退學者。

這裏選取預科三年級的同學略作介紹。

一部英文甲班的方豪（1894—1955），浙江金華人。五四運動中首任北京學生聯合會主席。1921年畢業於北京大學，先後任安徽省立第一中學校長，浙江紹興省立第五中學校長，1948年調任浙江省立杭州高級中學校長。

同樣一部英文甲班的楊昭恕（1884—1949），湖北穀城人。1921年北京大學哲學系畢業。曾任北京大學助教，朝陽大學和女高師講師。1927年赴日本東京帝國大學留學，1931年回國，任湖北省立高級中學校長，後任教於安徽大學、大夏大學、暨南大學和浙江大學。著有《教育哲學》等。

一部英文乙班的蘇甲榮（1895—1945），廣西藤縣人。北京大學哲學系畢業，曾參加少年中國學會，任《少年中國》月刊編輯主任，1922年在北京創辦日新輿地學社。後任武漢大學地理系教授。

二部英文甲班的毛準（1893—1988），字子水，浙江江山人。1917年由預科升入本科數學門，1918年參與發起組織新潮社，1920年畢業，留校任預科國文教員。1923年留德，1930年畢業回國，任教於北京大學史學系。1931年、1945年兩度出任北京大學圖書館館長。

二部英文乙班的孫雲鑄（1895—1979），江蘇高郵人，古生物學家，中國科學院學部委員。1920年畢業於北京大學，1927年獲德國哈勒大學博士學位。回國後任北京大學、西南聯合大學教授。

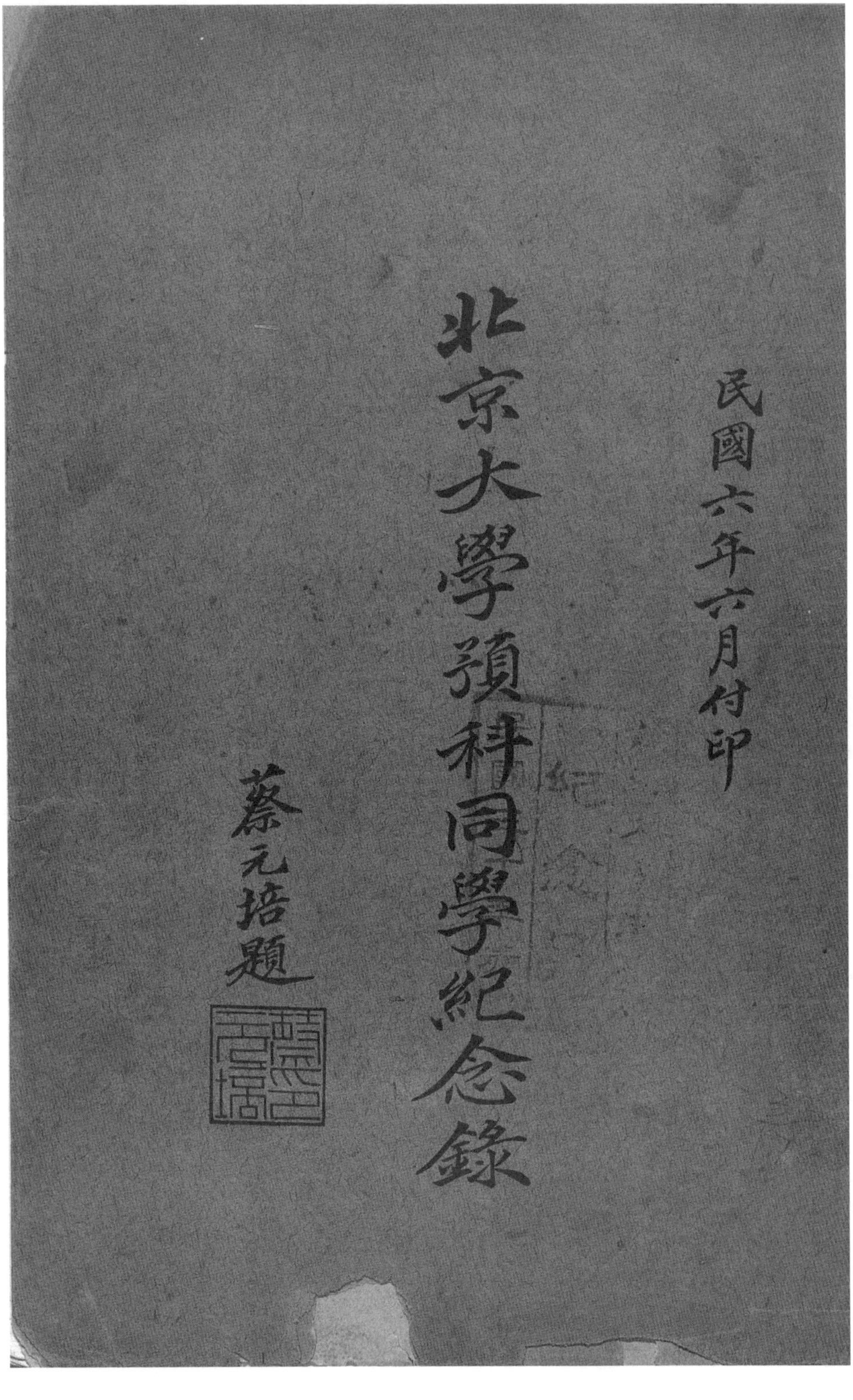
民國六年六月付印

北京大學預科同學紀念錄

蔡元培題

北京大學預科同學紀念錄

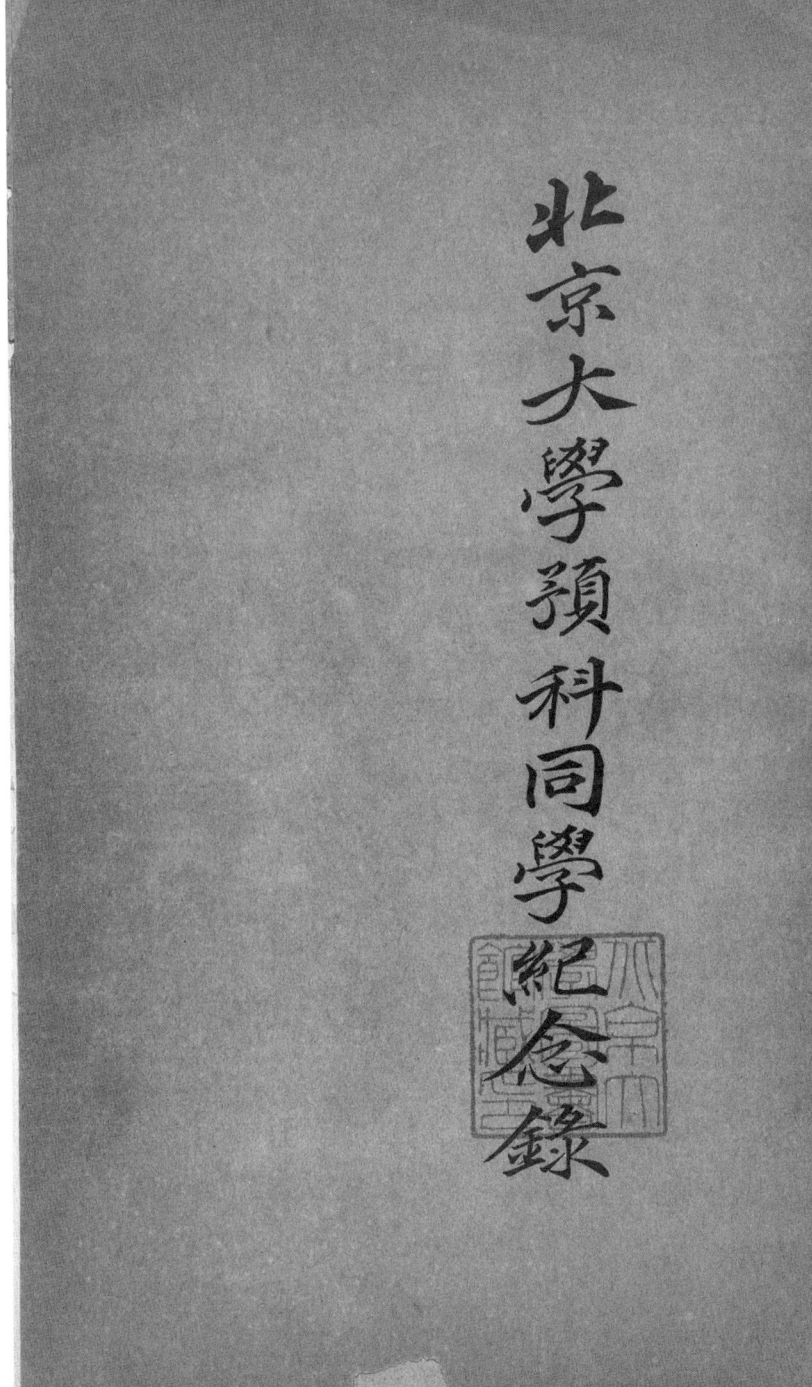

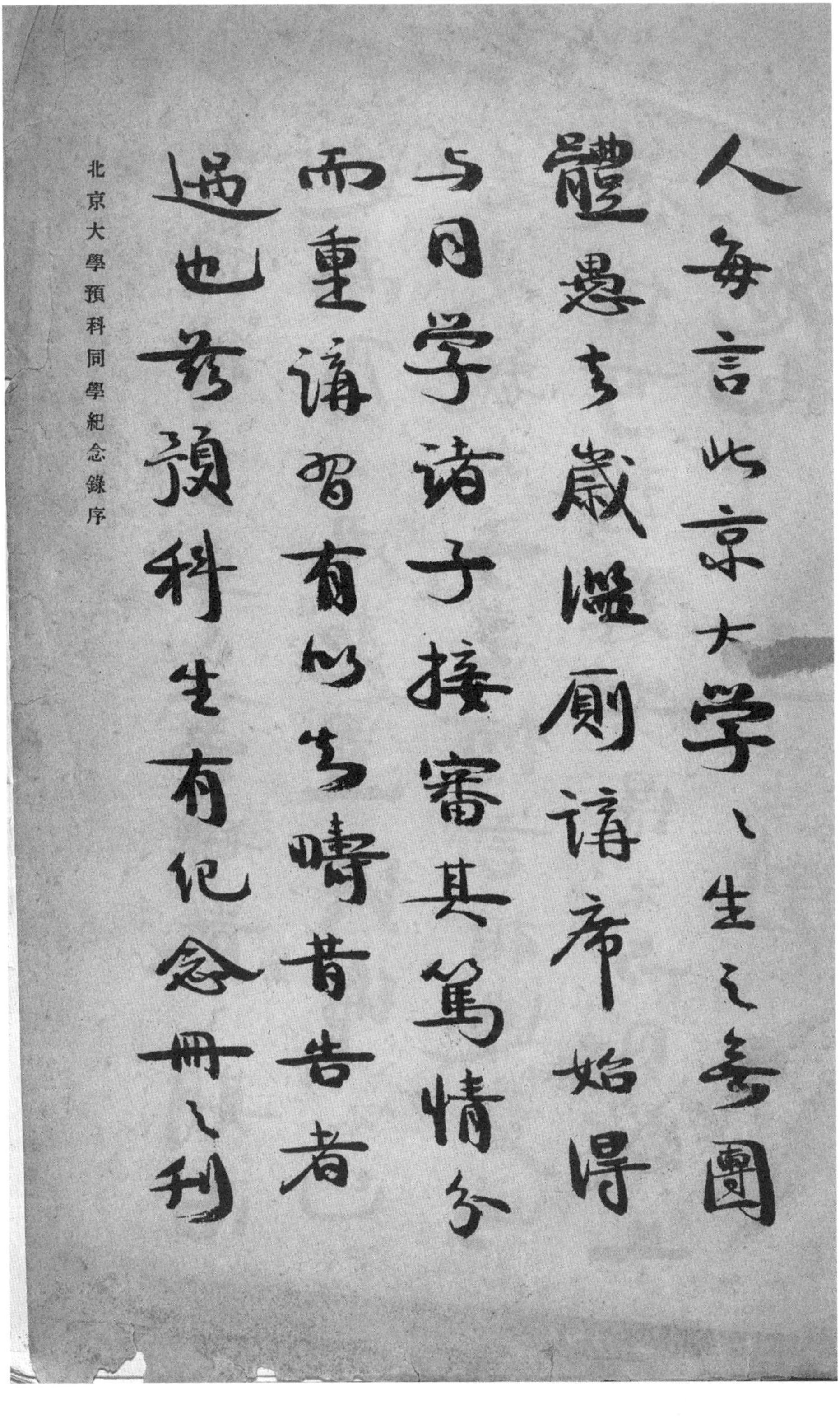

北京大學預科同學紀念錄序

人每言北京大學、生之參團
體愚去歲濫廁講席始得
與同學諸子接審其篤情分
而重講習有以為疇昔告者
過也茲預科生有紀念冊、刊

北京大學預科同學紀念錄序

夫預科去畢業離散之期尚遠而乃不忍遽置纏綿不已若是魏太子云何言相遇易此歡信可珍愚安得不與同感且同勉也

章士釗

北京大學校長蔡孑民肖像

預科學長徐敬侯肖像

預科教職員合影

一部三年級法文班

一部三年級甲班

一部三年級乙班

二部三年級甲班

二部三年級乙班

一部二年級法文班

一部二年級甲班

一部二年級乙班

一部二年級丙班

二部二年級甲班

二部二年級乙班

一部一年級法文班

一部一年級德文班

一部一年級甲班

一部一年級乙班

一部一年級丙班

二部一年級甲班

二部一年級乙班

二部一年級丙班

預科補習班

預科職員題名

姓名	別號	年歲	籍貫	職務	住址
蔡元培	孑民	四十九	浙江紹興	校長	東堂子胡同西口
徐崇欽	敬侯	四十	江蘇崑山	預科學長	東華門外小草廠
章獻猷	味三	四十九	浙江溫州	預科學監	兵馬司後街
徐之傑	頌唐	四十一	浙江吳興	預科教務員	東安門內妞妞房
梁展章	季平	三十一	福建莆田	預科教務員	西城機織衛
包開善	尹輔	三十二	浙江吳興	預科舍監	
姚栢蔭	不允	三十一	浙江吳興	第一寄宿舍舍監	
陳价藩	文農	三十二	浙江諸暨	預科庶務員	虎坊橋越中先賢祠
陳翊忠	健羽	三十三	江西贛縣	第二寄宿舍舍監	宣武門外官菜園上街

李景祿	福庭	四十四	京兆大興	庶務課事務員	
沈慕周	誠甫	三十五	浙江紹興	會計課事務員	馬圈胡同
曹懋謙	益吾	四十二	江蘇丹徒	會計課事務員	
唐景和	春帆	三十一	福建閩侯	儀器室事務員	
余慶銑	鎮卿	四十三	京兆宛平	學監處書記	西四南英子胡同
楊世芳	漱泉	四十五	山東濟寧	教務課書記	本場東墻大牌坊胡同
王玉麒	瑞亭	四十三	浙江紹興	教務課書記	東安門內銀閘胡同
董聯桂	敬之	三十九	京兆大興	教務課司事	東安門北池子
梁炳奎	燦如	二十八	福建莆田	教務課洋文書記	
楊宗烱	仲傑	二十九	江蘇句容	教務課洋文書記	
曹泰勳	价人	四十七	江蘇泰興	繕印處司事	

陳紀元	稚田	四十五	浙江紹興	繕印處書記	
洪國棟	松臣	四十一	湖北黃梅	繕印處書記	
劉祖炎	价藩	四十	湖南平江	第一寄宿舍司事	
盧伯華	中嚴	二十六	安徽舒城	第二寄宿舍司事	
項彥端	晴川	二十六	湖北黃梅	庶務課書記	庫緞胡同湯宅
周樸	厚菴	五十二	京兆大興	圖書館司事	
王漸磐	孟孫	二十七	湖北蘄水	圖書館書記	

預科教員題名

姓名	別號	年歲	籍貫	科目	住址
李景忠	法生	三十九	福建閩侯	法文	
白來士		三十七	法國	法文	
紐倫		三十九	英國	化學物理學	
克德來		三十八	英國	西洋史	
嚴培南	君潛	四十四	福建閩侯	算學	教育部街西口
梅理慈		三十九	德國	德文	崇文門內新開路
沈尹默	君默	三十五	浙江吳興	國文	隆福寺孫家坑
胡濬濟	沈東	三十四	浙江慈谿	算學	廟兒胡同
韓述組	志勤	三十四	京兆宛平	心理論理	打磨廠

黃振聲	伯希	三十一	廣東高要	英文	史家胡同
張善揚	賚卿	二十九	浙江吳興	物理	南池子
張大椿	菊人	三十五	浙江嘉興	物理	蘇州胡同
郭汝熙	懷康	三十	福建惠安	英文	孟公府小胡同
伊文斯		三十五	英國	英文	路透電報公司
衛而遜		三十	美國	英文	騎河樓東頭
韋以黻	作民	三十二	浙江吳興	圖畫	孟公府
張星烺	亮丞	三十一	江蘇泗陽	化學	達智營
凌善安	子平	三十七	廣東寶安	英文	小取燈胡同
馬裕藻	幼漁	四十	浙江鄞縣	國文	東板橋織染局
沈兼士	臤士	三十	浙江吳興	文字學國文	隆福寺孫家坑

周思敬	仲久	二十六	江蘇寶山	英文圖畫	西總布胡同
楊敏曾	遜齋		浙江慈谿	歷史	
朱錫齡	繼菴	三十五	江蘇江寧	法學通論	大醬坊胡同
林損	攻瀆	三十七	浙江瑞安	國文倫理	溫州館
陳煥賚	慕周	三十五	廣東新會	英文	小取燈胡同
華爾		二十九	美國	英文	遂安伯胡同
賀之才	培之		湖北蒲圻	法文	迺子府
鍾鍔	秉鋒		廣東蕉嶺	算學	舊廉子胡同
徐仁錆	佩銑	三十	江蘇宜興	德文	
劉三	鐂叄	三十七	江蘇上海	國文	大蔣家胡同松江館
劉文典	叔雅	二十七	安徽合肥	國文	下斜街四眼井瞿宅

王成棟	亞雄	二十五	山左東昌	物理助教	嵩祝寺後身椅子胡同
金濤	旬卿	三十	浙江紹興	英文	東廠胡同內太平胡同
黃國聰	少檢	二十六	廣東香山	英文	交通部西頭曾宅
李祖鴻	毅士		江蘇	自由畫物理	西什庫東夾道
石龍川	露舫		湖北	體操	絨線胡同板橋
顧兆熊	夢漁		直隸	德文	干面胡同路南
史以濟	晉卿		浙江紹縣	英文	鮑家街
吳曾懃	潛甫		江蘇	法文	小草廠路西
朱鶴翔	鳳千	二十八	江蘇	法文 法學通論	什方院
何德美	雲瑞		德國	德文	協合胡同
田北湖			江蘇	地理	教場三條

朱宗萊	蓬仙	三十七	浙江海寧	國文	爛縵胡同居宅

預科三年級學生題名

姓名	別號	年歲	籍貫	所學門類	通信處
徐廷彥	星洲	二十六	京兆宛平	一部法文班	西直門外海甸官元胡同
譚宗培	厚之	二十五	京兆宛平	同前	北京宣武門內新街口半截胡同
李濟淮	鋅葦	二十五	廣西蒼梧	同前	北京北柳巷廣西學堂 廣西梧州四坊街龍昌號轉
孟慶學	熙子	二十五	安徽太湖	同前	安徽太湖縣徐家橋孟咸泰號
馬德祥	春田	二十五	京兆宛平	同前	北京宣武門外廠刀胡同
周嘉瀚	幼儒	二十四	江蘇江寧	同前	北京前門內旗守衛
陳繩穀	仲英	二十三	湖南黔陽	同前	湖南黔陽城北 北京草廠八條辰沅會館
張崇壎	伯堯	二十三	四川巴縣	同前	漢口漢潤里聚興誠號內張仲埜轉
郝德	仲默	二十二	四川成都	同前	北京騾馬市粉房琉璃街二十四號

王楷	式如	二十二	浙江紹興	同前	西長安街安福胡同雙柵欄門牌七號
穆成華	彩臣	二十二	京兆宛平	同前	琉璃廠東南園二十二號
周學祖	仲敏	二十二	安徽蕪湖	同前	蕪湖西門內後家巷 又北京前門外高廟蕪湖館
張抗	毅遠	二十	浙江永嘉	同前	溫州謝池里 又北京宣武門外上斜街
楊淦保	燕仲	二十	江蘇吳縣	同前	北京宣武門外上斜街
朱光沐	秀峰	二十	浙江山陰	同前	北京西長安街興隆大院吳宅
孫逵方	樂安	二十	安徽壽縣	同前	北京崇文門內毛家灣陸宅轉
鄔馨	佑庭	十九	江蘇松江	同前	乾麪胡同東石槽十六號
袁慧炘	思闓	十九	浙江桐廬	同前	北京前門內高牌胡同
趙毓英	殿卿	三十	陝西咸陽	一部英文甲班	咸陽縣城內魚池巷
朱耀西	韞山	二十九	浙江江山	同前	江山縣上台鄉朱益成本店

楊振武	悟元	二十九	安徽桐城	同前	桐城縣練潭鎮太和生號轉
陳萬鎧	襄甲	二十八	奉天撫順	同前	奉天撫順縣營盤
婁學熙	穆清	三十	吉林賓縣	同前	賓縣德昌恒轉
汪俊	貫因	二十六	安徽桐城	同前	安徽靑草塥張恒豐號轉交蟠龍墩
李義忠	悔生	二十六	貴州貴筑	同前	北京東城小羊宜賓胡同
關賡龍	伯熙	二十六	奉天義縣	同前	本縣淸和門天和堂轉交
紀鉅紹	符生	二十六	直隸獻縣	同前	滄縣城西崔爾莊
李振忠	作民	二十五	貴州貴陽	同前	北京東華門內銀閘四號貴陽李寓
劉秉憲	亦廉	二十五	直隸懷安	同前	懷安縣城內北街女學校轉
孫發萃	登揚	二十五	安徽桐城	同前	桐城縣城內余家灣
孫振甲	致一	二十五	奉天海城	同前	海城牛莊西關興順和

袁增緒	培之	二十五	直隸深澤	同	前	深澤縣城內餘蔭堂轉
吳障東	模完	二十五	安徽太湖	同	前	太湖縣小池驛衛生堂
楊海清	文波	二十四	雲南富民	同	前	雲南富民郵政分局
穆瑞璋	滌瑕	二十四	直隸密雲	同	前	密雲縣魚市口義和館轉交
雷國能	任伯	二十四	四川開縣	同	前	開縣臨江鎮草街子伍瑞生轉
陸雪塘	省道	二十四	浙江海寧	同	前	浙屬硤石西慶雲橋
梁文瀚		二十四	廣西蒼梧	同	前	梧州城外學塘基頭梁和興號
耿釗彤	賓雅	二十四	直隸天津	同	前	天津府署東任家胡同
胡家駿	伯群	二十四	浙江桐廬	同	前	桐廬縣上城胡大房收
高迺濟	春舫	二十三	奉天遼陽	同	前	遼陽城內天增當
陳與漪	建民	二十三	福建閩侯	同	前	福州城內西門街

方豪	俶新	二十三	浙江金華	同	前	金華碼頭棨順昇號轉澧浦孫春和號
關侅	致能	二十三	京兆宛平	同	前	西四當街廟後毛家灣
陳穀	貫吾	二十三	江蘇江陰	同	前	江蘇無錫后塍何樹培君轉交
呂冕南	菌生	二十三	江蘇宜興	同	前	江蘇宜興蜀山永豐裕號轉
吳植棪	蔚生	二十三	直隸淶水	同	前	涿縣石亭
鄭璜	君佩	二十二	安徽桐城	同	前	桐城西鄉青草塥鎮鄭恒有店轉
張鴻儒	譽三	二十二	直隸冀縣	同	前	東鹿縣文郎口轉西堤北天增慶
劉永滔	子康	二十二	福建閩侯	同	前	福建省城余府巷
張濟民	寄溟	二十二	湖北黃岡	同	前	漢口轉倉埠鎮
何世楨	幹臣	二十二	安徽望江	同	前	上海麥根路三十二號
陳嶲驤	鏡如	二十二	浙江會稽	同	前	前門外長巷上四條

邢桂芬	子馥	二十二	直隸新城	同前	新城縣南關福升店轉交孔馬頭村
閔孫奭	元召	二十一	江蘇江都	同前	北京宣武門內後王公廠
王守謙	益如	二十一	直隸天津	同前	山東省城內小王府街路北
何世枚	卜臣	二十	安徽望江	同前	上海麥根路三十二號
黃曾武	義卿 永菴	二十	浙江瑞安	同前	上海麥根路四十七號
譚建之	少園	二十八	山東濰縣	一部英文乙班	濟南商埠瑞興益花棧
張慎鍔	鐵華	二十八	直隸深澤	同前	深澤南關全勝永轉交
吳政	君惠	二十八	安徽桐城	同前	桐城縣南大街六十號
楊昭恕	心如	二十八	湖北穀城	同前	穀城縣石花街郵局轉
池澤滙	師周	三十	湖北安陸	同前	安陸縣城內
夏之時	行可	二十七	安徽桐城	同前	安慶轉青草塥孫元泰轉

劉書鉢	素儒	二十六	直隸衡水	同前	衡水縣鉅鹿鎮郵政分局轉南律村
李德臨	星符	二十六	安徽舒城	同前	安徽舒城桃溪鎮李隆成號
胡孔安	子靜	二十六	安徽舒城	同前	舒城城內三旭唐許宅轉
郝俊	傑民	二十六	京兆涿縣	同前	涿縣長溝鎮郵局轉交北務村
龔寶銓	逑衡	二十六	江蘇海門	同前	海門麒麟鎮西北
鮑貞	駒昂	二十六	江蘇宜興	同前	宜興鼎山鎮鮑信成行
胡景豐	稔圃	二十五	奉天開原	同前	開原粮集市南頭東胡同西首胡宅
翟俊千	覺群	二十五	廣東東莞	同前	廣東東莞城外賣蘇街生泰店
黃浚	漢聲	二十五	浙江黃岩	同前	黃岩土嶼
商鳴勤	佩綸	二十五	奉天開原	同前	奉天開原城西雙樓台郵政代理所交興隆台
韓樹人	哲生	二十五	直隸晉縣	同前	深澤南關益豐永轉交

楊志清	鑑泉	二十五	直隸天津	同前	天津大直沽前街復興米舖轉交
韓樹棟	光天	二十五	直隸清苑	同前	保定道清苑縣魏村鎮轉交
陳杲	耀東	二十五	安徽舒城	同前	舒城城內王鐵卷
賈應璞	獻廷	二十四	直隸冀縣	同前	冀縣城內慶遠昌轉
王恩榮	沐涵	二十四	直隸昌黎	同前	昌黎赤崖鎮懷德堂
佟廣慎	敏衷	二十四	奉天撫順	同前	奉天大東關老墾務局胡同
姜達	宗銘	二十四	浙江江山	同前	江山縣清湖鎮交恒新鹽倉轉新塘邊
梁醴泉	子香	二十四	山東堂邑	同前	堂邑縣辛集鎮聚泰和
敖啓凱	快如	二十四	奉天開原	同前	奉天開原全宅
鄧恭海	匯東	二十四	廣西藤縣	同前	藤縣和平墟同福號轉
趙保奭	召棠	二十四	安徽舒城	同前	北京宣武門內油房胡同

楊濟華	濟華	二十四	江蘇無錫	同前	無錫北門道場巷底第一號
于連孝	奉先	二十三	山東夏津	同前	夏津縣李官屯郵政信櫃送至陶橋交
張鵬陞	雲程	二十三	奉天撫順	同前	撫順縣千金寨福興德轉交
喻玉田	萱孫	二十三	山東茌平	同前	山東省城內東城根街南首
王宸章	紫卿	二十三	黑龍江武興	同前	黑龍江省城復興公
嚴建章	光漢	二十三	陝西澄城	同前	澄城寺前鎮天興成花店
曹頌彬	軼華	二十三	安徽合肥	同前	合肥縣東門大街德和慶莊
李建中	拱宸	二十三	浙江紹興	同前	北京地安門外松樹街
李良弼	良弼	二十三	山西平定	同前	平定縣西郊鎮郵政代售處勤遠成
龔自知	仲鈞	二十三	雲南大關	同前	雲南大關縣城內
朱履中	綏之	二十三	江蘇泰興	同前	泰興縣城馬信昌號轉

蘇甲榮	演存	二十三	廣西藤縣	同前	藤縣城內蘇敦素堂
徐光廉	仲白	二十五	安徽宣城	同前	宣城油榨溝鎮
張大華	大華	二十二	湖北黃岡	同前	湖北陽邏張萬春轉臨川村
呂日奎	判眞	二十二	江西興國	同前	興國縣城南呂善昌號轉
袁讜	瑤如	二十一	浙江杭縣	同前	杭縣城內盔頭巷吳宅轉交北京西單達智營
何錫瑤		二十	河南滑縣	同前	本縣牛市屯德聚公轉
何謙	亦廉	十九	湖南郴縣	同前	郴縣城內何文簡公祠轉交增湖
許有益	受謙	二十八	浙江鄞縣	二部英文甲班	寗波鄞江橋介壽堂轉交
王自治	立軒	二十七	甘肅甯夏	同前	正寗縣永和裕號轉
謝璧文	斗生	二十七	安徽太平	同前	安慶省城大南門水關
王鎭	程九	二十七	山東榮城	同前	榮城縣內郵務總局交

張漢威	漢威	二十六	廣西容縣	同前	容縣波羅江口
王起元	新亞	二十六	貴州貴陽	同前	貴陽城內忠烈宮德順復號
許名杰	邁群	二十六	安徽歙縣	同前	徽州城內
楊梯	錄清	二十六	四川資陽	同前	資陽銅鐘河分郵局轉交伍市
潘文	空文	二十六	廣東梅縣	同前	漢口志忠學校
劉書芳	馨山	二十六	直隸雄縣	同前	雄縣高等小學堂轉交孤莊頭村
張爲政	德居	二十五	奉天開原	同前	奉天鐵嶺悅來棧
趙慶麟	瑞忱	二十五	奉天西安	同前	本縣天益長轉
郝祖齡	夢九	二十五	陝西三原	同前	三原城內積慶生號轉
胡定	竫公	二十五	浙江江山	同前	江山清湖鎮鮑兆泰倉轉交官溪
董成襄	贊庭	二十五	直隸懷來	同前	懷來城內德順湧

黃祖謀	智菴	二十五	廣東順德	同前	廣州逢源中約
李際唐	景虞	二十五	直隸肅甯	同前	肅甯縣梁家村巡警局轉留善寺復盛號
賈振雄	伯雄	二十五	京兆宛平	同前	直隸蘆溝橋
于樂瀅	瀅之	二十四	山東濰縣	同前	濰縣寒亭鎮
張景春	迓東	二十四	奉天盤山	同前	本縣永順泉
江成標	正若	二十四	安徽歙縣	同前	浙江衢縣王景豐號
游嘉德	修吾	二十四	江西樂安	同前	樂安縣城游泰興典
江家政	子齊	二十四	四川資陽	同前	資陽丹山鄉
毛準	子水	二十四	浙江江山	同前	江山縣石門鄉
齊鼎晉	錫侯	二十四	直隸天津	同前	天津楊柳青獅子胡同
齊植棨	戟門	二十四	直隸天津	同前	天津楊柳青健隆號

張釗和	勉周	二十四	山東安邱	同前	安邱城裏汲新書社
陳廷紀	公魯	二十四	貴州貴陽	同前	貴陽省城內堰塘坎種竹山房
張玉塏	薫東	二十四	直隸正定	同前	正定縣城南十里舖鎮
吳福和	福元	二十四	江蘇宜興	同前	宜興東珠巷
陸文禮	質夫	二十三	山西平定	同前	定平縣中學校
彭道仁	洪治	二十三	直隸保定	同前	宣武門內西拴馬莊
兪誠鎬	子京	二十三	浙江奉化	同前	奉化亭下鎮沈台義號轉
張[illegible]馨	子明	二十二	福建仙遊	同前	仙遊縣東門外春泉舖轉
吳新槎	月舫	二十二	江蘇江陰	同前	江陰縣峭岐吳宅
高恩元	鼎勛	二十二	直隸灤縣	同前	榛子鎮郵政局轉交攏牛橋高家庄
王拓洲	寰五	二十二	河南正陽	同前	正陽縣西街

賀聖謨	芸齋	二十二	浙江鎮海	同	前	寗波大碶頭賀愛房
袁嵩瑞	祝三	二十二	奉天瀋陽	同	前	奉天鐘樓南芝蘭齋果局
施仁培	孔成	二十一	江蘇崇明	同	前	崇明侯家鎮
湯博圻	偉青	二十一	江蘇崇明	同	前	崇明蛸蜞鎮西
韓嘉樸	菊侯	二十一	浙江紹興	同	前	崇文門外薛家灣
楊錦篆	丹廷	二十八	山東沂水	二部英文乙班		沂水縣沭水分局
許寅威	省三	二十八	河南南陽	同	前	瓦店鎮與合德轉
紀鉅紋	子猷	二十八	直隸献縣	同	前	滄縣城西雀爾莊
段烈文	烈文	二十七	四川定遠	同	前	定遠縣列面鄉郵政支局轉
潘元耿	元耿	二十六	浙江餘杭	同	前	餘杭城外馬家弄恒升昌
洪壽彭	仲槐	二十六	浙江新登	同	前	新登西門外裕和棧轉

易光祐	侚恆	二十六	四川富順	同前	懷德鎮郵局轉大頭城易桂亭
張鵬舉	翊南	二十六	直隸灤縣	同前	灤縣胡各莊東全發
朱士鏞	笙友	二十六	福建莆田	同前	莆田城内衙后桃巷大夫第
王紹文	顯謨	二十六	福建長汀	同前	汀州新橋坊篤材小學
曹繩武	述堯	二十六	直隸望都	同前	直隸清風店德慶布店
黎樾廷	護群	二十五	廣東東莞	同前	北京上斜街東莞新館
陳泮嶺	峻峰	二十五	河南西平	同前	本城内東後街李供寶轉
陳儒魁	冠生	二十五	直隸深澤	同前	深澤縣城内恆全昌
黃德剛	法柔	二十五	廣東惠陽	同前	惠州城東江沙公合轉交
黎楠	梅村	二十五	直隸深澤	同前	深澤縣城内恆全昌
戴博蔭	逸民	二十四	奉天開原	同前	開原城内三皇廟後街

段毓靈	子實	二十四	四川定遠	同前	定遠縣興隆場龐培元轉交
曾慶思	澤國	二十四	直隸樂亭	同前	樂亭新寨鎮四合盛轉香道
張守訓	鯉庭	二十四	直隸大城	同前	本縣王口鎮敬義昇
齊經堂	鎔六	二十四	直隸蠡縣	同前	高陽南莘橋鎮天泰成轉交
齊國樸	芃華	二十四	直隸蠡縣	同前	高陽南莘橋鎮恆源號轉握紐莊
王鏡清	劍秋	二十四	浙江嵊縣	同前	上虞章鎮鄭壽泉粮食行轉蘆田
王若怡	進旃	二十四	安徽懷甯	同前	安慶城內楊家拐中學校操場下
楊能睿	伯智	二十四	四川資陽	同前	資陽銅鐘河分郵局轉交伍市普濟堂
夏道澍	仲霖	二十三	安徽和縣	同前	南京轉和州南門
鄭[illegible]智	愚如	二十三	浙江瑞安	同前	浙江瑞安大學
孫發端	孝開	二十三	安徽桐城	同前	桐城宜民門內余家灣

董秉銓	伯衡	二十三	浙江嘉興	同前	嘉興城內下塘風車街口
段維泰	常如	二十三	直隸唐縣	同前	唐縣城內後街
彭蔭堂	肅候	二十三	直隸曲陽	同前	曲陽縣燕趙村中和堂
佟良仁	壽天	二十三	奉天瀋陽	同前	奉天大南關小十字街左治胡同本宅
劉崇謹	敎生	二十三	湖北黃安	同前	麻城宋埠正興源
左廷序	芳五	二十三	直隸獲鹿	同前	獲鹿縣休們鎮元吉鹽店轉遞宋村
季步龍	策之	二十二	江蘇鹽城	同前	江蘇阜甯八灘
韓厚基	礎石	二十二	奉天海城	同前	本縣騰鰲堡韓五福堂
陳亮中	亮中	二十二	廣西容縣	同前	容縣城外永隆轉
唐虞	景周	二十二	安徽合肥	同前	合肥城西唐家圩
孫雲鑄	鐵生	二十二	江蘇高郵	同前	高郵梁逸灣

李澤乾	惕若	二十二	安徽合肥	同	前	合肥四牌樓
李長春	燕亭	二十二	直隸定興	同	前	定興縣姚村鎮
李濂鏜	杏南	二十二	直隸冀縣	同	前	冀縣城西碼頭木子莊鎮友于堂
姚士杰	定侯	二十二	浙江臨安	同	前	臨安五柳橋
李餘慶	善堂	二十一	河南襄城	同	前	本縣北關田和合轉
李蔭之	伯瑛	二十一	直隸定興	同	前	定縣永泰昌交東汶村
董慎方	筱寰	二十一	奉天寬甸	同	前	本縣城內南街
劉昌景	時傑	二十	湖南永興	同	前	本縣太來墟萬利號轉

預科二年級學生題名

姓名	別號	年歲	籍貫	科目	住址
蕭奮成	葆光	二十三	廣西容縣	一部法文班	廣西容縣自良市中昌店轉龍塡塘
王文煌	仲惠	二十三	四川華陽	同前	武昌大朝街
毛恩頤	震東	二十三	直隸京兆	同前	北通縣如意胡同
陳儒康	學池	二十二	四川樂山	同前	
胡若愚	若愚	二十二	安徽合肥	同前	保定東關外小金莊鮑宅轉
孫芳	贊卿	二十二	湖北武昌	同前	武昌多公祠門牌七號
何維廉	伯潔	二十一	直隸寶坻	同前	寶坻大口屯益興隆轉交古河莊清漪堂何
王士魁	鏡儒	二十	直隸通縣	同前	前門外珠市口南路東寶珍樓
康宗潞	彥封	二十	四川會理	同前	本縣西關會理銅局

范絜	心如	十九	甘肅靖遠	同前	河南孟縣公署
馮用之	利賓	十九	湖北崇陽	同前	武昌新堤大沙坪桂口仁義德號
潘麟昌	季遠	十九	直隸新城	同前	涿州東南鄉交平景鎮彥秀堂
郝瑞波	景清	十九	直隸清苑	同前	保定城南溫仁鎮轉郝王力
陳綿	伯早	十八	福建閩縣	同前	西四牌樓南靈境內八寶坑
袁信	實甫	二十七	直隸清苑	一部英文甲班	清苑縣小金線胡同
傅振玉	夔石	二十六	奉天開原	同前	奉天鐵嶺東關義和堂
楊懋昌	勉初	二十六	陝西漢中	同前	洋縣大西門內新盛和號
區嘉鑄	鼎新	二十五	廣東順德	同前	廣州西關德興里忠信和闌子店轉交
胡謙	道根	二十四	湖北黃岡	同前	湖北團風鎮喻人和轉
魏玉璜	伯符	二十四	河南武陟	同前	本縣大司馬鎮轉張武村

劉琳	子玉	二十四	直隸安國	同前	本縣南關路西隆興祥鞋店轉交
楊冠生	心儒	二十三	奉天營口	同前	營口元神廟東胡同
周從政	達夫	二十三	奉天蓋平	同前	蓋平縣敎育公所
宋振寰	雅歆	二十三	奉天昌圖	同前	本縣金家屯鎮廣有富
張書箴	級閣	二十三	直隸武强	同前	本縣小範鎮潤福永
胡致	遠齋	二十三	江西南昌	同前	南昌進外鐵樹坡聶永發號轉
費秉鐸	理鈞	二十三	湖北黃梅	同前	本縣新乾鄉
王文田	子硯	二十三	熱河阜新	同前	奉天新立屯玉發店轉玉和
周長憲	邦式	二十三	湖南長沙	同前	省城北門左局街
劉桂開	懷遠	二十三	廣東南海	同前	上海乍浦路四百二十六號
夏安修	敬餘	二十三	湖北黃岡	同前	北京西城小院胡同

盧延甲	冠林	二十三	直隸保定	同前	保定城內南司胡同
劉濬川	禹淪	二十二	奉天遼陽	同前	奉天遼陽東北前營城子增盛泉
陳國榘	伯雋	二十二	廣東東莞	同前	本縣東門內寶聚當
余光宗	岱東	二十二	江蘇丹徒	同前	西直門海甸村成府南頭余宅
李超凡	逸倫	二十二	廣東台山	同前	廣東台山大江墟自立藥局
許瀠	心餘	二十二	浙江瑞安	同前	浙江瑞安望江橋
陳沙	文典	二十二	福建廈門	同前	福建廈門禾山
孫耀宗	述人	二十二	奉天蓋平	同前	奉天營口萬聚鑫
何思源	惺愚	二十一	山東荷澤	同前	本縣劉牌坊街路北
于世秀	俊忱	二十一	奉天海城	同前	本縣同發長轉東柳公屯
孫希榘	舫漁	二十一	直隸豐潤	同前	蓋平縣北博洛舖魁盛泰

馮維松	伯申	二十	江蘇嘉定	同前	東單西觀音寺胡同八十七號
陶彙曾	希聖	二十	湖北黃岡	同前	黃岡倉子埠正街垂碧堂
秦泳汧	馥舫	二十	雲南呈貢	同前	省城五福巷門牌四十五號
楊慶霖	雨畊	二十七	福建仙遊	一部英文乙班	本縣沙溪恒昌舖
齊鄉	子靖	二十六	奉天法庫	同前	本縣大街永興德轉
韋翰荃	毓湘	二十五	廣西桂平	同前	桂平城美華英號轉南鄉村
田芳山	香峰	二十五	奉天梨樹	同前	本縣小城子鎮廣慶當
孫曉峰	赫岩	二十五	奉天梨樹	同前	本縣西街天益長
賈席珍	聘儒	二十四	奉天瀋陽	同前	奉天小東關山東館胡同內義興店轉城東大漁樵寨
韓岡鳴	鳳九	二十四	奉天營口	同前	營口東街怡昌和轉
齊德安	厚之	二十四	直隸高陽	同前	本縣城內東街清心里

高亞元	陟青	二十四	奉天昌圖	同前	昌圖四平街驛興元當
劉采文	郁齊	二十三	湖北天門	同前	天門乾鎮驛
賀又新	國春	二十三	奉天梨樹	同前	本縣富盛泉酒櫃
郭書捷	凱三	二十三	河南鞏縣	同前	本縣東站鎮雙興和
王文燦	星樵	二十二	福建興化	同前	哲理學校轉交
康石麟	銘閣	二十二	奉天開原	同前	本縣文廟胡同路北
張旻	筱藩	二十二	奉天鳳城	同前	濟南仁和街奉天張寓
李士坊	達衢	二十二	河南安陽	同前	本縣水冶鎮北盛興轉阜城村
陳述昂	振文	二十二	福建閩縣	同前	本京靈境內八寶坑
張興武	維揚	二十一	奉天遼陽	同前	遼陽沙河森林東
張長庚	耀西	二十二	河南鞏縣	同前	本縣東站鎮順興隆轉

孫樹森	香岩	二十一	河南鞏縣	同前	同前
李錫恩	綸三	二十一	吉林舒蘭	同前	舒蘭白旂屯永福泉
黎世蘅	稺鶴	二十一	安徽當塗	同前	安徽太平府城內竹巷
辜孝寬	冀平	二十一	浙江平湖	同前	本縣乍浦聚源木廠
陳彰瑛	華伯	二十一	湖北黃安	同前	北京電話東局號房
陸式蘅	穉香	二十一	浙江紹興	同前	北京東四牌樓十二條老君堂
吳宗屏	紹季	二十	安徽廬江	同前	北京延壽寺街泰山巷
任錫祜	景周	二十	河南鞏縣	同前	本縣東站鎮一新齋轉
徐輔德	佐良	二十	江蘇崑山	同前	江蘇青浦白鶴巷
王漸磐	孟孫	二十七	湖北蘄水	一部英文丙班	漢口轉團風轉閔陂
聞溢寰	迪淳	二十六	湖北圻水	同前	湖北下巴河立成店轉

樓由	兆達	二十六	浙江諸暨	同前	杭州中青巷
李銘綱	振伯	二十五	直隸豐潤	同前	本縣西關
張鴻	幼靜	二十五	湖北黃岡	同前	湖北黃岡團風轉本道
張瑞圖	象賢	二十五	直隸深縣	同前	本縣唐奉高等小學轉交
龐鶴	受謙	二十四	甘肅天水	同前	本縣六渭學校轉交
何兆樟	濟青	二十四	浙江金華	同前	本縣南市戴義興轉三瑞堂交
劉迺潛	子陶	二十四	廣東惠陽	同前	本縣咸魚街建祥店
吳載盛	和聲 天放	二十四	浙江奉化	同前	寧波城內奉化會館轉吳家埠
劉濟邦	謂卿	二十四	直隸饒陽	同前	饒陽城內高等小學校
蔣希曾	孝豊	二十三	湖南湘鄉	同前	本縣谷水市郵局轉送蔣家灣
鄭志熙	緝明	二十三	江蘇靖江	同前	本縣城內新街

朱雲光	吉暉	二十三	浙江江山	同前	長台鄉朱恒興號
廖壽鋆	叔衡	二十三	廣西涔溪	同前	本縣附城水東街致和堂轉交
賀葆尊	達三	二十三	直隸武强	同前	武强益興號
施學齊	跂儒	二十二	江蘇崇明	同前	崇明廟鎮北猛將廟
陳慶椿	君壽	二十二	廣東番禺	同前	廣州府石樓鄉行恕堂
樊淵溥	淵溥	二十二	四川簡陽	同前	三星場郵局轉
秦裕榮	仲文	二十二	直隸遵化	同前	本縣東新莊永益公
孫書銘		二十二	山東臨清	同前	北京佘家胡同全安棧
崔希智	鏡波	二十二	直隸冀縣	同前	本縣官道李鎮和益泰
趙賡麟	熙廷	二十二	直隸隆平	同前	本縣東關慎敏堂
趙迺搏	連城	二十一	浙江杭縣	同前	杭縣江干美政橋河下

鄭全珂	養泉	二十一	山東日照	同前	本縣東關西立號轉交邵曈
王伯玉	爵三	二十一	直隸衡水	同前	本縣全勝育
陶肇武	子龍	二十一	江蘇淮安	同前	江蘇寶應橋東街
王　政	秉鈞	二十一	四川蓬安	同前	四川周口劉雨齡轉
魯岷雲	濟文 亞鶴	二十一	安徽當塗	同前	蕪湖采石鎮億大煙莊上間壁
潘耀德	仲懿	二十	安徽廬江	同前	順治門大街孫宅
陶　振	伯猷	二十	安徽合肥	同前	景山黃化門四號
陳興霸	緝光	二十	湖南長沙	同前	長沙适泰西街
李　健	子强	十九	直隸房山	同前	本縣周口店
邱家聰	景桓	十九	浙江吳興	同前	吳興城內小西街
張　鑄	仲和	二十六	山東沂水	二部英文甲班	本縣南關敦信堂

何德芳	馨吾	二十六	山東濟陽	同	前	山東省場西關柴家巷三元宮門口三盛永轉
王保黃	仲珊	二十六	直隸臨榆	同	前	前門內後細瓦廠
王振邦	耀東	二十五	直隸武强	同	前	本縣城內永順曾轉
于樹樟	化南	二十五	直隸深縣	同	前	本縣榆科鎮普濟藥局轉韓家莊
何傳祉	止祥	二十五	山東平陰	同	前	本縣東門外
趙炳南	紹棠	二十五	直隸隆平	同	前	本縣東關
劉學正	聿庵	二十五	直隸天津	同	前	天津北門內引善社
吉永祺	壽之	二十四	山西翼城	同	前	本縣城內
楊銓	仲衡	二十四	直隸清苑	同	前	保定西街冠華帽莊
王文翰	墨琳	二十四	京兆昌平	同	前	懷柔縣城內隆源號交鴻德永
符孔遴	益宇	二十四	廣東文昌	同	前	廣東文昌邁號市永福號轉

張廣鴻	芷賓	二十三	江西贛縣	同前	本縣太平街永聚號轉
易克嶷	賡甫	二十三	湖南長沙	同前	本縣三泰街高井巷易祠
金彭年	錢甫	二十三	浙江海鹽	同前	本縣西門外南塘
熊君實	翰叔	二十三	江西奉新	同前	本縣城內大街生源大藥局代收
王秉義	啓元	二十三	直隸蠡縣	同前	直隸高陽縣西南萬安鎮轉交劉銘莊東街永順堂
高廷桂	香圃	二十二	直隸灤縣	同前	本縣茨榆坨郵局轉高家莊義德堂
李鏡濤	少波	二十二	直隸東鹿	同前	本縣四七營村
宋毓璞	楚青	二十二	直隸樂亭	同前	本縣東街德源永交井家坨新友恕堂
陶述曾	翼聖	二十二	湖北黃岡	同前	湖北倉埠鎮有濟典轉
瞿文琳	復璋	二十二	湖北廣濟	同前	湖北武穴河街徐謙泰轉
劉增祺	亢吾	二十二	直隸保定	同前	保定新安鎮濟德堂轉

夏安倫	惠常	二十二	湖北黃岡	同前	黃岡倉埠鎮協泰興轉
石志仁	樹德	二十一	直隸昌黎	同前	本縣會理鎮忠興永
王繼曾	宋卿	二十一	浙江東陽	同前	本縣城內下西街
柴競天	卓如	二十一	河南汜水	同前	河南滎陽郵局轉交穆寨
姚文琳	墨卿	二十一	直隸青縣	同前	本縣王鎮店村
張有本	博泉	二十一	直隸大城	同前	本縣王口鎮敬義昇
朱建中	雍之	二十一	江蘇泰興	同前	本縣城內馬信號轉
馬灃	芑汀	二十一	直隸衡水	同前	本縣西關慶和錢店轉南謝漳村
吳家彬	質夫	二十一	直隸天津	同前	保定城內倉門口路東津門吳
吳祖銓	君衡	二十一	江蘇吳縣	同前	蘇州閶門古市巷五十五號
吳勝荊	鹿鳴	二十一	浙江海鹽	同前	本縣西門外復昌染房

郭紹宗	景林	二十	直隸大城	同前	大城王口鎮敬合成轉
李之常	慎五	二十	湖北沔陽	同前	湖北武昌賓陽正街五十九號
吳寶桂	馨山	二十	直隸正定	同前	正定十里舖郵局轉留村天順成
高崇煥	文伯	二十	直隸雄縣	同前	本京西四牌樓羊肉胡同
鍾茂均	重興	二十	浙江鄞縣	同前	寗波鄞江橋署生十四號
蔡鎮瀛	海觀	二十	浙江德清	同前	本縣城內溪東莫家街
許洪津	仲禹	二十	浙江瑞安	同前	本縣內漁篁街
樊培基	惺適	二十七	四川奉節	二部英文乙班	夔州府正街
張宗鍌	次和	二十五	山東安邱	同前	本縣逄王支局轉交後東邵村
楊士俊	邁千	二十四	奉天西豐	同前	本縣北門內
孔憲文	渠伯	二十四	直隸高邑	同前	木縣城內永義公轉

王廷章	靜涵	二十四	直隸冀縣	同前	束鹿縣王口鎮轉門口村
胡衛華	劍夷	二十四	浙江永康	同前	本縣城內元升棧轉庫川
王培春	禾亭	二十四	直隸正定	同前	本縣城內永茂榮轉吳興村
景維清	佐綱	二十三	奉天本溪	同前	本縣西街合成興
夏韶	振聲	二十三	湖北崇陽	同前	本縣城內沈利祥號轉
陳育人	予涵	二十三	浙江諸暨	同前	浙江渚漓何恆昌轉古唐
俞物恆	覺先	二十三	浙江新昌	同前	本縣城內鵝行街壽春堂
俞人珏	璧雙	二十三	浙江紹興	同前	廣東省城都府街二十號
林曉	覺辰	二十三	浙江象山	同前	本縣城內隆泰布莊轉大林
鄭廣	約園	二十一	浙江象山	同前	本縣城內
蘇蘊惠	鶴慈	二十一	直隸房山	同前	本縣坨里車站轉李各莊

徐楷書	翰卿	二十一	直隸蠡縣	同前	直隸高陽縣莘橋鎮德盛興轉耿家莊
虞克梁	仲韶	二十三	安徽合肥	同前	北京東四牌樓五條胡同
胡策鰲	秋初	二十三	湖南武岡	同前	本縣洞口市寶通慶轉橋當頭
麥思澄	清甫	二十三	廣東香山	同前	香山小欖鎮御龍里
張鎬	幼任	二十三	浙江溫州	同前	浙江瑞安大東內行宮口
汪選	肇修	二十二	四川瀘縣	同前	瀘縣城內大十字街鴻乾號
張會若	得如	二十二	山東荷澤	同前	本縣城內好漢街路西郝宅轉
許樹墀	叔丹	二十二	浙江麗水	同前	本縣城內西園廟巷
林榮向	喬如	二十二	福建閩侯	同前	福州城內登俊里
施伯侯	伯侯	二十二	浙江蕭山	同前	浙江蕭山龕山
邱子謙	子謙	二十二	江蘇江都	同前	江蘇鎮江轉邵伯鎮北頭

吳中傑	亭權	二十二	江蘇金山	同前	金山松隱鎮莊寶源號轉
華啟秀	之英	二十二	四川簡陽	同前	本縣龍泉寺瑞華興
薛鳳棲	韶桐	二十二	直隸平山	同前	平山縣東街小學校
崔桐	栞菴	二十二	直隸望都	同前	定縣大辛莊元益隆轉建安村聚誠厚
曾昭德	淡明	二十二	湖南新化	同前	新化縣南正街楊永升錢號轉
崔振權	鼎三	二十二	山西壽陽	同前	本縣德逢永轉
孫煒鄂	棣波	二十一	吉林省城	同前	吉林省城西關榆樹胡同
關始昌		二十一	廣東開平	同前	廣州城內大市街二百六十二號
吳憲祖	象斌	二十一	直隸臨城	同前	臨城北關重盛吳轉
吳前模	範寰	二十一	安徽懷寧	同前	安慶繫馬樁
梅啓明		二十一	廣東台山	同前	美國砵崙埠

陳學普	仲威	二十一	江蘇江陰	同前	江蘇江陰大巷
劉志謙	益吾	二十一	直隸甯河	同前	天津河北元緯路劉
羨樹科	捷臣	二十一	直隸冀縣	同前	冀縣宮道李鎮慶成裕轉美家莊
張繼曾	伯魯	二十一	直隸甯河	同前	直隸蘆台關帝廟
晏才鍾		二十一	湖南新化	同前	新化南門外陳家埠
游天聰	尊彝	二十	四川簡陽	同前	本縣龍泉鎮游家祠轉
許麟紱	佩倉	二十	浙江吳興	同前	吳興山西街
周叔臣	叔臣	二十	江蘇寶山	同前	上海跑馬廳後新重慶路餘慶里十三號
吳肇基	啓宇	十九	江蘇無錫	同前	無錫龍門首躍
宮萬青	簡齋	十九	山東牟平	同前	山東濟南財政廳街八號
汪超	彥升	十九	安徽合肥	同前	安徽三河鎮北岸汪聯輝堂

蘇昌烈	君武	二十	江蘇崇明	同	前	崇明城內董家衖十一號

預科一年級學生題名

姓名	別號	年歲	籍貫	科目	通信處
陳中立	傑亭	二十五	河南信陽	一部德文班	信陽母子河彭恒茂轉游河
陳俊卿	伯英	二十五	河南淮陽	同前	淮縣城內馬巷街東頭路南
熙清	則民	二十四	奉天瀋陽	同前	奉天省城大南關花岩寺胡同
袁紹祖	伯繩	二十四	山東濟南	同前	濟南城內寬后所街
劉克儁	卓吾	二十四	江西安福	同前	長沙福勝街元和慶
陳政	仲輿	二十三	浙江紹興	同前	紹興城寶佑橋柴場街
胡如仁	伯揚	二十三	浙江紹興	同前	紹興東關鎮悅興米行轉交
佟寶鈞	冶石	二十二	奉天瀋陽	同前	本省城南紅淩堡
陳迪光	介石	二十二	湖南瀏陽	同前	長沙太平街高廩校

王凌震	春霆	二十二	河南西華	同前	河南西華渭遙雷義和轉
向景	醴泉	二十二	四川涪陵	同前	涪陵西門内三官樓
袁雲翔	瑞峯	二十二	河南新蔡	同前	新蔡南街恆順永轉
章遠适	仲文	二十二	湖南安鄉	同前	安鄉東門後街
羅榮		二十二	四川江北	同前	
趙廷光	奉前	二十二	江蘇丹徒	同前	四川成都東門貴州館街三十七號
張祜	叔和	二十一	河南開封	同前	開封曹門大街大有堂轉
陸廣濤	松岩	二十一	安徽合肥	同前	合肥東門外由合盛交
郭文景	惠川	二十一	河南侣陽	同前	侣陽南東雙河李天興號轉交青石橋郭恆裕號收
陳紀	伯璽	二十	福建閩侯	同前	北京西城靈境八寶坑
李紹康	壽齊	二十	直隸寗河	同前	寗河城内

陳全孫	泉杉	十九	福建閩侯	同前	北京西城靈境八寶坑
許時行	季中	二十六	河南上蔡	一部法文班	本縣城東蔡鎮郵局轉
高照臨	丙光	二十六	河南西華	同前	本縣尤興隆轉
郝萬鎰	琢之	二十六	直隸淮縣	同前	崇文門內喜雀胡同
李良驥	農孫	二十五	江蘇淮安	同前	淮安城內膀下橋
趙德峻	克明	二十五	河南上蔡	同前	本縣城內西街三門前趙宅轉
單德元	潤生	二十四	河南湯陰	同前	湯陰五陵鎮郵局轉
歐陽淑	仲卿	二十三	江西九江	同前	宣武門外爛縵胡同
梁廷獻	謨周	二十三	河南臨漳	同前	本邑北大街同心成轉
張思銘	少渠	二十三	河南安陽	同前	安陽清流車站姫善術轉
許瀚	紹翹	二十三	河南固始	同前	固始縣郭陸灘文天源轉

廖肇維	愼持	二十三	河南商城	同前	本縣南鄉六斗塝
蔣洞同	酌茲	二十二	直隸玉田	同前	前門西城根門牌四十二號
郭樹桂	季芬	二十二	河南黎陽	同前	河南淇縣雙和興轉
鄭汝翰	作霖	二十二	河南鄧縣	同前	本縣文渠集鄭大本堂
茹和	樂生	二十一	河南新邑	同前	新邑北關恆茂鏡轉
徐兆蕃		二十一	浙江海甯	同前	
韓荄如	少廬	十九	河南滑縣	同前	滑縣縣立小學
馬應桐	石孫	十九	直隸宛平	同前	宣武門外牛街輸入胡同
彭鈞	爐一	十八	湖南藍山	同前	本縣松鶴堂轉
黃克綸	貫道	十七	江西清江	同前	打磨廠長巷三條
廖德珍	恕庵	十七	湖南武陵	同前	北京絨線胡同朗江廖寓

陳橋孫	橋孫	十六	福建閩侯	同前	北京西城靈境八寶坑
甯福地	心田	二十九	奉天遼陽	一部英文甲班	遼陽縣城內教育會轉交
屈慈仁	薰然	二十八	四川瀘縣	同前	四川隆昌李市鎮九如齋轉
趙明高	配天	二十六	奉天遼陽	同前	遼陽縣東北前營城子增盛全轉
田景振	味屯	二十五	直隸束鹿	同前	束鹿辛集鎮全聚永轉一間房村
魏錦標	釆章	二十四	奉天營口	同前	營口田莊台元興順轉
闞達權	甲衡	二十四	奉天瀋陽	同前	奉天安奉綫陳相屯驛永隆昌
張輔銓	伯衡	二十四	吉林甯安	同前	本縣第一高等小學明達儒君轉
王近信	一如 子愚	二十三	山東荷澤	同前	山東省立第六中學轉
趙鎮坤	靜宇	二十三	山東曹縣	同前	曹縣靑堌集義聚昌
姚際清	景夷	二十三	吉林琿春	同前	琿春南門內姚宅

張强	毅敷	二十三	浙江永嘉	同前	浙江溫州府城木杓巷
胡錫杰	俊伯	二十三	京兆大興	同前	北新橋南西倉門三號
韓增輝	子榮	二十三	直隸深縣	同前	深縣王家井鎮源豐厚錢局
田益祿	茀民	二十三	直隸饒陽	同前	饒陽縣東昇祥
林福山	毓鍾	二十三	奉天西安	同前	西安縣福合慶轉
王茀川	濬波	二十三	廣東文昌	同前	文昌抱羅市羅峯學校
党文華	禹先	二十三	陝西郃陽	同前	本縣坊鎮長發和號
張捷元	建之	二十三	雲南鳳儀	同前	雲南下關福茂號
韓硯田	豐齋	二十三	直隸博野	同前	博野縣北楊村恆義號
王鍾璟		二十三	直隸交河	同前	
王廷襄	希左	二十二	直隸宣化	同前	宣化萬全藥局

萬壽堃	次彭	二十二	京兆固安	同前	固安縣牛坨鎮萬源號轉
李樹範	士型	二十二	奉天岫岩	同前	奉天鳳城西光山窰大營福盛德轉
陳顧遠	晴臯	二十二	陝西三原	同前	本邑西門內雙盛生
朱鶴齡	海籌 夢九	二十二	直隸甯河	同前	甯河東朱莊
白養浩	潢川	二十二	福建安溪	同前	厦門安溪榜頭鄉
梅祖芬	思平	二十一	浙江永嘉	同前	溫州信和街石壇巷
李芳田	韶華	二十一	直隸任邱	同前	直隸馬廠西梁召鎮郵政分局轉
梁煦章	仁南	二十一	直隸滿城	同前	保定西關吉慶公
耿木正	子繩	二十一	直隸唐縣	同前	定縣清風店車站永源貨棧交拔茄村
劉[illegible]煥	堯章	二十一	直隸安新	同前	安新縣新安城內
佟粟田	子豐	二十一	直隸安平	同前	安國縣伍仁橋隆順祥轉

馬金濤	紫波	二十一	直隸冀縣	同前	本邑城西南守李莊大慶昌
呂永坤	佑乾	二十一	直隸棗强	同前	直隸故城三郎鎮大德堂轉大王常村
王彙英	莘豪	二十一	奉天海龍	同前	海龍縣東關興發福轉
裴乃徵		二十一	京兆大興	同前	
王庚源		二十一	河南武陟	同前	
王開化	競明	二十	江蘇常熟	同前	江蘇常熟梅里北街
張協承	綸宣 能先	二十	浙江嘉興	同前	嘉興東柵口祥盛哺坊對門
朱自華	佩紘	二十	浙江紹興	同前	江蘇江都瓊觀街
李沐恩	澤普	二十	直隸高陽	同前	本縣舊城轉
趙華年	子壽	二十	直隸冀縣	同前	衡水縣鉅鹿鎮東源湧
趙桸霖	雨時	二十	奉天興城	同前	奉天綏中縣德誠館轉

史明	淦生	二十	江蘇溧陽	同前	北京前門外延壽寺街溧陽汪庽轉
梁銘西	仲訓	十九	山東萊陽	同前	山東萊陽穴坊庄恆泰成交高格莊十笏堂
葉兆桐	琴禪 鳳岡	十九	江蘇吳縣	同前	天津河北二經路二吉里路北
楊健	天行 壯飛	十九	廣東香山	同前	北京西長安街七十三號
張春恩	生甫	十九	吉林吉林	同前	吉林省垣督軍署後履安胡同
劉毓珪		十九	直隸天津	同前	
于道平	履坦	二十六	直隸長垣	一部英文乙班	長垣城內勸學所
趙翰春	孟陽	二十五	直隸安國	同前	安國縣城內南街慶昌號
張文堉		二十五	山東安邱	同前	
季徵良	子明	二十四	京兆宛平	同前	西四牌樓紅羅廠
馬成功	勛廷	二十四	奉天莊河	同前	莊河縣廣順成

呂瑞麟	猷文	二十四	直隸滄縣	同前	滄縣七里淀交
曾漢璋		二十四	江西贛縣	同前	
郭金銓	擢庭	二十三	直隸高陽	同前	
畢星垣	徽岑	二十三	山東荷澤	同前	本縣城內孝子街忠厚堂
梁輝堂		二十三	廣東香山	同前	天津法界貴和里四十三號
馬程雲	程雲	二十三	奉天綏中	同前	綏中縣程公館胡同
曹春齡	夢酒	二十三	奉天西豐	同前	奉天開原車站福泉棧轉金寨湖
劉瑞樵		二十三	廣東番禺	同前	廣州城南關海味街德安按
黎國材	授予	二十三	廣東東莞	同前	縣城文敎區黎騰芳堂
汪康民		二十三	湖北應城	同前	
劉樹藩	松籬	二十三	直隸深縣	同前	深縣城南磨鎮福壽堂轉後磨村

石景賢	仰山	二十二	京兆昌平	同前	西直門外積成公司轉
傅毓庚	朗珊	二十二	奉天本溪	同前	奉天本溪城廠四合興
潘恩垣	季屏	二十二	京兆涿縣	同前	北京十八半截北駱駝灣
陳綬章	博文	二十二	江蘇無錫	同前	溫州新河街慶年坊
徐大綸	佩經	二十二	察哈爾張北縣	同前	張家口堡內樂善藥莊轉
梁冠球		二十二	廣東香山	同前	天津法界貴和里四三號
黃堅	振玉	二十二	江西清江	同前	北京臨江會館
姜景華	茂堂	二十二	直隸冀縣	同前	冀縣柏芽莊萬祥成轉大羅口
張桂齡	芬秋	二十二	河南鞏縣	同前	本縣車站鎮公泰義轉
陳登甲	亞山	二十一	山東鄆城	同前	本城關帝廟協義成洋布店
章韞胎	盈五	二十一	安徽東流	同前	安慶張溪鎮天生堂轉

沈大升	壽康	二十一	浙江桐鄉	同前	天津東門內雙井街張宅轉
李增澤	我春	二十一	直隸威縣	同前	南宮城內德聚昌轉
鈕家洛	善伯	二十	浙江吳縣	同前	吳興府西直街
楊保銘	亮功	二十	安徽巢縣	同前	本縣柘皋西門
劉奇逢	淩霄	二十	山東恩縣	同前	恩縣舊城同德成
陳道徵	濟民	二十	福建	同前	厦門舊路頭金永洽交
馮炌	子明	二十	直隸饒陽	同前	饒陽城北東張崗鎮德源茂
孟自成	棣百	二十	甘肅循化	同前	縣城內福如海號交
梁民武	顧超	二十	廣西桂林	同前	桂林西門外竹木巷樂善堂
馬伯城	東屏	二十	山東冠縣	同前	山東淸臨千集高小學校
趙慶凱	捷南	二十	直隸冀縣	同前	衡水縣巨鹿鎮東源湧轉南梁家莊村

陳雲韶	劍略	二十	廣東南海	同前	廣東禪山疊滘鄉愼守堂
朱鴻達		二十	浙江餘姚	同前	
吳[illegible]勤	企雲	二十	安徽涇縣	同前	天津河北同福里
魏[illegible]綸	經言	十九	奉天瀋陽	同前	城內大南關西二道崗子胡同
王朝輔	左甫	十九	福建晉江	同前	西四牌樓羊肉胡同
蘇[illegible]欣	欣如	二十五	安徽太平	一部英文丙班	北京東四牌樓七條胡同中間
王金鑑	鏡堂	二十五	甘肅永昌	同前	本城內什字
盧祥桂		二十五	奉天蓋平	同前	
周[illegible]鼎	星甫	二十四	浙江麗水	同前	浙江麗水太平坊
榮[illegible]珩	楚珍	二十四	直隸棗强	同前	棗强縣大營鎮人和棧轉
翁玉麟	瑞書	二十四	廣東台山	同前	廣東台山廟邊聚利轉

陳傳賢		二十四	陝西石泉	同前	
安如磐	石儂	二十三	吉林東寧	同前	吉林東寧福合成
唐鳳歧	興周	二十三	奉天西豐	同前	奉天四平街驛轉葉赫站劉秀峰轉交
卞敬廉	魚庭	二十三	江蘇儀徵	同前	江蘇揚州大橋市
李福深	叔默	二十三	直隸高陽	同前	高陽北關交
魏景榮		二十三	直隸束鹿	同前	
沙耀金		二十三	吉林長春	同前	
汪義崇	協禎	二十二	湖南蓋陽	同前	
徐希稱	劍平	二十二	安徽廬江	同前	廬江
汪國庠		二十二	江蘇吳縣	同前	
馬[illegible]武		二十二	直隸冀縣	同前	

章維燮	槑軒	二十一	安徽合肥	同前	合肥官亭郵局轉
劉振東	鐸山	二十一	山東黃縣	同前	山東黃縣城西中村集交前街劉昆裕堂
王德林	厦材	二十一	浙江吳興	同前	蘇州鐵路巷四六二號
許文國	化洲	二十一	奉天鐵嶺	同前	奉天鐵嶺萬源公轉
葉林海	鏡波	二十一	直隸通縣	同前	東四牌樓四條
李廣勛	功普	二十一	廣東番禺	同前	廣州西關多寶大街第二號至五號
高占春	梅生	二十一	奉天開原	同前	開原菜市廣泉豐轉
吳殿樞	拱宸	二十一	奉天興城	同前	奉天興城縣北街
毛臯坤	贊乾	二十一	浙江江山	同前	江山清湖公義號轉
劉亞藩	滌歐	二十一	京兆安次	同前	安次縣王家務村
陳伯融		二十一	福建閩侯	同前	

周顯政	建侯	二十	湖南湘潭	同前	湘潭十八總筷子巷口周養和藥號轉
陳時琳	仲璋	二十	浙江溫州	同前	浙江溫州三官殿巷
趙學漢	紀南	二十	四川永川	同前	永川城內本巷
史鑒年	彭甫	二十	江蘇武進	同前	西城大栅欄興隆街大院三號
孫明鑑	冰如	二十	直隸天津	同前	東華門北池子門牌三十三號
郭錫璋	献璞	二十	直隸天津	同前	天津輝德鎮明聚厚交杜家莊
曹宗周	新民	二十	直隸大興	同前	亮菓廠
呂繩曾	仲勉	二十	安徽旌德	同前	教場二條門牌三十一號
汪信臣	召甫	二十	江蘇儀徵	同前	草帽胡同北口門牌二號
王鐘夔	堯欽	二十	直隸吳橋	同前	吳橋縣東馬路王宅
王朝綱	叔權	二十	福建晉江	同前	西四牌樓羊肉胡同西口路北

朱忠存	藥漢	二十	廣東台山	同前	廣東新昌埠安寧街廣豐和
常焜彝		二十	奉天梨樹	同前	
郭定燊	修仁	二十	江蘇句容	同前	江蘇句容縣泰和生布莊
王猷藎	桂莘	二十	湖南瀏陽	同前	湖南瀏陽北城永清街王慶餘堂
黃耀華		二十	湖南郴縣	同前	
王福謙	祥來	十九	浙江吳興	同前	湖州城內館驛巷槐蔭堂
陳永夔	武孫	十九	福建閩侯	同前	福州城北后街
林飛熊		十九	福建平和	同前	北京東城新開路門牌五十三號
張[illegible]超	定遠	十九	湖北鄂城	同前	南池子大蘇州胡同三號
王宗德	慧生	十八	直隸豐潤	同前	唐山南宣莊諸義德號轉交
王正誼	衆孚	二十五	河南鞏縣	二部英文甲班	

林冠英	冠英	二十五	吉林伊通	同前	吉林長春南關順升合
苗培成	告寶	二十四	山西晉城	同前	晉城縣城內天福昌轉
藥春熙	榮臺	二十四	山西榆次	同前	榆次張慶村永慶泉轉
高建鈔	韞山	二十四	直隸新河	同前	新河城內德合公轉交堯頭村
林文杰	玉生	二十四	福建晉江	同前	泉州城內玉犀巷聚奎軒
趙貫一		二十四	直隸臨城	同前	
胡德潤	澤生	二十三	直隸完縣	同前	直隸完縣北關祥興號轉交
邵興周	化南	二十二	奉天瀋陽	同前	瀋陽城西南官立堡天順昌
王世庠	子周	二十二	直隸冀縣	同前	冀縣田村轉南柏舍村
方彬蘭	雅畲	二十二	河南商城	同前	北京大拐棒胡同方廣
高尚德	錫三	二十二	山西靜樂	同前	靜樂城東關天和永收轉

姚大海	容軒	二十二	山西萬泉	同前	萬泉縣郵局轉
鹿家鼎	定九	二十二	安徽合肥	同前	合肥桃溪鎮郭萬順油房轉
過錫鬯		二十二	江蘇無錫	同前	
劉毓琯	調笙	二十一	直隸天津	同前	北京崇文門內喜雀胡同
崔鶴峯	皋九	二十一	直隸安國	同前	安國城內永泰盛轉交
趙冠	亞樵	二十一	江西奉新	同前	江西奉新城東趙宅
周以德	咸一	二十一	山東安邱	同前	山東膠濟車道岞山站交逄王分局轉
鄒懷葛	裕如	二十一	江西豐城	同前	南昌城內平安巷聚和美
李景華	欣樸	二十一	直隸延慶	同前	北京西直門車站積成公問
謝家筠	仲鴻	二十一	安徽合肥	同前	合肥億泰祥布莊
劉寶華		二十一	直隸完縣	同前	

李葆和	鶴生	二十	河南濟源	同前	濟源縣東湬聚鎮郵局
關承烈	繩武	二十	奉天撫順	同前	撫順城南關永順長
于桂馨	子馚	二十	直隸高陽	同前	高陽莘橋協力永轉交
張德强	健行	二十	直隸滿城	同前	滿城廣和藥局轉交
馮景蘭	淮西	二十	河南洮源	同前	河南洮縣祁儀鎮
夏承楓	湛初	二十	江蘇江甯	同前	南京全福巷
王世毅	剛森	十九	福建閩侯	同前	蘇州城內直街
張金品	貢三	十九	直隸密雲	同前	直隸密雲古北口河東張宅
高介清	惜氷	十九	奉天鳳城	同前	奉天海城南關廣益店
耿述之	紹先	十九	直隸唐縣	同前	定縣清風店永源號轉交把茄村
欒鑑瑩	鏡古	十九	直隸清苑	同前	直隸清苑張登鎮

陶[illegible]勳	正伯	十九	湖南岳陽	同前	湖南岳陽城內菊園
俞崇厚	惇伯	十九	安徽婺源	同前	北京宣武門外趕驢市
韋國鉁		十九	江蘇江都	同前	
楊顯卿	荀伯	十八	原籍山東 現居奉天海城	同前	奉天海城城裏長發福
顧翊羣	季高	十八	江蘇淮安	同前	江蘇淮安城隍廟巷顧宅
劉正經	乙閣	十八	江西新建	同前	江西省城內千家前巷四號劉寓
陳繼宏	達士	十八	福建長樂	同前	北京東四嘎嘎胡同
鍾汝江	冠瀛	十七	廣東	同前	香港依利近街二十一號三樓
闞家樑	雲台	十七	安徽合肥	同前	北京數場頭條闞宅
費松燚	少源	二十五	河南旗籍	二部英文乙班	北京東四牌樓什錦花園
曹奇山	經五	二十五	直隸高邑	同前	高邑城內順興油店轉營兒村

劉同	佐康	二十五	山西徐溝	同前	徐溝縣高等小學校
趙廷芬	蘭簃	二十五	直隸衡水	同前	北京東單棲鳳樓胡同
史洵美	直侯	二十五	直隸遵化	同前	遵化縣城內北丁字街
翁兆祥		二十五	廣東台山	同前	
尹序蘭	湘九	二十四	山東高唐	同前	山東清平縣辛集郵政分局轉馮莊
任葆恆	遜甫	二十四	直隸束鹿	同前	束鹿舊城泉生育交
王禮成	洛南	二十四	河南嵩縣	同前	河南嵩縣鳴皋鎮
孫象陽		二十四	河南息縣	同前	
陳彰琯	來白	二十三	湖北黃安	同前	本京騎河樓蒙福祿館
趙全功	保章	二十三	山西忻縣	同前	山西忻縣雙盛永交
卜繼芳	少軒	二十三	直隸安國	同前	直隸安國縣南關

劉介臣	樹藩	二十三	直隸望都	同前	定縣城東太辛莊轉交建安村
楊守信	景湘	二十三	直隸饒陽	同前	饒陽南關利源永交
阮永極	南公	二十三	安徽合肥	同前	北京東四十條胡同
吳國賢	治民	二十三	直隸東鹿	同前	東鹿舊城鎭祥益隆交
王迺潼	小隱	二十三	山東費縣	同前	山東兗州邁園王廌
馮志琗	漢標	二十三	湖南沅陵	同前	
李家弼	紹庚	二十二	湖北陽新	同前	陽新縣李鼎盛
蔣志澄	敉晋	二十二	浙江諸暨	同前	諸暨姚公埠鎭景泰號轉寄黃稼埠
高兆麟	振靑	二十一	江蘇無錫	同前	無錫城內三皇街大虹霓橋
趙濟乾	君健	二十一	浙江諸暨	同前	諸暨楓橋鎭莉萬馨號轉交
諶級銑	禹門	二十一	四川開縣	同前	開縣城內大南街陳同泰轉

劉炳昳	覲文	二十一	直隸蠡縣	同前	崇文門外上四條道豐公綫莊
劉志光	子偉	二十一	直隸元氏	同前	元氏縣南因村謙益恆
歐陽菼	競秋	二十一	江西萍鄉	同前	萍鄉桐木錢源湧號
羅運磷	松巖	二十一	江西萍鄉	同前	萍鄉上栗市和興隆代收轉交
劉馥		二十一	湖南新化	同前	
詹天覺	樂余	二十	安徽休甯	同前	北京西四石碑胡同森昌堆房
胡家騶	伯周	二十	浙江桐廬	同前	浙江桐廬縣胡大房
李樹城	友桃	十九	京兆順義	同前	京北高麗營鎮轉交
杜友渠	薰岩	十九	山東高唐	同前	山東高唐縣南門裏
潘祖述	景讓	十九	江蘇武進	同前	常州西門外談家場一號
陳慶萱	孝慈	十九	廣東番禺	同前	番禺縣不樓鄉行恕堂

趙國賓	次庭	十九	陝西藍田	同前	西安鐘樓南恆益成轉
余季智	識菴	十九	廣東台山	同前	香港下環大馬路余廣昌
唐文悌	瑞庭	十八	江蘇崑山	前同	北京王府井大街郎家大院
李漢輝	光甫	二十五	河南新蔡	二部英文丙班	新蔡縣李莊橋協泰號轉交三空橋村
趙簡耀	可法	二十三	浙江諸暨	同前	諸暨楓橋趙萬馨
周寶堃	筱泉	二十三	京兆涿縣	同前	涿縣城內東大街
葉林厚	寯章	二十三	京兆通縣	同前	北京東四遂樓四條胡同
張兆豐	景瑞	二十三	河南遂平	同前	平縣南海街張宅
杜一清		二十三	浙江衢縣	同前	
吳英元	箸超	二十二	奉天遼陽	同前	奉天遼陽雙井胡同
劉寶遠	航琛	二十二	四川瀘縣	同前	瀘縣白塔街愛人堂

彭芝蕙	佩秋	二十二	山東聊城	同前	聊城城內光嶽樓北
陳穎春	繼唐	二十二	江西高安	同前	高安瑞成信轉陳久敬堂
王學彬	仲雅	二十二	直隸天津	同前	天津西門內頭條胡同
楊國相	立民	二十二	京兆宛平	同前	宣武門香爐營頭條路北
楊雯		二十二	山西沁源	同前	
李瑞圭	瑞圭	二十一	直隸天津	同前	天津西門城隍廟大胡同
孔繁傑	士豪	二十一	安徽合肥	同前	合肥西鄉大柏轉高劉集交
汪善繼	志八	二十一	江蘇宜興	同前	天津城丁家胡同
吳成澤	阜生	二十一	安徽歙縣	同前	歙縣昌溪勤貽堂
馬志駉	千里	二十一	浙江黃岩	同前	黃岩城楊裕興南貨鋪轉交
王寶貴	耀華	二十一	奉天興京	同前	興京教育公所轉

王宅豐	翼亭	二十一	直隸衡水	同前	衡水西關佩華樓轉交
蕭學梅	德宣	二十一	廣東潮陽	同前	潮陽塗庫社迪光堂
劉秉中	允之	二十一	直隸徐水	同前	徐水北關永興源交高林村
林繼庸	繼墉	二十	廣東香山	同前	廣東香山東鎮大車鄉林大居堂
胡肇基	景星	二十	江蘇江陰	同前	無錫顧山鎮胡永興醬園
張國燾	檻蔭	二十	江西萍鄉	同前	萍鄉上栗市會友堂轉芝馥山
張國鑄	鐵崖	二十	安徽合肥	同前	北京東四十條東口
譚國藻	芹蓀	二十	廣東台山	同前	廣東台山新昌埠均義當
陳存莊	子端	二十	湖南長沙	同前	北京安定門大街南頭路西長沙陳宅
張鴻翱		二十	京兆永清	同前	
馬仕芬	質周	十九	四川會理	同前	四川會理城內西街

陸家俊	邁千	十九	江蘇崇明	同前	宣武門大井胡同
王化新	澤黎	十九	直隸清苑	同前	保定城內小金線胡同王寓
沙曾煒	彤伯	十九	江蘇崇明	同前	崇明北河文隆鎮東北纘緒堂
倪愷		十九	安徽懷寧	同前	
趙廷爲	翼臣	十八	浙江嘉善	同前	嘉善太平橋東堍
楊聰茲	聰茲	十八	浙江吳興	同前	東華門南池子燈爖庫
郭可詵	學群	十六	福建閩侯	同前	北京安定門內大取燈胡同

補習班學生題名

姓名	別號	年歲	籍貫	科目	通信處
張明道		二十四	甘肅靖遠	補習班	外城保安寺街關中館
何炳序		十九	安徽鳳陽	同前	天津南市
童蒙吉				同前	
葉文照				同前	
張佩瑚				同前	
胡膺綬		二十二	陝西臨潼	同前	外城保安寺街關中館
聞天健		二十	湖北圻水	同前	孟公府學員公廨
喬長洋		二十二	山西太谷	同前	廣興源
賈桂林		二十二	山西太谷	同前	彰儀門大街廣興源

羅宗孟	覺始	二十三	廣東順德	同前	順德縣城八閘
祁恩浵		二十二	廣東東莞	同前	東莞城外梨川鄉上斜街東莞新館
翟瑞元		二十一	廣東東莞	同前	東莞縣翟家村上斜街東莞館
湯炳榮		二十三	安徽青陽	同前	青陽木鎮潭前門外施家胡同青陽館
徐秉義		二十四	安徽青陽	同前	青陽木闕里施家胡同青陽館
張孝先		十九	山西介休	同前	北五老胡同晉學堂
伍齊叒		二十三	廣東台山	同前	台山縣斗洞
劉紹欽		十九	廣東台山	同前	台山縣横水鄉
關慶麟				同前	
陳麟堂				同前	
邢世芳	桂五	二十三	吉林農安	同前	伏龍泉乾面胡同吉林館

裴元隆		二十	四川成都	同前	成都西御街四十九號河泊廠慶雲里
舒其釗		二十一	安徽黟縣	同前	南半截胡同
吳警民		二十二	福建晉江	同前	僑寓爪哇泗水李靖胡同
陳慶餘		十九	福建金門	同前	新加坡李靖胡同
王孚鋈	振剛	二十	黑龍江泰縣	同前	
楊東昇				同前	
陳應寶		十九	廣東番禺	同前	番禺縣石樓鄉
歐昌齡		二十二	浙江象山	同前	城南小東洋村甘雨胡玄妙觀
麥景澄		二十三	廣東香山	同前	香山小欖
洪德沛		二十二	福建南安	同前	僑寓安班瀾
余宗鈺		二十一	四川新都	同前	成都府西老胡同九號

胡偉然		二十一	廣西平南	同	前	宣武門外後鄉廠廣西三館
袁澤		二十三	廣西平南	同	前	宣武門外後鄉廠廣西三館
楊文夔				同	前	
趙宗奎		二十二	奉天海城	同	前	本城內
何維湘		二十二	江蘇淮安	同	前	
蕭鴻恩		二十二	江蘇鹽城	同	前	蕭家岸 參謀部對過新開路後胡同四號
陳修業		二十三	奉天鐵嶺	同	前	邑東大寶山 西長安街雙塔寺後興隆街北楊宅
姜守權		二十五	奉天鐵嶺	同	前	鐵嶺西姜家窩堡
張輔仁				同	前	
龍文		二十三	四川宜賓	同	前	本縣城內下魯家園
楊作霖		二十一	直隸滄縣	同	前	滄縣南門內楊宅

陳德昭			同前	
張贊堯			同前	
林湘北	二十一	四川資中	同前	本縣東鄉外筆架山
易啟恕	二十	湖南長沙	同前	長沙省城都城隍廟街湖南蔡寓
李文彦			同前	
劉濬	二十二	山西甯武	同前	省城內
劉琨	二十	四川萬縣	同前	山西街夔州館
薛哲英	十六	福建仙遊	同前	
李有海	二十三	湖北黃陂	同前	東城沙灘西口
劉維漢			同前	
王純嘏	二十一	黑龍江巴彥	同前	石大人胡同門牌四號

施之澄				同前	
劉善授		二十一	廣東番禺	同前	
陳國澧		二十	廣東順德	同前	廣東城梅華坊 北河沿五十一號陳寓
汪恩培		二十一	安徽歙縣	同前	北通縣東關石虎胡同
馮延和		二十六	安徽合肥	同前	西磚胡同法源寺
朱傳晉		二十四	安徽舒城	同前	宣武門內頭髮胡同達材學舍
吳嘉猷		二十一	浙江龍泉	同前	
王綍		二十	浙江遂昌	同前	
楊步瀛				同前	
魯澤顯		二十三	四川資陽	同前	資陽伍隍鄉沙灘東口三十號
凌家猷		二十二	四川屏山	同前	宜賓東當

王櫓			同	前	
謝祥椿	二十一	吉林吉林	同	前	波泥河東吉林會館
周家鑫	十九	京兆宛平	同	前	安福胡同內新開路
馬丕漢	十九	奉天營口	同	前	正東鄉青堆子
趙鴻勳	二十一	奉天海城	同	前	海城內協昌源
許瑞鋆	二十二	廣東揭揚	同	前	省城靖海門廣和行孟公府十二號
章超	十七	廣東溫州	同	前	溫州飛鵬巷兵馬司後街門牌二號
李敦本			同	前	
葛常嶫	二十三	吉林甯安	同	前	乾面胡同吉林會館
柯禮棖	二十二	江蘇上海	同	前	現居天津東長安街
唐綬	二十一	貴州遵義	同	前	

羅明旭	十七	廣東番禺	同	前	東華門南河沿十一號
陳沛京	二十一	廣東番禺	同	前	北河沿南六十二號
蔣增潢	二十	湖南湘鄉	同	前	本縣谷水市西洋塅
楊鍾健			[illegible]	前	
郭學彬			[illegible]	前	
吳道綸	十九	安徽合[illegible]		前	南兵馬司
陳守謙	二十二	廣東東[illegible]		前	爛縵胡同東莞新館

北京大學補習班學生題名

八十二

國立北京大學民國九年畢業同學録（一九二〇）

本同學録全名「國立北京大學民國九年畢業同學録」，封面印有魯迅設計的北大校徽，就目前所知，應爲北京大學現存最早的畢業同學録。從本書所貼架位號 54/11/257 看，此書應爲胡適舊藏。扉頁鈐有「北京大學民國九年畢業同學會」朱文橢圓章，大致爲該畢業同學會贈送給胡適的。

本年畢業同學録編輯中規中矩，主要包括教職員和學生兩部分，學生部分按照姓氏筆畫排序，正文前有目録，按姓氏標有頁碼，便於翻檢。

教職員方面，首先是校長蔡元培、教務長陶孟和、總務長兼哲學系主任蔣夢麟三位的個人照片。北京大學 1919 年廢各科學長制，改爲教務長制，故已不見各科學長。

各系主任，除了史學系主任朱希祖没有照片外，其他都附有照片，分别爲：地質系採冶系土木系主任何杰、物理系主任何育杰、英文系主任胡適、化學系主任俞同奎、法律系主任黄右昌、政治系主任陳啓修、數學系主任馮祖荀。

黄右昌（1885—1970），法學家，詩人。早年留學日本，獲法學學士。歷任北京大學法律系教授、清華大學政治學系教授、北平大學法學院講師。曾任南京國民政府立法院立法委員，司法院大法官會議第一届大法官。

陳啓修（1886—1960），後易名陳豹隱，四川中江人，中國早期馬克思主義經濟學家。早年留學日本，

1917年畢業於東京帝國大學法科。1919年任北京大學教授，1923年到歐洲考察講學。回國後在北京大學等幾所大學講授馬克思主義。

其他系主任或非常著名，或前面已有介紹，不再贅述。

畢業生名録部分，主要包括個人照片，以及以表格形式列出的姓名、年歲、籍貫、學系、學歷、京内郵址、京外郵址等信息，共收録224人。

衆所周知，北京大學是新文化運動和馬克思主義傳播的重鎮，五四運動的策源地，因此1920年的北京大學畢業生經此思想啟蒙、愛國洗禮，日後有所成就者頗多。

田培林（1893—1975），北京大學哲學系畢業，1921年在河南省立中學、開封師範及法政專門學校任教。1939年獲德國柏林大學博士學位。抗戰期間曾任國民革命軍第一集團軍第八方面軍政治部少將副部長。1945—1946年任國立河南大學校長。

吕冕南（1894—1971），北京大學化學系畢業，留校任教，1927年任南通中學校長，1930年留學法國，1933年獲南錫大學分析化學博士學位。回國後任南京政府建設委員會礦業試驗室主任，抗戰爆發後任廣西桂平礦務局總務處長兼化驗室主任。1940年任雲南錫業股份有限公司個舊廠礦管理處事務室主任兼化驗室主任，後任雲錫公司協理、副經理等職。

李濟民，湖南沈淩縣人，哲學系畢業，同年10月擔任杜威和羅素長沙演講的記録。

李澤彰，北大經濟系畢業，在校期間曾在1919年11月出版的《國民》第二卷第一號上以《馬克思和昂格斯共産黨宣言》爲題發表《共産黨宣言》第一章譯文。畢業後曾任商務印書館編譯所法制經濟部主任。著有《三十五年來中國之出版業》。

孫雲鑄，古生物學家，地質學系畢業，1917年《北京大學預科同學紀念録》中已有介紹。

康白情（1898—1959），哲學系畢業，中國白話詩的開拓者之一。在校期間曾參加新潮社、少年中國學會。1920年畢業後留美。回國後先後任教於山東大學、中山大學、厦門大學。

區聲白（1892—？），哲學系畢業。在校期間與黄淩霜組織「實社」，提倡無政府主義，五四運動期間成爲當時北京大學無政府社團進化社的骨幹。畢業後任教於嶺南大學，1922年赴法國里昂大學留學，參與無政府團體「工學社」活動。1925年回國，在廣州推廣世界語。

楊亮功（1897—1992），國文學系畢業。1927年獲紐約大學博士學位。回國後任國立第五中山大學（河南大學）文科主任兼教育系教授。後歷任中國公學副校長、安徽大學校長、北京大學教授、中央研究院研究員等職。

鄭天挺（1899—1981），史學家。國文學系畢業，1921年考取北京大學研究所國學門研究生。1924年任北京大學預科講師，後任浙江省民政廳秘書等職。1930年回北京大學任教，1952年院系調整，調任南開大學教授。

潘淑（1897—1988），又改名潘菽，著名心理學家。1919年積極參加五四運動。1920年北京大學哲學系畢業。1921年赴美留學，1927年獲博士學位。回國後任教於中央大學，曾任心理學系主任。新中國成立後任南京大學校長。

羅庸（1900—1950），文學史家。國文學系畢業。1921年入北京大學研究所國學門。1924年任職於教育部，兼北京大學、北京女子師範大學講師。1927年起先後任教於中山大學、浙江大學、北京大學、西南聯合大學、昆明師範學院。

羅家倫（1897—1969），英文學系畢業，在校期間參與創辦新潮社，爲五四運動學生領袖之一。1920年赴美留學，後留學英、德、法。1926年回國，任教於東南大學，不久參加北伐。1928年任清華大學校長，1932年任中央大學校長。

譚鳴謙（1886—1956），即譚平山，哲學系畢業。在校期間參加五四運動，加入馬克思學説研究會。1921年春參與發起廣州中共早期組織。後協助孫中山改組國民黨，任國民黨中央執行委員會常委兼組織部長。大革命失敗後，參加南昌起義，因起義失敗，先後被國民黨和中共開除黨籍。1930年後參與組織中華革命党、三民主義同志聯合會、中國國民黨革命委員會等政黨組織。

此外，哲學系的陳公博，畢業後參與建立廣州共産黨早期組織，爲中共一大代表。惜後來追隨汪精衛，淪爲漢奸。

國立北京大學
畢業同學錄

KUANG HUA PRESS, LTD.
光華
美術印刷
有限公司

54
11
257
北京大
畢業同學會
民國九年

國立北京大學

民國九年

畢業同學錄

總目

校長蔡元培號孑民

教務長陶履恭號孟和

總務長兼哲學主任蔣夢麐

朱希祖

史學系兼國文系主任

地質系採冶系土木系主任

何杰號孟綽

物理系主任何育杰

英文系主任胡適號適之

化學系主任俞同奎

法律系主任黃右昌號黻馨

政治系主任陳啓修

數學系主任馮祖荀號漢叔

姓名	于連孝　號伯源
年歲	二十六歲
籍貫	山東夏津
學系	英文學系
學歷	本校預科畢業
京內郵址	沙灘三十一號
京外郵址	山東夏津縣李官屯轉陶橋
備考	

北京大學畢業同學錄

二

姓名	年歲	籍貫	學系	學歷	京內郵址	京外郵址	備考
毛準 號子水	二十八歲	浙江省江山縣	數學系	浙江第八中學北京大學預科	北京大學	浙江江山石門	

姓名	王鎮　號程九
年歲	三十歲
籍貫	山東
學系	採冶系
學歷	北京大學預科
京內郵址	前門外煤市橋聚美樓
京外郵址	山東滎成縣內郵局轉
備考	

姓名	年歲	籍貫	學系	學歷	京內住址	京外住址	備考
王文典 號肇熙	三十二歲	四川雲陽縣	法律系	雲陽縣高等小學修業夔州府中學校畢業四川高等學校畢業	宣武門外西草廠胡同山西街夔府會館	雲陽縣小河口同克昌轉	

姓名	王友顒　號揭麈
年歲	二十六歲
籍貫	安徽蕪湖
學系	國文學系
學歷	武昌文華大學理科畢業
京內郵址	前門外高廟胡同蕪湖會館
京外郵址	蕪湖蕭家巷本宅
備考	

姓名	王自治 號立軒
年歲	三十二歲
籍貫	甘肅甯縣南鄉南庄堡
學系	物理學系
學歷	陝西省立第一中學畢業本校預科畢業
京內郵址	本校第二寄宿舍
京外郵址	甘肅甯縣早勝鎮德隆祥號轉交宮河鎮祥盛魁
備考	函件或交甘肅正甯縣永合裕號收轉

姓名	年歲	籍貫	學系	學歷	京內郵址	京外郵址	備考
王拓洲 號寰五	二十五歲	河南正陽縣	工科採冶系	保定育德中學畢業本校預科畢業	安福胡同西頭五十六號	河南正陽縣北街	

項目	內容
姓名	王若怡 號進旂
年歲	二十七歲
籍貫	安徽懷甯縣
學系	地質學系
學歷	懷甯中學畢業本校預科畢業北洋大學採冶門肄業
京內郵址	豐盛胡同地質調查所
京外郵址	安慶城內楊家拐王宅
備考	

姓名	年歲	籍貫	學系	學歷	京內郵址	京外郵址	備考
王起元 號亞公原字新亞	二十九歲	貴州貴陽	土木系	貴州省立模範小學及中學畢業北京大學預科畢業北洋大學工本科土木門肄業二年六月	後門孟家大院東昇公寓	貴陽內忠烈宮坎下德順復號	

項目	內容
姓名	王祥輝 號翔輝
年歲	二十三歲
籍貫	浙江東陽
學系	哲學系
學歷	浙江嘉興秀州中學畢業杭州兩級師範肄業
京內郵址	後門外吉祥寺
京外郵址	浙江東陽城同大昌號轉棠里
備考	

姓名	王紹文　號顯謨
年歲	三十五歲
籍貫	福建長汀縣
學系	地質學系
學歷	福建汀州中學畢業本校預科畢業
京內郵址	前門長巷下二條汀州館
京外郵址	廈門汀州新橋坊
備考	

姓名	王維東 號勵堂
年歲	二十七歲
籍貫	奉天省瀋陽縣
學系	英文學系
學歷	奉天省立第一中學校畢業
京內郵址	後門裡爉庫胡同北岔大興公寓
京外郵址	奉天城內四平街賈第三條胡同本宅
備考	

姓名	王鏡清 號鑑秋
年歲	二十九歲
籍貫	浙江嵊縣
學系	土木系
學歷	紹興東湖預備中學畢業浙江第五中學畢業北京大學預科畢業北洋大學工科肄業
京內郵址	大學夾道集賢公寓
京外郵址	浙江上虞章鎮鄭壽泉米行轉交或亞魁台門張仲興先生轉交
備考	京內郵址尚有更改

十四

姓名	白銘 號佩箴
年歲	三十一歲
籍貫	河南郟縣
學系	法律系
學歷	河南高等學堂畢業
京內郵址	北京東城印鑄局符葆謙轉交
京外郵址	河南郟縣城內西街本宅
備考	

姓名	左廷序 號芳五
年歲	二十七歲
籍貫	直隸獲鹿
學系	土木系
學歷	北京大學預科畢業北洋大學工科肄業二年半
京內郵址	嵩祝寺夾道五號
京外郵址	石家莊方村鎮郵局代辦所轉宋村交
備考	

姓名	田培林 號伯蒼
年歲	二十七歲
籍貫	河南襄城
學系	哲學系
學歷	朝陽大學預科畢業
京內郵址	
京外郵址	河南襄城縣北關本宅
備考	

姓名	包榮第 號舒甲
年歲	三十歲
籍貫	浙江紹興縣
學系	法律系
學歷	北京化石橋法政專門學校政經本科畢業
京內住址	前門外大安瀾營十三號
京外住址	
備考	

姓名	丘耀芳 號可貞
年歲	
籍貫	廣東梅縣
學系	史學系
學歷	
京內郵址	宣武門外香爐營頭條胡同嘉廣會館
京外郵址	梅縣西洋鵬飛學校
備考	

姓名	年歲	籍貫	學系	學歷	京內郵址	京外郵址	備考
邢玉書	三十一歲	熱河阜新縣	法律系	朝陽中學畢業本校預科英文部畢業		奉天新立屯興順長	

姓名	江成標 號絅裳
年歲	二十七歲
籍貫	浙江衢縣
學系	物理學系
學歷	本校預科畢業
京內郵址	本校第二寄宿舍
京外郵址	浙江衢縣城內縣西街王景豐轉
備考	

姓名	江家政　號子齊
年歲	二十七歲
籍貫	四川資陽縣
學系	化學系
學歷	四川資陽中學畢業四川高等學校肄業北京大學預科畢業
京內郵址	地安門內橫柵欄一號
京外郵址	成都紅布街十六號江庽或資陽丹山鄉江宅
備考	

項目	內容
姓名	江學全　號鶴泉
年歲	
籍貫	福建長樂縣人
學系	法律系
學歷	安徽高等學校本科畢業
京內郵址	北京東城新太倉大廟福州王廙收轉
京外郵址	福州馬尾中岐萬富里
備考	

姓名	曲宗邦 號之屏
年歲	二十四歲
籍貫	原籍山東甯海現籍奉天西安縣
學系	政治系
學歷	上海留美預備學校 南洋中學 吳淞中國公學
京內郵址	
京外郵址	奉天西豐縣永興東
備考	

姓名	朱尙瑞 號雲五
年歲	二十六歲
籍貫	奉天瀋陽
學系	法律系
學歷	中國公學大學預科畢業
京內住址	東單牌樓二條胡同十三號蓬萊慕宅轉
京外住址	奉天城西南瀋建台郵寄所轉交雙樹坨中街本宅
備考	

姓名	朱耀東　號曉初
年歲	三十二歲
籍貫	山東諸城
學系	法律系
學歷	青州中學中國大學大預科
京內郵址	後門外西下窪諸城王宅
京外郵址	山東坊子車站轉相州醉仙居交大宋
備考	

項目	內容
姓名	呂炳勛　號著青
年歲	三十一歲
籍貫	直隸涿鹿縣
學系	法律系
學歷	直隸高等學堂理科畢業北洋大學修業
京內郵址	東單西觀音寺東口衣袍胡同十四號涿鹿呂寓
京外郵址	直隸涿鹿縣城裏呂宅
備考	

姓名	呂冕南 號菡生
年歲	二十六歲
籍貫	江蘇宜興
學系	化學系
學歷	本校預科畢業
京內郵址	本校第一寄宿舍
京外郵址	江蘇宜興蜀山永豐裕號轉
備考	

姓名	吳勃 號卓輿
年歲	
籍貫	直隸清苑
學系	法律系
學歷	保定中學校學業本校預科畢業
京內郵址	東四牌樓七條胡同外鞭稍胡同陸軍部郭寓轉
京外郵址	保定城內雙彩五道街四十六號吳寓
備考	

姓名	年歲	籍貫	學系	學歷	京內郵址	京外郵址	備考
吳康 號敬軒一號任章	二十六歲	廣東平遠	哲學系	由上海大同學院大學預科考入本校	國立北京大學世界語研究會	汕頭平遠東石	

姓名	吳甄 號伊賢
年歲	二十二歲
籍貫	奉天
學系	國文學系
學歷	奉天中學
京內郵址	後門內慈慧殿
京外郵址	奉天遼陽雙井胡同吳宅
備考	

姓名	吳澄　號志清
年歲	二十七歲
籍貫	江蘇武進
學系	經濟系
學歷	本校預科畢業生
京內郵址	東四九條五號
京外郵址	
備考	

姓名	吳希伯　號敬徵
年歲	三十二歲
籍貫	廣東茂名
學系	史學系
學歷	
京內郵址	廣東高州城至德書院轉
京外郵址	
備考	

姓名	年歲	籍貫	學系	學歷	京內郵址	京外郵址	備考
吳伯琴 號鶴艇	二十九歲	直隸安新縣	國文學系	保定中學畢業	護國寺棉花胡同門牌四號	直隸高陽縣城北趙口村	

姓名	年歲	籍貫	學系	學歷	京內郵址	京外郵址	備考
吳鳳苞 號九如	二十五歲	浙江餘杭	哲學系			浙江餘杭劉王街二十六號	

姓名	吳新槎 號月舫
年歲	二十五歲
籍貫	江蘇省江陰縣
學系	採冶系
學歷	曾在江蘇省立第五中學及北京大學預科畢業北洋大學工科肄業
京內郵址	北京大學第二院
京外郵址	郵寄江蘇山陰峭歧吳宅
備考	

姓名	年歲	籍貫	學系	學歷	京內郵址	京外郵址	備考
李士賢 號俊生	三十一歲	雲南鶴慶縣	史學系	本校預科		雲南鶴慶縣西區大同村	

姓名	李四杰 號伯豪
年歲	二十八歲
籍貫	湖北黃陂
學系	經濟系
學歷	本校預科畢業
京內郵址	東安門內北河沿同興公寓
京外郵址	武昌省城內黃家巷二號
備考	

姓名	李用平 號雄東
年歲	二十四歲
籍貫	江蘇江陰縣
學系	採冶系
學歷	曾畢業南菁中學肄業南洋公學及北洋大學
京內郵址	北京馬神廟北京大學第一寄宿舍
京外郵址	江蘇無錫北外青陽鎮
備考	

姓名	李長春 號燕亭
年歲	二十五歲
籍貫	直隸定興縣
學系	化學系
學歷	北洋法政附屬中學肄業本校預科畢業
京內郵址	本校第二宿舍
京外郵址	直隸定興縣姚村
備考	

三十九

姓名	李國墩 號輔臣
年歲	二十三歲
籍貫	廣東梅縣
學系	採冶系
學歷	上海復旦公學震旦學院天津北洋大學
京內郵址	沙灘銀閘北口二十八號日陞公寓
京外郵址	上海西門方斜路一八七號轉交
備考	

姓名	李景飛 號鵬雛
年歲	二十九歲
籍貫	江西雩都
學系	英文學系
學歷	國立江西高等師範英語部畢業
京內郵址	西珠市口贛寧新館轉
京外郵址	江西雩都潭頭墟李萬昌號
備考	

姓名	李舜欽　號舜欽
年歲	三十二歲
籍貫	江蘇泰興
學系	法律系
學歷	本校預科畢業
京內郵址	大安瀾營十三號包君舒甲或後孫公園如泰會館轉交
京外郵址	江蘇泰興黄橋
備考	

姓名	李蔭之 號伯瑛
年歲	二十四歲
籍貫	直隸定縣東汶村
學系	採冶系
學歷	直隸省立第九中學畢業本校預科畢業
京內郵址	琉璃廠西南園中和豐
京外郵址	直隸定縣城內同合裕交東汶村
備考	

姓名	李蔭峯 號憩伯
年歲	二十六歲
籍貫	廣東省台山縣
學系	哲學系
學歷	曾畢業於台山縣立中學校
京內郵址	本京前孫公園廣州七邑館台山學會轉交
京外郵址	廣東省台山縣西甯市南昌街永益源號轉交
備考	

姓名	李敷文　號海峯　又號敬五
年歲	二十九歲
籍貫	原籍雲南祥雲現居黑龍江呼蘭
學系	法律系
學歷	本校預科畢業
京內郵址	黄化門籬子庫九號
京外郵址	黑龍江呼蘭龍王廟街本宅
備考	

姓名	年歲	籍貫	學系	學歷	京內郵址	京外郵址	備考
李濟民 號次仙	二十五歲	湖南沅陵縣	哲學系	沅陵小學長沙明德中學北京高等工業學校	前門外草廠八條辰沅館轉交	湖南沅陵李永茂號轉交	

姓名	李澤彰　號伯嘉
年歲	二十六歲
籍貫	湖北蘄春
學系	經濟系
學歷	吳淞中國公學大學預科畢業
京內郵址	北京大學學生銀行吳公魯先生轉或西交民巷中華捷運公司趙楚生先生
京外郵址	九江塔公祠上首李福興布莊
備考	

姓名	李濂鏜 杏南一字鳳百
年歲	二十四歲
籍貫	直隸冀縣
學系	哲學系
學歷	
京內郵址	北京漢花園國立文科大學收發處 轉或北京南柳巷永興寺十一號房
京外郵址	直隸冀縣碼頭李鎮郵局
備考	北京寄寓年內或有遷移緊要件函請郵冀縣 原籍英文通訊請照左方繕寫郎可收到 LI LIEN TANG c/o Government University, Peking, CHINA.

姓名	李濟淮　號二酉
年歲	二十八歲
籍貫	廣西蒼梧縣
學系	史學系
學歷	本校預科畢業
京內郵址	東城錢糧胡同三十號
京外郵址	廣西梧州城外四坊街二碼頭就昌號
備考	

姓名	何邦瑞 號嶽生
年歲	二十六歲
籍貫	廣東順德
學系	史學系
學歷	廣東高等師範畢業
京內郵址	東安市場眞光電影院
京外郵址	廣州沙基新興街源記絲莊
備考	

姓名	年歲	籍貫	學系	學歷	京內郵址	京外郵址	備考
汪國庠 號仲周	二十五歲	江蘇吳縣	哲學系	江蘇省立中學江蘇法政專門暨本校預科		蘇州城內義巷十八號	

姓名	汪雲涵 號冠宇
年歲	二十四歲
籍貫	江蘇常熟
學系	採冶系
學歷	北洋大學採冶系肄業
京內郵址	北京大學校第二院
京外郵址	江蘇常熟王市
備考	

姓名	宋肇修 號伯純
年歲	二十八歲
籍貫	河南 沘源縣人
學系	法科政治系
學歷	本省南陽中學武昌中華大學預科畢業
京內郵址	本校第二寄宿舍
京外郵址	河南沘源縣北源潭鎮怡和祥號交
備考	

姓名	宋增矩 號皐民
年歲	三十二歲
籍貫	福建莆田
學系	英文學系
學歷	福建高等學校畢業
京內郵址	崇文門內范子平胡同門牌三十八號
京內郵址	福建莆田城內后踏
備考	

姓名	年歲	籍貫	學系	學歷	京內郵址	京外郵址	備考
沈禀懿 號賦清	三十歲	直隸省故城縣	經濟系	河間中學卒業本校預科卒業	東四牌樓西興源湧皮店	本縣城西北禄賜村	

五十六

姓名	孟慶綸　號錦綬
年歲	三十歲
籍貫	直隸新城縣
學系	物理學系
學歷	
京內郵址	琉璃廠致寶齋
京外郵址	直隸定興縣城內瑞恆昌
備考	

姓名	尙中 號紹唐
年歲	二十七歲
籍貫	直隸深縣
學系	哲學系
學歷	深縣中學北京大學
京內郵址	琉璃廠啓元齋
京外郵址	深縣城內慶興隆
備考	

姓名	宗培 又名亞民號紹先
年歲	
籍貫	直隸撫甯縣
學系	法律系
學歷	永平中學畢業天津北洋大學預科修業
京內郵址	
京外郵址	撫甯縣留守營恆樹久
備考	

姓名	金摶 號雲鵬
年歲	二十四歲
籍貫	江蘇寶山
學系	哲學系
學歷	
京內郵址	
京外郵址	上海北寶山路六三園西二三八九
備考	

姓名	金瀚 號霞曙
年歲	二十二歲
籍貫	浙江象山
學系	化學系
學歷	
京內郵址	
京外郵址	浙江石浦駱文元紙店轉
備考	

姓名	金長祉　號如九
年歲	三十七歲
籍貫	奉天瀋陽
學系	經濟系
學歷	奉天省中學畢業國立北京大學預科畢業
京內郵址	北京大學第二齋
京外郵址	奉天小東關上坎胡同
備考	

姓名	金躍冶 號午峰
年歲	二十五歲
籍貫	湖北隨縣
學系	經濟系
學歷	湖北外國語專門學校英語科畢業
京內郵址	西城手帕胡同三十一號
京外郵址	湖北隨縣祝林總金園
備考	

姓名	季步鼇 號策之
年歲	二十五歲
籍貫	江蘇鹽城
學系	土木系
學歷	江蘇第一中學畢業本校預科畢業北洋大學肄業二年半
京內郵址	西城機織衛烟筒胡同二號
京外郵址	江蘇阜甯八灘
備考	

姓名	林應運　號挺生
年歲	二十八歲
籍貫	廣東茂名縣
學系	史學系
學歷	廣東省立高郡中學畢業
京內住址	潘家河沿高州會館
京外住址	廣東高州城北關林宅
備考	

姓名	施泱 號慕管
年歲	二十二歲
籍貫	浙江鄞縣
學系	土木系
學歷	畢業學校崇本初等鄞縣第一高等小學肄業南京河海工程專門校甯波工業學校北洋大學專北京大學
京內郵址	北京大學堂
京外郵址	浙江鄞縣黃古林施之記蓆棧
備考	

姓名	施仁培　號孔成
年歲	二十四歲
籍貫	江蘇崇明縣
學系	數學系
學歷	本校預科畢業
京内郵址	北池子銀閘二十七號宏陞公寓
京外郵址	江蘇崇明縣侯家鎮
備考	

姓名	胡定 號垺公
年歲	三十歲
籍貫	浙江江山縣
學系	數學系
學歷	本校預科畢業
京內郵址	北大第二宿舍
京外郵址	浙江江山官溪
備考	

姓名	胡瓊 號仲達
年歲	二十九歲
籍貫	廣東開平
學系	史學系
學歷	廣東高等學校
京內郵址	北京李鐵拐斜街肇慶會館
京外郵址	廣東省城舊倉巷儒良胡氏書院 開平百合埠宏益店
備考	

姓名	胡之德 號涵眞
年歲	二十七歲
籍貫	浙江省江山縣
學系	史學系
學歷	本省第八中學畢業北洋大學預科第一部畢業
京內郵址	
京外郵址	本省本縣官溪郵局直接
備考	

姓名	胡家犖 號幼文
年歲	二十八歲
籍貫	湖北黃陂
學系	法律系
學歷	武昌中華大學預科畢業
京內郵址	沙灘五號雙合公寓
京外郵址	湖北黃陂長軒嶺鼎新恆轉
備考	

姓名	胡維鵬 號超之
年歲	三十一歲
籍貫	浙江省江山縣
學系	經濟系
學歷	民國六年六月本校預科畢業
京內郵址	前門外前青廠武進館夾道一號汪宅
京外郵址	浙江省江山縣官溪地方（郵局直接）
備考	

項目	內容
姓名	胡慶頤 號
年歲	二十七歲
籍貫	安徽太平縣
學系	政治系
學歷	五城中學肄業本校預科畢業
京內郵址	東草廠三條太平縣館轉交
京外郵址	
備考	

姓名	俞誠鎬 號子京
年歲	二十六歲
籍貫	浙江奉化縣
學系	採冶系
學歷	浙江第四中學畢業本校預科畢業
京內郵址	東華門小甜水甯波試館
京外郵址	甯波奉化亭下鎮沈台義轉
備考	

姓名	徐倞 號季彊
年歲	二十五歲
籍貫	浙江富陽
學系	經濟系
學歷	由本校預科升學
京內郵址	西城巡捕廳胡同郁宅
京外郵址	浙江富陽甘溪鎮
備考	

姓名	徐特　號
年歲	二十九歲
籍貫	湖北天門縣
學系	土木系
學歷	北洋大學
京內郵址	西城皮庫胡同十五號
京外郵址	天門縣東門堤街豫豐號轉
備考	

姓名	徐元[illegible] 號紹穀
年歲	二十四歲
籍貫	浙江杭縣
學系	哲學系
學歷	四川叙府兩等小學成都客籍中學 雲南草業學校畢業
京內郵址	女子圖畫研究社轉交
京外郵址	
備考	

姓名	徐世錡 號筱韓
年歲	二十五歲
籍貫	浙江杭縣
學系	國文學系
學歷	四川客籍中學修業雲南草業講習所畢業
京內郵址	北京女子圖畫研究社收轉
京外郵址	
備考	

姓名	徐延年 號柏銘
年歲	二十九歲
籍貫	浙江杭縣
學系	法律系
學歷	江西省立法政專門學校畢業
京內郵址	宣武門外南半截胡同葉宅轉
京外郵址	江西南昌大士院本寓
備考	

姓名	徐延慶 號莘農
年歲	二十七歲
籍貫	江蘇灌雲
學系	經濟系
學歷	本校預科畢業
京內郵址	西城羊皮市古朐江寓
京外郵址	江蘇灌雲板浦鎮大魚市口
備考	

姓名	馬龍　號希齡
年歲	三十一歲
籍貫	四川瀘縣
學系	法律系
學歷	四川高等學校畢業
京內郵址	宣外延旺廟街瀘縣館
京外郵址	四川瀘縣城內朱紫街門牌八十四號
備考	

姓名	馬漢之 號倬雲
年歲	二十三歲
籍貫	直隸定縣
學系	經濟系
學歷	定縣中學校畢業本校預科畢業
京內郵址	北京大學第一寄宿舍
京外郵址	直隸定縣清風店裕成厚
備考	

姓名	姚士杰 號定歐
年歲	二十五歲
籍貫	浙江臨安
學系	採冶系
學歷	曾在本校預科畢業及北洋大學工科肄業
京內郵址	本校第二院
京外郵址	上海北浙江路和康里四弄
備考	

姓名	程煥琮　號伯高原名粵奇
年歲	二十八歲
籍貫	廣東茂名
學系	史學系
學歷	廣東省立高郡中學畢業
京內郵址	潘家河沿高州會館
京外郵址	廣東茂名謝雞墟太和堂
備考	

姓名	桂步驤 號叔超
年歲	二十二歲
籍貫	安徽石埭縣
學系	數學系
學歷	
京內郵址	北京西單興隆大院
京外郵址	南京倉巷
備考	

姓名	夏昌治 號佐揆
年歲	二十四歲
籍貫	四川永川縣
學系	史學系
學歷	本縣中學畢業
京內郵址	北京第一國貨店
京外郵址	本省滎昌縣長新順
備考	

姓名	夏承棟　號公柔
年歲	二十三歲
籍貫	江蘇江寧縣
學系	國文學系
學歷	江蘇旅京中學五城中肄業北京高師範附屬中學畢業北京高等工業肄業
京內郵址	琉璃廠與新華街安平里門牌一號
京外郵址	南京城內全福巷
備考	

姓名	夏道澍 號仲霖
年歲	二十六歲
籍貫	安徽和縣
學系	土木系
學歷	本校預科畢業北洋大學工科土木門肄業
京內郵址	本校第一寄宿舍
京外郵址	南京轉和縣南門
備考	

姓名	夏鏡澄 號佛塵
年歲	二十四歲
籍貫	湖南益陽
學系	史學系
學歷	武昌高等師範
京內郵址	本京爛縵胡同湖南會館湖南學會
京外郵址	湖南沅江南湖州郵局中孚大轉八字哨
備考	

姓名	高家姚　號伯耀
年歲	
籍貫	廣東番禺
學系	英法學系
學歷	北京匯文大學預科畢業上海復旦公學畢業
京內郵址	東四牌樓本司胡同十四號齊宅轉交
京外郵址	漢口特別區三碼頭亨寶棧房劉益生君轉交
備考	

姓名	唐景周　號以宇行
年歲	二十六歲
籍貫	安徽合肥
學系	採冶系
學歷	廬州中學金陵大學肄業本校預科畢業
京內郵址	順成街三十三號
京外郵址	安徽合肥西南桃溪鎮
備考	

姓名	唐燾源 號霖閣
年歲	二十三歲
籍貫	
學系	英文學系
學歷	
京內郵址	前青廠六號唐寓
京外郵址	江蘇無錫石薇巷唐寓
備考	

姓名	梁焯章　號
年歲	
籍貫	直隸滿城縣
學系	法律系
學歷	保定府第六中學校及本校預科畢業
京內郵址	
京外郵址	直隸保定府西關吉慶公石廠
備考	

姓名	郭景誼 號續勳
年歲	
籍貫	直隸東鹿縣
學系	法律系
學歷	直隸省立第六中學及本學預科畢業
京內郵址	東珠市口路南同義公轉交
京外郵址	直隸東鹿縣城內美信號交西石干
備考	

姓名	倪道鴻　號若水
年歲	二十六歲
籍貫	江蘇金山
學系	數學系
學歷	上海大同學院大學預科畢業
京內郵址	
京外郵址	江蘇金山縣干巷鎮
備考	

姓名	袁傳枚 號素才
年歲	三十歲
籍貫	河南羅山縣
學系	法律系
學歷	北京豫省中學校畢業上海吳淞中國公學大學預科畢業
京內郵址	順治門外下斜街火道口中州夏庽
京外郵址	河南信陽東朱堂店轉
備考	

姓名	年歲	籍貫	學系	學歷	京內郵址	京外郵址	備考
孫雲鑄 號鐵仙	二十五歲	江蘇高郵	地質學系	北洋大學採治門肄業	東城錢糧胡同段宅	江蘇高郵梁逸灣	

姓名	袁嵩瑞 號竹珊
年歲	二十五歲
籍貫	奉天瀋陽縣
學系	化學系
學歷	奉天省立中學畢業
京內郵址	東華門外南池子馬嘎拉廟內西北院
京外郵址	奉天省城大東關疊道東神樹後胡同本宅
備考	

姓名	陸善焜 號化南
年歲	三十一歲
籍貫	廣西象縣
學系	經濟系
學歷	北京五城中學肄業北京大學預科第一部畢業
京內郵址	前門外鑾慶胡同粵西會館
京外郵址	廣西修仁縣桐木墟郵局轉
備考	

姓名	陸鉅恩　號幼剛
年歲	二十八歲
籍貫	廣東信宜縣
學系	史學系
學歷	日本稻田大學
京內郵址	潘家河沿高州會館
京外郵址	廣東信宜縣鎮隆墟恆孚店
備考	

姓名	涂鳳元　號子雯
年歲	三十歲
籍貫	四川雲陽縣
學系	法律系
學歷	雲陽縣高等小學校修業夔州府官立中學校畢業本校預科畢業
京內郵址	北長街前宅胡同涂宅
京外郵址	四川雲陽縣盤沱涂茂順轉或盤沱郵局轉
備考	

姓名	陳中 號孚尹
年歲	三十一歲
籍貫	浙江瑞安人
學系	法律系
學歷	中國公學畢業
京內郵址	宣武門外校場五條温州館
京外郵址	温州瑞安會文里
備考	

姓名	陳錫　號
年歲	二十五歲
籍貫	湖南寶慶
學系	數學系
學歷	湖南第二聯合縣立中學畢業匯文大學肄業
京內郵址	
京外郵址	湖南寶慶東三鋪大盛齋轉交
備考	

北京大學畢業同學錄

姓名	陳乃憲 號慎斯
年歲	三十一歲
籍貫	河南信陽
學系	法律系
學歷	吳淞中國公學大學預科畢業
京內郵址	
京外郵址	河南信陽五里店
備考	

姓名	陳公博　號公博
年歲	二十九歲
籍貫	廣東南海
學系	哲學系
學歷	廣東公立法政專門本科畢業
京內郵址	
京外郵址	廣州天官里六十七號芳雨春盧
備考	

姓名	陳光晋 號正綱
年歲	二十三歲
籍貫	四川漢源縣
學系	英文學系
學歷	成都聯合縣立中學
京內郵址	北京大學東齋佘叔平君轉
京外郵址	四川漢源縣富林場大茗居轉
備考	

姓名	陳兆疇　號穗庭
年歲	二十二歲
籍貫	廣東新會縣
學系	
學歷	
京內郵址	北京大學東齋
京外郵址	廣東新會縣外海鄉南華里
備考	

姓名	陳作鏗 號本韶
年歲	二十五歲
籍貫	廣東順德
學系	化學系
學歷	
京內郵址	宣武門外海北寺街順德邑館
京外郵址	廣州城十三甫門牌二十一號
備考	

姓名	陳泮藻 號梓屏
年歲	二十八歲
籍貫	江西贛縣
學系	國文學系
學歷	江西省立工業專門學校國立北京農業專門學校肄業
京內郵址	西珠市口贛寧會館
京外郵址	江西贛縣長興鎮郵局寄黃岡
備考	

姓名	陳綜彬　號子甄
年歲	二十九歲
籍貫	山東濰縣
學系	史學系
學歷	中國大學校
京內郵址	
京外郵址	山東濰縣西關大街
備考	

姓名	陳瓊章 號德昭
年歲	二十七歲
籍貫	廣西桂平縣
學系	哲學系
學歷	桂平中學畢業北京民國大學法律本科肄業
京內郵址	後青廠廣西三館
京外郵址	廣西江口桂北保衛團局轉
備考	

姓名	畢文瀚 號浩君
年歲	二十六歲
籍貫	江蘇省武進縣
學系	採冶系
學歷	曾任東吳第一中學畢業北洋大學工本科肄業
京內郵址	北京大學第二院轉
京外郵址	漢口米廠大街漢記煤炭公司
備考	

姓名	年歲	籍貫	學系	學歷	京內郵址	京外郵址	備考
曹安良 號靖民	二十八歲	直隸東鹿縣	經濟系	本縣高小畢業旋入保定省立中學校五年卒業陞入北京大學預科三年正科四年畢業	北新橋育源紙店	直隸東鹿縣辛集鎮永育升	

姓名	曹繩武　號述堯
年歲	二十九歲
籍貫	直隷望都縣
學系	地質學系
學歷	保定育德中學畢業本校預科畢業
京內郵址	前門外沙土園中和豐
京外郵址	京漢路淸風店車站德慶布店轉
備考	

姓名	張煦 號怡蓀
年歲	二十六歲
籍貫	四川蓬安縣
學系	國文學系
學歷	四川高等學校畢業
京內郵址	後門內橫柵欄一號
京外郵址	四川蓬安縣勸學所轉
備考	

姓名	張廷珍　號維城
年歲	
籍貫	江蘇青浦
學系	法律系
學歷	吳淞中國公學商業專科畢業
京內郵址	審計院
京外郵址	上海西鄉七寶鎮
備考	

姓名	張明道 號心齋
年歲	二十八歲
籍貫	甘肅靖遠
學系	哲學系
學歷	陝西省立第三中學校畢業
京內郵址	國立北京大學第一院
京外郵址	甘肅靖遠本縣西門外永盛生號
備考	

姓名	張步高 號葵山
年歲	三十二歲
籍貫	陝西省華縣西北鄉辛庄
學系	政治系
學歷	由本省三原縣宏道高等學校補習中學畢業攷入大學預科畢業後升本科
京內郵址	本京前門外南柳巷華州會館
京外郵址	本縣西關全興合號轉
備考	

項目	內容
姓名	張爲政　號星煜
年歲	二十八歲
籍貫	奉天開原
學系	物理學系
學歷	
京內郵址	第二寄宿舍
京外郵址	奉天開原馬家寨
備考	

姓名	張庭英 號
年歲	三十歲
籍貫	湖北武昌縣
學系	英文學系
學歷	曾畢業湖北官立小學中學及軍官學校工兵科並在北京國立農業專門肄業一年
京內郵址	北京大學第一宿舍
京外郵址	武昌武勝門外協記雜貨號
備考	

姓名	張書田　號世畬
年歲	
籍貫	直隸唐縣
學系	法律系
學歷	曾在直隸省立第六中學及本學預科畢業
京內郵址	
京外郵址	直隸唐縣城內永聚隆轉交
備考	

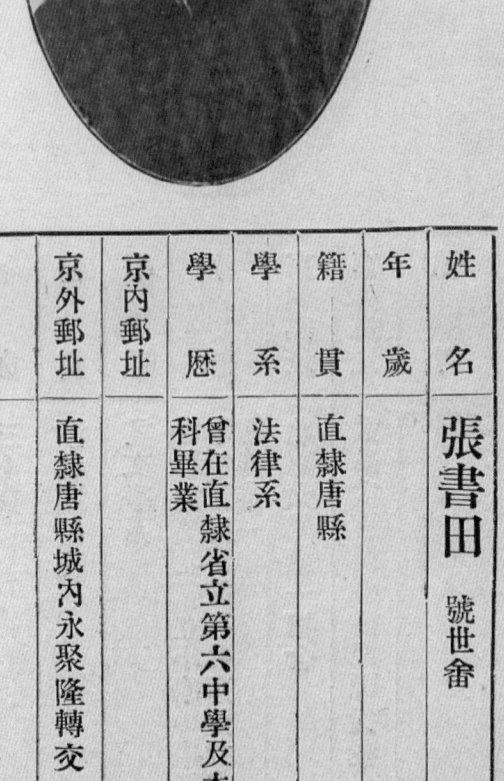

姓名	年歲	籍貫	學系	學歷	京內郵址	京外郵址	備考
張釗和 號		山東	化學系				

姓名	張海觀 號
年歲	二十八歲
籍貫	熱河凌源縣
學系	法律系
學歷	保定育德中學畢業本校預科英文部畢業
京內郵址	東城大牌坊胡同門牌四十三號
京外郵址	奉天綏中縣福育合轉
備考	

北京大學畢業同學錄

姓名	年歲	籍貫	學系	學歷	京內郵址	京外郵址	備考
張雲鶴 號騰霄	二十六歲	直隸省束鹿縣	政治系	高等小學中學北京大學預科畢業	珠寶市源豐爐房轉	束鹿縣雙井鎮張宅	

一百二十三

姓名	張葆眞　號性如
年歲	二十九歲
籍貫	直隸新河縣
學系	法律系
學歷	冀州中學堂畢業北京大學預科畢業
京內郵址	前門外打磨廠中間豐泰店內德隆恆
京外郵址	新河縣辛章鎮恆隆號
備考	

姓名	張毓芬 號染香
年歲	二十九歲
籍貫	江蘇省南通縣
學系	法律系
學歷	吳淞中國公學大學預科畢業
京內郵址	東安門北河沿同興公寓
京外郵址	江蘇南通金沙
備考	

項目	內容
姓名	張鳳翬 號卓羣
年歲	
籍貫	直隸新城縣
學系	法律系
學歷	直隸第六中學及本校預科畢業
京內郵址	參謀部第三局辦事員王雲青轉
京外郵址	直隸新城縣咎崗鎮泰和樓轉
備考	

姓名	張慶開 號心泉
年歲	二十六歲
籍貫	直隸冀縣
學系	政治系
學歷	冀州中學堂畢業本學預科畢業
京內郵址	前門外打磨廠長壽木廠轉交
京外郵址	冀縣北諸宜郵局轉交
備考	

姓名	張鵬飛 號佛厲 原字勗卿
年歲	三十歲
籍貫	直隸南宮縣
學系	經濟系
學歷	南宮高等小學畢業保定師範附屬中學畢業本校預科畢業
京內郵址	東四牌樓八條二十三號
京外郵址	南宮縣高小學校
備考	

姓名	張鵬舉　號翊南
年歲	二十九歲
籍貫	直隸灤縣
學系	地質學系
學歷	本校預科畢業
京內郵址	北京大學第一寄宿舍
京外郵址	直隸灤縣胡各莊轉桑園莊
備考	

姓名	黃欣 號子谷
年歲	二十六歲
籍貫	廣東海康
學系	史學系
學歷	國立北京法政專門學校
京內郵址	裘家街雷陽會館
京外郵址	廣東海康縣客路市郵局轉
備考	

姓名	黃璆 號望川亦字又珍
年歲	二十九歲
籍貫	廣東文昌
學系	國文學系
學歷	武昌中華大學預科畢業
京內郵址	大外郎營瓊州會館
京外郵址	廣東瓊州文昌縣東郊市新利號收轉昌明里
備考	

姓名	黃岫生 號岫生
年歲	二十七歲
籍貫	奉天遼陽
學系	地質學系
學歷	奉天工業畢業本校預科畢業
京內郵址	
京外郵址	奉天遼陽西劉二堡富有新轉三岔子
備考	

姓名	黃祖謀　號智菴
年歲	二十八歲
籍貫	廣東省順德縣
學系	化學系
學歷	廣州中學畢業本校預科畢業
京內郵址	宣外大井胡同四號
京外郵址	廣州城西觀瀾新街學爲圃
備考	

姓名	黃壽鼎 號益吾
年歲	二十八歲
籍貫	湖北黃安黃家崗
學系	法律系
學歷	本校預科
京內郵址	打磨廠新開路黃安會館
京外郵址	黃安八里區張泰興轉
備考	

項目	內容
姓名	望羣　號
年歲	三十二歲
籍貫	湖北宜昌縣
學系	法律系
學歷	武昌中華大學
京內郵址	虎坊橋宜昌七邑
京外郵址	本縣三斗坪
備考	

姓名	康白情　號
年歲	二十四歲
籍貫	四川安岳縣人
學系	哲學系
學歷	四川工業專門學校應用化學科肄業
京內郵址	北京大學新潮社
京外郵址	四川安岳縣沱街聚川源昌粗雲君轉
備考	

姓名	年歲	籍貫	學系	學歷	京内郵址	京外郵址	備考
許本裕 號惇士	二十五歲	安徽歙縣	國文系	北京高等師範學校畢業	順治門外大街歙縣會館	安徽徽州歙縣北鄉許村江蘇揚州石牌樓方寓	

欄目	內容
姓名	許振甲 號衣如
年歲	二十五歲
籍貫	山西臨晉縣
學系	哲學系
學歷	省立師範附屬小學省立第二中學 北京高等工業學校
京內郵址	本校理科李經道君轉
京外郵址	山西臨晉縣郵局轉許家莊
備考	

姓名	崔智泉 號慧海
年歲	二十七歲
籍貫	直隸高陽縣
學系	國文學系
學歷	由匯文大學預科肄業攷入本校
京內郵址	北京大學雜務課王樹椿轉
京外郵址	直隸高陽縣城內德和號
備考	

姓名	年歲	籍貫	學系	學歷	京內郵址	京外郵址	備考
崔鴻元 號蘊九	二十五歲	奉天省西豐縣	經濟系	北京明德大學校畢業	北京大學第三齋	奉天省西豐縣福長太	

姓名	區聲白 號
年歲	二十八歲
籍貫	廣東
學系	哲學系
學歷	廣東高等師範學校
京內郵址	永光寺西街順德南館
京外郵址	廣東佛山西竺街三十三號
備考	

姓名	年歲	籍貫	學系	學歷	京內郵址	京外郵址	備考
華超 號國章	二十六歲	江蘇無錫	哲學系			無錫張涇橋	

姓名	年歲	籍貫	學系	學歷	京內郵址	京外郵址	備考
萬允元 號俊德	二十九歲	直隸昌黎縣	數學系		北大西齋	昌黎縣木井福慶祥	

姓名	莊允升 號猷菴
年歲	三十歲
籍貫	山東臨邑
學系	法律系
學歷	濟南中學及中國大學預科畢業
京內郵址	西單牌樓迤北路東廣和蠟店轉
京外郵址	山東臨邑城內聖鄰街
備考	

姓名	莊汝霖 號
年歲	三十歲
籍貫	廣東瓊東
學系	經濟系
學歷	檳榔嶼埠中華學校南京暨南學堂北京大學預第一部畢業
京內郵址	廟兒胡同五號
京外郵址	南洋英屬檳榔嶼埠嘫嚨是的力街門牌一號同源昌
備考	

姓名	馮中鉽　號決柔
年歲	二十五歲
籍貫	浙江甯波鄞縣
學系	政治系
學歷	浙江第四中學本校預科畢業
京內郵址	
京外郵址	寧波江東大關側船務經理處
備考	

姓名	陶明濬 號犀然
年歲	二十七歲
籍貫	奉天省瀋陽縣
學系	國文學系
學歷	奉天省立第一中學校畢業
京內郵址	前門外李鐵拐斜街正言報館
京外郵址	奉天大東關二道溝胡同樹公館
備考	

姓名	陶應霖 號梅舟 別名寶賢
年歲	二十八歲
籍貫	廣東文昌
學系	經濟學系
學歷	南京暨南學校肄業本校預科畢業
京內郵址	大外廊營瓊州會館
京外郵址	南洋日裏棉蘭萬豐號廣東瓊州文昌會文新市寶藏里
備考	

北京大學畢業同學錄

姓名	年歲	籍貫	學系	學歷	京內郵址	京外郵址	備考
曾秉衡 號嶽鍾		湖南寶慶縣	法律學系	前在美國駐湘益智大學預科畢業	草廠五條寶慶館	湖南益陽鼎興鍋廠	

一百四十九

姓名	年歲	籍貫	學系	學歷	京內郵址	京外郵址	備考
雲爲霖　號全德	三十一歲	廣東文昌縣	法律系		北京大外廊營瓊州會館	廣州搾粉街六十七號電話二十二號	

姓名	彭道仁　號葆初
年歲	二十六歲
籍貫	京兆宛平縣
學系	採冶系
學歷	本校預科畢業
京內郵址	北京宣武門內西拴馬樁路東八號
京外郵址	湖北武昌城內大朝街
備考	

姓名	彭蔭堂　號肅侯
年歲	二十六歲
籍貫	直隸曲陽縣
學系	採冶系
學歷	定縣中學畢業北京大學預科畢業
京內郵址	前門外沙土園中和豐
京外郵址	直隸曲陽燕趙村
備考	

姓名	游嘉德 號修吾
年歲	二十七歲
籍貫	江西樂安縣
學系	化學系
學歷	本校預科畢業
京內郵址	本校
京外郵址	江西南昌廣潤門內翹步街游泰順夏布號
備考	

姓名	過銘忠　號
年歲	二十九歲
籍貫	四川瀘縣
學系	土木系
學歷	北洋大學北大預科上海復旦瀘中學校陸軍第二預備校
京內郵址	後門內二眼井橫棚欄一號
京外郵址	四川瀘縣興隆街王副榜院內
備考	

姓名	溫錫銳　號楚珩
年歲	二十八歲
籍貫	廣東省台山縣
學系	哲學系
學歷	匯文大學
京內郵址	前孫公園廣州七邑館
京外郵址	廣東省台山縣公義墟郵政局
備考	

北京大學畢業同學錄

姓名	年歲	籍貫	學系	學歷	京內郵址	京外郵址	備考
楊梯 號錄青	三十歲	四川資陽縣人	工科土木系	本校預科畢業	北池子箭桿胡同十四號	四川資陽縣伍市國成公	

一百五十六

姓名	楊文冕　號秩彝
年歲	二十四歲
籍貫	湖南寧鄉縣
學系	英文學系
學歷	湖南高等師範英語本科畢業
京內郵址	米市胡同寧鄉縣館
京外郵址	湖南寧鄉縣東門楊養怡堂轉
備考	

姓名	楊亦曾　號
年歲	二十三歲
籍貫	湖南新化
學系	英文學系
學歷	湖南高等師範英語部本科畢業
京內郵址	騾馬市炭廠胡同一號
京外郵址	湖南安化藍田雙慶太轉
備考	

姓名	楊昭恕 號心如
年歲	三十六歲
籍貫	滿北穀城縣
學系	哲學系
學歷	北洋法政中學本校預科
京內郵址	沙灘二十六號
京外郵址	湖北穀城石花街郵局轉
備考	

姓名	楊亮功 號亮功
年歲	二十六歲
籍貫	安徽巢縣
學系	國文學系
學歷	本校預科肄業
京內郵址	
京外郵址	安徽巢縣柘皋
備考	

姓名	年歲	籍貫	學系	學歷	京內郵址	京外郵址	備考
楊錦篆 號丹廷	三十歲	山東沂水	物理學系	本校預科畢業	北大第二院	山東青州馬站局	

姓名	楊濟元 號仲未
年歲	二十七歲
籍貫	浙江慈谿
學系	經濟系
學歷	浙江省立高等學校畢業
京內郵址	北池子草梁胡同三號
京外郵址	浙江慈谿縣城中順水街
備考	

姓名	葉士良 號毅夫
年歲	二十八歲
籍貫	廣東東莞
學系	史學系
學歷	廣東高等學校
京內郵址	
京外郵址	東廣東莞赤嶺鄉馨宜堂
備考	

姓名	年歲	籍貫	學系	學歷	京內郵址	京外郵址	備考
虞宏正 號叔毅	二十二歲	福建閩侯縣	化學系		西城皮庫胡同達智營十七號		

姓名	賈振雄 號伯雄
年歲	二十八歲
籍貫	京兆宛平縣
學系	化學系
學歷	本校預科畢業
京內郵址	地安門外京兆第一中學
京外郵址	宛平縣盧溝橋
備考	

姓名	年歲	籍貫	學系	學歷	京內郵址	京外郵址	備考
董成襄 號贊庭	二十八歲	直隸懷來縣	地質系	本校預科畢業	後門三眼井十六號	直隸懷來城內德順湧	

姓名	董愼方　號小寰
年歲	二十四歲
籍貫	奉天寬甸縣
學系	化學系
學歷	本校預科第二部畢業
京內郵址	銀閘七號
京外郵址	奉天寬甸董松茂堂
備考	

項目	內容
姓名	董鋶蕙　號
年歲	
籍貫	直隸省新城縣
學系	法律學系
學歷	本校預科畢業
京內郵址	東安市場王鳳岐牙醫室轉
京外郵址	霸縣立盛號轉交下岔河
備考	

姓名	年歲	籍貫	學系	學歷	京內郵址	京外郵址	備考
雷遇春 號熙如	二十八歲	廣東台山	史學系	廣東高等學校		廣東省城雙門底廣泰來	

姓名	靳鍾麟　號
年歲	二十七歲
籍貫	直隸蠡縣
學系	數學系
學歷	北大預科畢業
京內郵址	北京大學第一宿舍
京外郵址	高陽莘橋鎮
備考	

姓名	鄭璜 號君佩
年歲	二十五歲
籍貫	安徽桐城人
學系	英文學系
學歷	
京內郵址	
京外郵址	安慶大二郎巷龍眠鄭寓
備考	

姓名	鄭奠 號介石
年歲	二十六歲
籍貫	浙江諸暨
學系	國文學系
學歷	杭州安定學校
京內郵址	
京外郵址	諸暨姚公埠轉上山頭
備考	

姓名	鄭天挺 號慶甡
年歲	二十二歲
籍貫	福建長樂
學系	國文學系
學歷	
京內郵址	宣武門外米市胡同扁担胡同四號
京外郵址	福州城內西門街
備考	

姓名	趙其昌　號
年歲	二十八歲
籍貫	直隸東鹿縣
學系	政治系
學歷	高等小學中學前國民大學預科畢業
京內郵址	西皮市前府胡同興聚號轉
京外郵址	東鹿縣范家莊
備考	

姓名	趙鴻業 號雁孫
年歲	二十七歲
籍貫	奉天開原
學系	經濟系
學歷	旅京東省中學學堂畢業國立北京大學預科畢業
京內郵址	北京大學第二寄宿舍
京外郵址	奉天開原公濟當
備考	

姓名	年歲	籍貫	學系	學歷	京內郵址	京外郵址	備考
鄧拜言 號拜言		廣東南海	法律系	美國三藩市公立高等工業學校肄業上海復旦大學預科畢業	東四本司胡同十四號齊宅轉	香港蘇杭街九十號祥源號轉上海江西路壹百號廣記號轉	

一百七十六

項目	內容
姓名	齊汝璜 號韻瑲
年歲	二十七歲
籍貫	直隸蠡縣
學系	數學系
學歷	由本校預科升入本科
京內郵址	本校雜務科王樹椿轉
京外郵址	天津河北公園內直隸省教育會齊紀古轉
備考	

姓名	齊國樑 號芃華
年歲	二十九歲
籍貫	直隸蠡縣
學系	化學系
學歷	本學預科畢業
京內郵址	本京地安門內火藥局五條胡同一號門牌
京外郵址	高陽南莘橋鎮恆源寶號轉交握紐莊
備考	

項目	內容
姓名	齊經堂　號鎔六
年歲	二十七歲
籍貫	直隸蠡縣
學系	化學系
學歷	本校預科畢業
京內郵址	本校第一寄宿舍
京外郵址	高陽縣莘橋鎮天泰成轉
備考	

姓名	年歲	籍貫	學系	學歷	京內郵址	京外郵址	備考
齊鼎晉 號錫侯	二十七歲	天津縣	化學系	本校預科畢業		天津楊柳青獅子胡同	

姓名	年歲	籍貫	學系	學歷	京內郵址	京外郵址	備考
潘淑 號有年	二十四歲	江蘇宜興	哲學系		第一宿舍	宜興東大街久大號轉六平	

姓名	潘元耿　號元耿
年歲	
籍貫	浙江餘杭縣
學系	化學系
學歷	本校預科畢業
京內郵址	
京外郵址	浙江餘杭縣馬家街
備考	原名紹杰字元耿今用一名

姓名	輩廷裕　號晉孚
年歲	二十五歲
籍貫	四川省巴中縣
學系	哲學系
學歷	本縣中學畢業
京內郵址	
京外郵址	本縣曾口場郵局轉交
備考	

姓名	年歲	籍貫	學系	學歷	京內郵址	京外郵址	備考
劉匯 號百川	二十九歲	京兆宛平	英文學系	曾肄業於匯文大學	前門外粮食店義茂號	八局界齋堂路靈水村	

姓名	年歲	籍貫	學系	學歷	京內郵址	京外郵址	備考
劉敵 號明陽	二十六歲	四川萬縣	史學系	萬縣中學肄業		萬縣南岸長灘井郵局交	

姓名	年歲	籍貫	學系	學歷	京内郵址	京外郵址	備考
劉昌景 號希哲	二十六歲	湖南永興	採冶系	湖南明德學校肄業北京大學預科畢業北洋大學採礦冶金本科肄業	西城王府倉三十二號	永興縣泰來墟萬春堂轉交	

姓名	劉書芳　號馨山
年歲	三十歲
籍貫	直隸省保定道雄縣人
學系	化學系
學歷	保定官立中學畢業本校預科學業
京內郵址	南曉市福盛祥櫃箱舖轉交
京外郵址	新城縣咎各鎮順記轉交
備考	

項目	內容
姓名	劉紹欽 號季堯
年歲	二十二歲
籍貫	廣東台山縣
學系	
學歷	台山縣立中學畢業
京內郵址	
京外郵址	台山縣新榮市福生堂香港永樂街綿發隆
備考	

姓名	劉崇謹　號宓盦
年歲	二十六歲
籍貫	湖北黃安縣
學系	土木系
學歷	本校預科畢業
京內郵址	西交民巷後紅井十三號
京外郵址	湖北麻城宋埠正興源號轉交
備考	

姓名	劉國權 號秉衡
年歲	二十六歲
籍貫	江蘇省南通縣
學系	法律系
學歷	吳淞中國公學大學預科畢業
京內郵址	北河沿同興公寓
京外郵址	江蘇南通鎮場
備考	

姓名	劉景任　號步堂
年歲	二十七歲
籍貫	直隸安新縣
學系	法律系
學歷	本校預科畢業
京內郵址	北京前門內高碑胡同陳爲屛轉
京外郵址	直隸安新縣同口鎮郵局轉
備考	

姓名	劉景昆 號伯忠
年歲	三十歲
籍貫	直隸安新縣
學系	化學系
學歷	直隸公立專門農業學校畢業
京內郵址	本校第一寄宿舍
京外郵址	安新縣同口鎮轉北馮村交
備考	

姓名	劉顯周 號時之
年歲	
籍貫	直隸任邱
學系	法律系
學歷	河間中學畢業本校預科畢業
京內郵址	西四羊肉胡同西口外溝沿二十四號
京外郵址	津浦路線馬廠轉梁召鎮軍莊村
備考	

姓名	歐陽孟博 號叔澄 別號桂溪澄園
年歲	二十九歲
籍貫	四川墊江縣
學系	法律學系
學歷	前清忠州中學堂畢業獎給優貢隨入四川高等學堂畢業
京內郵址	地安門內嵩祝寺橫柵欄一號
京外郵址	本縣勸學所轉
備考	

姓名	蔡圈賢 號頌丞
年歲	二十九歲
籍貫	陝西渭南縣
學系	英文學系
學歷	蘇州東吳大學
京內郵址	北京大學東齋李瀛君轉
京外郵址	陝西渭南縣故市鎮同順永寶號轉
備考	

姓名	年歲	籍貫	學系	學歷	京內郵址	京外郵址	備考
賴心鏡 號盧室	二十五歲	四川巴中縣	史學系	陝西法政專門學校畢業		四川巴中縣曾口場郵局轉	

姓名	賴紹周　號佐武
年歲	二十四歲
籍貫	山東福山縣
學系	英文學系
學歷	曾畢業烟台實益學館并在北京匯文大學肄業
京內郵址	北京大學第二宿舍
京外郵址	山東福山城內長興號
備考	

姓名	魯靜淵 號繼光
年歲	二十八歲
籍貫	四川資陽縣
學系	國文學系
學歷	資陽中學校
京內郵址	西齋或大沙土園蜀珍號
京外郵址	資陽縣銅鐘河仁厚昌號轉
備考	

姓名	勵乃驥 號德人
年歲	二十四歲
籍貫	浙江省象山縣
學系	採冶系
學歷	曾在浙江第四中學畢業北洋大學工科肄業
京內郵址	北京景山東街大學夾道賓興公寓
京外郵址	甯波石浦延昌前紀協順號轉東溪
備考	

姓名	謝家杞 號楚良
年歲	二十四歲
籍貫	湖南新化縣
學系	化學系
學歷	湖南明德學校畢業直隸工業專門肄業
京內郵址	海軍部謝枬烜轉
京外郵址	湖南安化藍田柳樟灣德茂隆代轉坪上田里屋場
備考	

姓名	謝璧文 號斗生
年歲	三十歲
籍貫	安徽省太平縣
學系	化學系
學歷	安慶中學畢業本校預科第二部畢業
京內郵址	北京前門外東草廠三條太平縣館
京外郵址	安徽省城內天台里仙源謝寓
備考	京外郵址或寄安徽省城內四牌樓西街時利和號轉交亦可

姓名	錢聲駿 號仲良
年歲	二十六歲
籍貫	浙江上虞縣
學系	地質學系
學歷	浙江第五中學畢業本校預科及上海復旦公學肄業
京內郵址	本京西河沿佘家胡同上虞會館錢伯揚君轉交
京外郵址	浙江上虞東門外乾裕南貨號收轉埭河
備考	

姓名	龍石强 號潤民
年歲	二十四歲
籍貫	江西萍鄉
學系	物理學系
學歷	
京內郵址	本校東齋
京外郵址	萍鄉上栗市德豐盈轉
備考	

姓名	龍蘊化 號忘鵠
年歲	二十八歲
籍貫	江西省萬載縣
學系	國文學系
學歷	萬載龍河中學畢業
京內郵址	前門外板章胡同宜分萬會館
京外郵址	萬載縣株潭市斯爲美號
備考	

姓名	薛宗周　號維新
年歲	二十八歲
籍貫	直隷磁縣
學系	英文學系
學歷	本校預科畢業
京內郵址	陸軍部軍需司劉育德轉交
京外郵址	直隷磁縣北關本宅
備考	

姓名	年歲	籍貫	學系	學歷	京內郵址	京外郵址	備考
戴博蔭 號逸民	二十六歲	奉天開原縣	採冶系	奉天省立第一中學北京大學預科北洋大學工科	北河沿銀閘北口日陞公廨	奉天開原三皇廟後街	

姓名	關兆鳳　號巢阿
年歲	二十八歲
籍貫	直隸東明縣
學系	法律系
學歷	大名中學畢業北洋大學預科畢業
京內郵址	養蜂夾道勤良巷二號
京外郵址	直隸東明縣三興號轉交
備考	

姓名	關達權 號甲衡
年歲	二十七歲
籍貫	奉天瀋陽縣
學系	史學系
學歷	奉天省立第一中學及北京大學預科
京內郵址	北京大學第二寄宿舍
京外郵址	奉天瀋陽城南陳相屯郵寄代辦所轉交
備考	

姓名	魏金銘 號子箴
年歲	二十九歲
籍貫	河南安陽縣
學系	法律系
學歷	河南高等學堂畢業
京內郵址	騾馬市大街南半截胡同彰德會館
京外郵址	河南彰德城內同興煙店轉
備考	

姓名	年歲	籍貫	學系	學歷	京內郵址	京外郵址	備考
魏應鵬 號幼庵	二十七歲	貴州印江縣	國文系	貴州省立師範學校畢業北京高等師範學校肄業	北京大學第二寄宿舍	貴州印江縣城察院壩	原名書

姓名	韓壽晉 號原生
年歲	二十六歲
籍貫	浙江紹興
學系	政治系
學歷	浙江第五中學及本校預科畢業
京內郵址	中國銀行俞壽卿君轉
京外郵址	浙江紹興瀝渚或江蘇省長公署
備考	

姓名	韓嘉樸　號菊侯
年歲	二十五歲
籍貫	浙江紹興
學系	採冶系
學歷	北京高等師範附屬中學肄業一年　北京大學預科畢業　北洋大學工科採礦門肄業二年六月
京內郵址	前門外薛家灣二十六號
京外郵址	
備考	

姓名	羅庸 號膺中
年歲	二十一歲
籍貫	京兆大興
學系	國文學系
學歷	
京內郵址	東四牌樓北慧照寺胡同三十七號
京外郵址	
備考	

姓名	羅汝榮 號濟時
年歲	二十六歲
籍貫	廣東東莞
學系	國文學系
學歷	本校預科
京內郵址	宣武門外上斜街東莞新館
京外郵址	廣州東莞城內西門二巷
備考	

姓名	年歲	籍貫	學系	學歷	京內郵址	京外郵址	備考
羅家倫 號志希	二十三歲	浙江紹興	英文學系	復旦大學	北京大學新潮雜誌社	南昌裘家廠十八號	

姓名	龐天籟 號
年歲	
籍貫	甘肅天水
學系	史學系
學歷	
京內郵址	
京外郵址	
備考	

姓名	譚鳴謙　號誠齋　一字平山
年歲	三十四歲
籍貫	廣東高明縣
學系	哲學系
學歷	前在廣東高等師範本科畢業
京內郵址	北京大學新潮社
京外郵址	廣州小南門高等師範學校或廣東高明縣城內南街和生布店
備考	

姓名	譚植棠　號仙槎
年歲	二十七歲
籍貫	廣東高明縣
學系	史學系
學歷	廣東高等師範
京內郵址	
京外郵址	廣東高明縣城西裕豐
備考	

姓名	蕭鳴籟　號
年歲	二十五歲
籍貫	江蘇鹽城
學系	史學系
學歷	匯文大學
京內郵址	
京外郵址	鹽城順昌號交
備考	

姓名	蕭鳴阜　號同
年歲	二十八歲
籍貫	四川中江縣
學系	史學系
學歷	潼川府中學校及四川省高等學校正科畢業
京內郵址	
京外郵址	四川遂寧縣轉胖子店高小學校轉元興場
備考	

姓名	蘇甲榮 號演存
年歲	二十五歲
籍貫	廣西藤縣
學系	哲學系
學歷	梧州中學畢業北京大學預科畢業
京內郵址	北京大學查轉
京外郵址	廣西藤縣城內蘇敦素堂
備考	

姓名	蘇紹章 號仲文
年歲	二十六歲
籍貫	安徽太平
學系	物理學系
學歷	復旦公學理預科
京內郵址	東四七條蘇宅
京外郵址	安徽大通陵陽鎮嶺下
備考	

姓名	顧寶隨　號羡季
年歲	二十四歲
籍貫	直隸省清河縣
學系	英文學系
學歷	天津北洋大學預科第一部
京內郵址	
京外郵址	直隸省清河縣壩營集
備考	

姓名	龔寶銓　號
年歲	二十九歲
籍貫	江蘇海門
學系	哲學系
學歷	本校預科
京內郵址	（暫住馬神廟東老胡同德昌公寓）
京外郵址	江蘇海門縣麒麟鎮
備考	

附錄

附錄

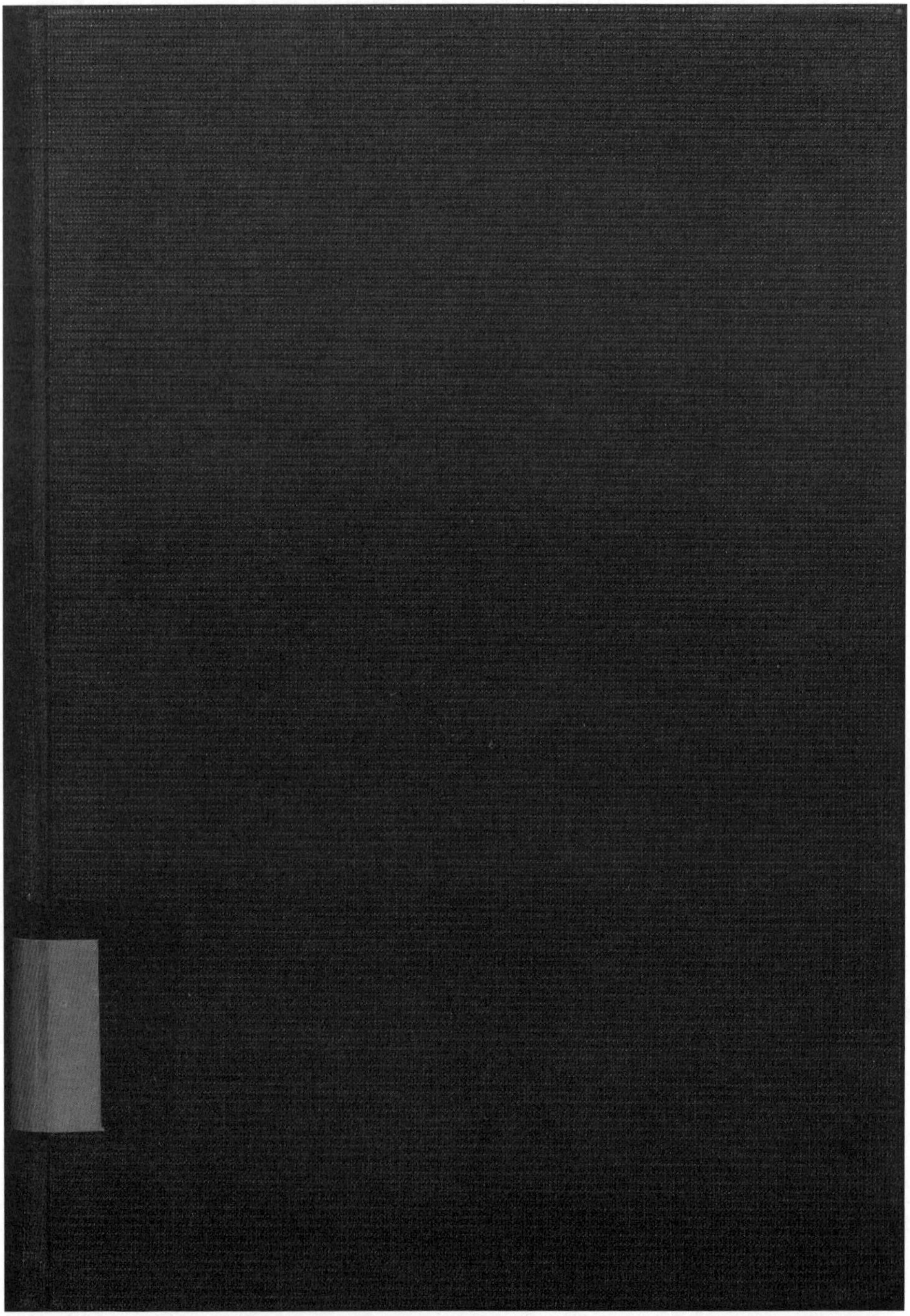